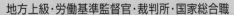
地方上級・労働基準監督官・裁判所・国家総合職

# 公務員試験

新スーパー過去問ゼミ**7**

# 刑法

JN104064

資格試験研究会編
実務教育出版

# 新スーパー過去問ゼミ7
## 刊行に当たって

　公務員試験の過去問を使った定番問題集として，公務員受験生から圧倒的な信頼を寄せられている「スー過去」シリーズ。その「スー過去」が大改訂されて「**新スーパー過去問ゼミ7**」に生まれ変わりました。

　「7」では，最新の出題傾向に沿うよう内容を見直すとともに，より使いやすくより効率的に学習を進められるよう，細部までブラッシュアップしています。

---

### 「新スーパー過去問ゼミ7」改訂のポイント

① 令和3年度～令和5年度の問題を増補

② 過去15年分の出題傾向を詳細に分析

③ 1行解説・STEP解説，学習方法・掲載問題リストなど，
　 学習効率向上のための手法を改良

---

　もちろん，「スー過去」シリーズの特長は，そのまま受け継いでいます。

　　　・テーマ別編集で，主要試験ごとの出題頻度を明示

　　　・「必修問題」「実戦問題」のすべてにわかりやすい解説

　　　・「POINT」で頻出事項の知識・論点を整理

　　　・本を開いたまま置いておける，柔軟で丈夫な製本方式

　本シリーズは，「地方上級」「国家一般職［大卒］」試験の攻略にスポットを当てた過去問ベスト・セレクションですが，「国家総合職」「国家専門職［大卒］」「市役所上級」試験など，大学卒業程度の公務員採用試験に幅広く対応できる内容になっています。

　公務員試験は難関といわれていますが，良問の演習を繰り返すことで，合格への道筋はおのずと開けてくるはずです。本書を開いた今この時から，目標突破へ向けての着実な準備を始めてください。

　あなたがこれからの公務を担う一員となれるよう，私たちも応援し続けます。

資格試験研究会

# 本書の構成と過去問について

## ●本書の構成

**❶学習方法・問題リスト**：巻頭には，本書を使った効率的な科目の攻略のしかたをアドバイスする「刑法の学習方法」と，本書に収録した全過去問を一覧できる「**掲載問題リスト**」を掲載している。過去問を選別して自分なりの学習計画を練ったり，学習の進捗状況を確認する際などに活用してほしい。

**❷試験別出題傾向と対策**：各章冒頭にある出題箇所表では，平成21年度以降の国家総合職，国家専門職（労働基準監督官），裁判所事務官（総合職，一般職大卒程度），地方上級（全国型）の出題状況が一目でわかるようになっている。具体的な出題傾向は，試験別に解説を付してある。

### テーマ別出題頻度表示の見方

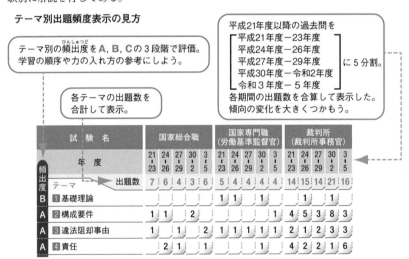

テーマ別の頻出度を**A，B，C**の３段階で評価。学習の順序や力の入れ方の参考にしよう。

各テーマの出題数を合計して表示。

平成21年度以降の過去問を
- 平成21年度－23年度
- 平成24年度－26年度
- 平成27年度－29年度
- 平成30年度－令和2年度
- 令和3年度－5年度

に5分割。各期間の出題数を合算して表示した。傾向の変化を大きくつかもう。

| 頻出度 | 試　験　名 | 国家総合職 | | | | | 国家専門職（労働基準監督官） | | | | | 裁判所（裁判所事務官） | | | | |
|---|---|---|---|---|---|---|---|---|---|---|---|---|---|---|---|---|
| | 年　度 | 21<br>23 | 24<br>26 | 27<br>29 | 30<br>2 | 3<br>5 | 21<br>23 | 24<br>26 | 27<br>29 | 30<br>2 | 3<br>5 | 21<br>23 | 24<br>26 | 27<br>29 | 30<br>2 | 3<br>5 |
| | テーマ　　　出題数 | 7 | 6 | 4 | 3 | 6 | 5 | 4 | 4 | 4 | 4 | 14 | 15 | 14 | 21 | 16 |
| B | ①基礎理論 | | | | | | 1 | 1 | | 1 | | 1 | | | 1 | |
| A | ②構成要件 | 1 | 1 | | 2 | | | 1 | 1 | | | 4 | 5 | 3 | 8 | 3 |
| A | ③違法阻却事由 | 1 | 1 | | | 1 | 1 | 1 | 1 | 1 | 1 | 1 | 1 | 3 | 1 | 2 |
| A | ④責任 | 2 | 1 | | 1 | | 1 | | | 1 | | 4 | 2 | 2 | 1 | 6 |

**❸必修問題**：各テーマのトップを飾るにふさわしい，合格のためには必ずマスターしたい良問をピックアップ。解説は，各選択肢の正誤ポイントをズバリと示す「**1行解説**」，解答のプロセスを示す「**STEP解説**」など，効率的に学習が進むように配慮した。また，正答を導くための指針となるよう，問題文中に以下のポイントを示している。

　　　（アンダーライン部分）：正誤判断の決め手となる記述
　　　（色が敷いてある部分）：覚えておきたいキーワード

　「**FOCUS**」には，そのテーマで問われるポイントや注意点，補足説明などを掲載している。

　必修問題のページ上部に掲載した「**頻出度**」は，各テーマをA，B，Cの3段階で評価し，さらに試験別の出題頻度を「★」の数で示している（★★★：最頻出，★★：頻出，★：過去15年間に出題実績あり，─：過去15年間に出題なし）。

**❹POINT**：これだけは覚えておきたい最重要知識を，図表などを駆使してコンパクトにまとめた。問題を解く前の知識整理に，試験直前の確認に活用してほしい。

**❺実戦問題**：各テーマの内容をスムーズに理解できるよう，バランスよく問題を選び，詳しく解説している。問題ナンバー上部の「＊」は，その問題の「**難易度**」を表しており（＊＊＊が最難），また，学習効果の高い重要な問題には♦マークを付している。

♦ **No.2** ＊＊　必修問題と♦マークのついた問題を解いていけば，スピーディーに本書をひととおりこなせるようになっている。

なお，収録問題数が多いテーマについては，「**実戦問題❶**」「**実戦問題❷**」のように問題をレベル別またはジャンル別に分割し，解説を参照しやすくしている。

**❻索引**：巻末には，POINT等に掲載している重要語句を集めた用語索引がついている。用語の意味や定義の確認，理解度のチェックなどに使ってほしい。

## ●本書で取り扱う試験の名称表記について

本書に掲載した問題の末尾には，試験名の略称および出題年度を記載している。

①**国家総合職**：国家公務員採用総合職試験，
国家公務員採用Ⅰ種試験（平成23年度まで）

②**労働基準監督官**：国家公務員労働基準監督官採用試験

③**裁判所事務官，裁判所**：裁判所職員採用総合職試験（裁判所事務官／法律・経済区分），
一般職試験（裁判所事務官／大卒程度試験），
裁判所事務官採用Ⅰ種・Ⅱ種試験（平成23年度まで）

④**地方上級**：地方公務員採用上級試験（都道府県・政令指定都市）

（**全国型**）：地方上級試験の共通問題のうち，広く全国的に分布しているタイプ

　※地方上級試験については，実務教育出版が独自に分析し，「全国型（全国型変形タイプ）」「関東型（関東型変形タイプ）」「中部・北陸型」「法律・経済専門タイプ」「その他の出題タイプ」「独自の出題タイプ（東京都，特別区など）」の6つに大別している。

⑤**市役所**：市役所職員採用上級試験（政令指定都市以外の市役所）

　※市役所上級試験では令和2年度から刑法は出題されなくなったが，良問もあり有用なため掲載している。

## ●本書に収録されている「過去問」について

①平成9年度以降の国家公務員試験の問題は，人事院により公表された問題を掲載している。裁判所職員試験の問題も裁判所により公表された問題を掲載している。それ以外の問題は，受験生から得た情報をもとに実務教育出版が独自に編集し，復元したものである。

②問題の論点を保ちつつ問い方を変えた，年度の経過により変化した実状に適合させた，などの理由で，問題を一部改題している場合がある。また，人事院などにより公表された問題も，用字用語の統一を行っている。

## ●判例の表記について

（最判平12・3・9）とあるものは「最高裁 平成12年3月9日 判決」の意。

（大決大13・1・30）とあるものは「大審院 大正13年1月30日 決定」の意。

なお，判旨の表記は，読みやすさを考慮して，口語化・簡略化を行っている部分があるので，原文とは異なる場合がある。

# CONTENTS

**公務員試験　新スーパー過去問ゼミ7**
# 刑　法

【令和5年7月13日施行の刑法の一部改正について】

　性犯罪に関する規定を大幅に見直した刑法の改正法が令和5年6月23日に成立し，同年7月13日から施行された。本書では，これらの改正法に則して解説を施すとともに，法改正以前に出題され，旧法による問題設定がなされた部分について，学習上の混乱を避ける観点から，改正法に合わせたものに内容や用語を修正するとともに，条文もすべて新法に置き換えている。

カバー・本文デザイン／小谷野まさを　　書名ロゴ／早瀬芳文

# 刑法の学習方法

　刑法は，民法等の主要科目に比して相対的に出題数が少ないことから，学習に割くことのできる時間が限られるため，刑法の学習をいかに効率的に進めるかは，試験対策上重要なポイントとなる。そこで，テキストにじっくり取り組む余裕がない場合もあることを考慮して，問題演習の一助となるように，刑法の基本構造を簡単に説明しておく。

　なお，刑法は理論的な対立が激しく，学説においてもさまざまな見解が主張されていて，それぞれに覇を争っているが，公務員試験では理論体系にまで踏み込んで理解する必要はないので，記述は標準的に主張されている見解のものにとどめた。それゆえ，テキストによっては若干説明箇所が異なっている場合もあると思われるが，その点はご了解いただきたい。

## 1. 刑法の体系

概要は次のようになっている。

| | | |
|---|---|---|
| ① | **構成要件該当性** | ・犯罪の構成要件（例：殺人罪の場合なら「人」を「殺す」）に該当する事実が存在するかどうかの類型的・客観的判断。<br>・行為者の主観を交えずに，まず法益侵害行為に関する客観的事実が存在するかどうかを確定する。 |
| ② | **違法性**<br>**（違法阻却事由）** | ・その行為が違法かどうかの客観的判断。<br>・構成要件該当の法益侵害行為が正当化されるかどうかを具体的に判断する。<br>・たとえば，客観的には傷害罪の構成要件に該当する行為であっても，それが正当な治療行為（手術など）として行われたものである場合には違法性が阻却される。しかし，同じく治療行為であっても患者に何の説明もなく，医師が専断的に行ったような場合には違法とされる可能性が高い。 |
| ③ | **有責性**<br>**（責任，非難可能性）** | ・そのような行為を行ったことについて行為者を非難できるかどうかの主観的な判断。<br>・行為者が考えられる限りの十分な注意を尽くしていたかどうか（過失の問題）とか，一般人が同様の立場に立てば，やはり同様の行為を行っていたであろう（期待可能性の欠如）など。<br>・行為者がどのような意思で行ったかによって，非難の程度も異なってくる（故意と過失の差）。 |

## 2．体系の意味

　「構成要件→違法→有責」という体系がとられるのは，判断の正確性を担保するためである。

　犯罪行為を認定し，刑罰を言い渡すのは裁判所であるが，いかに刑事裁判に習熟した裁判官といえども，人間である以上は完璧ではなく，誤った判断を行う可能性は否定できない。しかし，刑罰は財産刑（罰金・科料）であれ自由刑（懲役・禁錮・拘留）であれ，国民の基本権をその範囲で侵害するものであるから，万に一つにも誤った判断を行うことが許されないのは，基本的人権尊重主義をとるわが国の法制上当然のことである（死刑の場合であれば，取り返しがつかないことになる）。

　国家の刑罰権の具体化には，実体法である刑法と訴訟法である刑事訴訟法の両者が必要であるが，刑法でこのような体系がとられるのは，まず実体法のレベルにおいて，客観から主観へという判断の順序を確保することによって，判断の適正を担保しようとしたためである。

　次元は多少異なるが，刑事訴訟法で少しこのことを考えてみよう。刑訴法に次のような条文がある。

　刑訴法301条
　　「（調書等の書面として）…証拠とすることができる被告人の供述が自白である場合には，犯罪事実に関する他の証拠が取り調べられた後でなければ，その取調を請求することはできない。」

　自白調書には，単に「犯人は私です」と書かれているわけではなく，犯罪の克明な状況が行為者の証言として記載されているために，裁判官がいかに主観を差し挟まないように努力しても，どうしてもその供述に引きずられてしまう。調書にストーリー性があるために，読む側には，それを真実であると信じ込んでしまうような性質が存するのである。そして，仮にこの調書によって裁判官が「被告人は有罪である」との心証をとってしまうと，これを他の証拠によって覆すことはかなり困難になる。一度とった心証は，人間の心理として，容易に捨て去ることができないからである。そこで訴訟法においても，他の証拠で事実認定を済ませてしまって，裁判官の心証をいったん固めておいてから，最後に自白調書を出せるとしたわけである。客観的な証拠で，犯罪事実が行われたのかどうかをあらかじめ確定しておくと，自白調書が出てきても，判断の誤りを防止することができる。そして同様に，実体法においても，まず客観的なものを先に判断して，段階を追って主観的なものへ移行することによって，誤った判断を防止しようとしたわけである。

　そこで，この体系を前提に，**構成要件**（Tatbestand，TBと略す）**該当性**，**違法性**（Rechtswidrigkeit，Rと略す），**有責性**（Schuld，Sと略す）にいかなるものが含まれているかを，以下で概観する。

## 3．構成要件該当性

| | |
|---|---|
| 実行行為 | ・法益侵害の結果発生に至る類型的な危険性のある行為であるとか，構成要件に該当する行為などと定義されている（実行行為をどのように定義づけるかについては見解の対立がある）。<br>・形式的に実行に着手したように見えても，およそ結果発生の危険性がないような場合を不能犯といい，不能犯には実行行為性は認められない。<br>・実行行為の前段階として，行為概念が問題とされることがある。たとえば，何もしないという不作為が果たして行為といえるのか，仮に行為でないとするのなら処罰できないのではないかなどという問題である。しかし，不作為も人の意思に支配されたものであることから，刑罰の対象になる行為として理解されている。<br>・不真正不作為犯については，作為犯の場合とは異なる構成要件該当性判断が必要となる。作為義務，等価値性などの判断が新たに加わるほか，因果関係についても仮定的判断という特殊な方法が用いられる。 |
| 結果 | ・結果犯について要求される構成要件要素である（犯罪のほとんどは結果犯である）。<br>・結果を必要とせず，その行為がなされることによって直ちに犯罪が成立する挙動犯（住居侵入罪や偽証罪など）については，結果は構成要件要素ではない。 |
| 因果関係 | ・法益侵害の結果が行為者の実行行為に基づくものかどうかという実行行為と結果との結びつきの問題である（結果を実行行為に帰責できるかという客観的帰責の問題）。<br>・判例は，「実行行為の持つ危険性が因果の流れの中で結果として現実化したか」どうかを判断基準として，当初の行為が事後的事情に影響を及ぼした程度が大きければ，因果関係を肯定する（危険現実化説）。<br>・学説も，判例の見解に同調する流れになっている。 |
| 構成要件的故意・過失 | ・これを構成要件要素とするかどうかについては見解の対立がある。<br>・構成要件該当性判断を純粋に客観的判断として行うと，判断の客観性は担保できるが，構成要件段階では故意犯か過失犯かの区別ができなくなる。たとえば，行為者の行為（実行行為）によって（因果関係）人が死亡している（結果）という客観的事実はあるが，それが殺人なのか過失致死なのかは，行為者の主観を入れないと区別できない。そこで，殺人罪の要件論であるのか，それとも過失致死罪の要件論であるのかをこの段階から明確にするために，多くの学説は構成要件的故意・過失を構成要件要素に加えている。 |

## 4．違法性

| | |
|---|---|
| 正当行為 | ・正当行為が違法阻却の基本形である。構成要件に該当する行為であっても，それが正当な行為ならば処罰の必要はなく，犯罪は成立しない。処罰は，その行為を禁圧するために行われるものだからである。<br>・「正当な行為かどうか」というだけではあまりにも漠然としていて抽象的なので，刑法はより具体的な要件を定めた違法阻却事由を別に2つ設けている。正当防衛と緊急避難がそれである。<br>・窃盗被害者の取戻行為（自救行為）や被害者の同意がある場合などのように，正当防衛にも緊急避難にも該当しない行為については，正当な行為に当たるかどうかの判断が必要となる。ただその要件は，一般にかなり厳格である。 |
| 正当防衛 | ・急迫不正の侵害に対する防衛のために，やむをえずに法益侵害行為が行われる場合，違法性が阻却される（犯罪不成立）。<br>・たとえば，りんご1個を盗もうとする者を殴打し，重傷を負わせた場合などのように，防衛の程度を超えた行為を過剰防衛といい，情状によってその刑を減軽または免除することができる。<br>・急迫不正の侵害がないのに，これがあると誤信して反撃行為を行うなど，正当防衛の要件を満たしていないのに，それを満たしていると誤信して反撃する場合を誤想防衛といい，これについて犯罪が成立するかどうかが争われている（ただし，違法性ではなくもっぱら責任の問題として争われている）。 |
| 緊急避難 | ・現在の危難を避けるためにやむをえずにした行為は，これによって生じた害が避けようとした害の程度を超えなかった場合には，緊急避難として処罰されない（犯罪不成立）。<br>・その程度を超えた場合には，過剰避難として，情状によりその刑を減軽または免除することができる。<br>・緊急避難においても誤想避難の問題がある。 |

## 5．有責性（責任）

| | |
|---|---|
| 責任能力 | ・心神喪失者と満14歳未満の者は責任無能力者であり，これらの者の行為については犯罪は成立しない（治療や矯正が行われる）。<br>・心神耗弱者の行為については，刑が減軽される（必要的減軽）。<br>・原因において自由な行為は責任能力に関する問題である。自らを心神喪失ないし心神耗弱の状況に陥れて犯罪を実行した者について，不処罰または刑の減軽を認めないようにするためには，いかなる理論によるべきかが争われている。 |
| 故意・過失 | ・故意とは犯罪事実の認識・認容をいう。犯罪事実を認識しておきながら，あえてそのような行為を行ったことについて，強い非難が加えられる（故意犯の法定刑は過失犯の法定刑よりもはるかに重い）。 |

| | |
|---|---|
| | ・行為者の意図した結果と現に発生した結果に齟齬がある場合を事実の錯誤といい，どの程度の食い違いであれば故意犯として認められるかが争われている。<br>・自己の行為を許されたものと信じて法益侵害行為を行った場合を法律の錯誤といい，これについては故意犯が成立するが，行為者が違法の意識を欠如した場合をどのように扱うかが争われている。判例は，違法の意識を欠いても故意犯の成立に影響はないとする。 |
| 期待可能性 | ・行為者に適法行為の期待可能性がない場合には，刑罰の威嚇によって犯罪を防止することができないので，犯罪は成立しない。 |
| 違法の意識<br>の可能性 | ・違法の意識の可能性は故意とは別個の責任要素であるとする責任説の立場から責任要素とされるものである。<br>・この立場は，故意は事実の認識のみに限定されるので，違法の意識の可能性は故意に含まれず，別途考察する必要があるとする。<br>・責任説以外の説（故意説）は，故意の中に違法の意識についての問題を含めて考える。両者は違法の意識の可能性を故意と切り離すか，それとも故意の中に含めるかの違いにすぎない。 |

## 6．未遂

| | |
|---|---|
| 障害未遂 | ・結果発生を意図して実行に着手したが，結果が発生しなかった場合をいう。刑を減軽することができるとされる（任意的減軽）。<br>・着手以前の行為を予備といい，殺人や放火など特に重大な犯罪に限って処罰規定が設けられている。 |
| 中止未遂 | ・実行に着手したが，自己の意思で結果発生を阻止した場合をいう。真摯な中止行為が行われた点を評価して，必ず刑を免除または減軽するとされる（必要的減免）。 |

## 7．共犯

　共犯においても，正犯者に犯罪が成立するためには構成要件該当性・違法性・責任の3要素が必要なことは同じである。ただ，共犯では複数の者がさまざまな形態で犯罪に関与するため，その形態の違いに応じて単独犯の場合とは異なった要件上の特質が存する。

| | |
|---|---|
| 共同正犯 | ・2人以上の者が共同して犯罪を実行した場合をいう。共同正犯と認められれば，実行行為の一部のみを分担しただけの者でも，生じた結果の全部につき責任を負わされる。<br>・「共同して犯罪を実行した」といえるためには，どのような要件が必要かについて，①共謀共同正犯（共謀には加わったが実行行為には加わらなかった者について共同正犯が成立するかどうか），②片面的共同正犯（相互に意思の連絡がない場合はどうか），③承継的共同正犯（途中から犯罪に関与した者は，関与前の先 |

| | 行行為者の行為についても責任を負うか）、④過失の共同正犯（過失犯においても共同正犯が認められるか）などの点で争いがある。 |
|---|---|
| 教唆犯<br>（きょうさはん） | ・犯罪をそそのかし，正犯にその犯罪を行わせた者をいう。<br>・正犯と同じ法定刑で処罰される。 |
| 幇助犯<br>（ほうじょはん） | ・正犯の実行行為を幇助した者をいう。<br>・刑は正犯の刑に照らして減軽される。<br>・幇助行為の因果関係はどのようなものであるべきかが争われている（結果発生を容易にしたことが必要かなど）。 |
| 共犯論の<br>諸問題 | ・共犯と身分の問題（身分犯について共犯は成立するかとか，いかなる犯罪が成立するかなど）。<br>・共犯と錯誤の問題（窃盗を教唆したところ，正犯者が強盗を行ったような場合に教唆者にいかなる犯罪が成立するかなど）。<br>・共犯と中止・共犯からの離脱（共犯について中止犯が成立するには，いかなる要件が必要かなど）。 |

## 8．刑法の学習方法

　刑法は，極めて難解な科目であるにもかかわらず，公務員試験における比重はそれほど大きくない。それゆえ，基本的には試験に必要な範囲で対策を講じるべきで，刑法理論などにあまり深入りしないことが原則である。

　したがって，対策としては過去問演習を中心に据えるのが賢明であろう。簡単な概説書があれば，過去問演習の前にそれを読むのは効果的であるが，その場合でも著者の考え方や理論体系を前面に打ち出してあるようなものは，理論的な記述が多いことから，あまり適当ではない。むしろ，一般的な記述が多いものや，対立する説をほぼ同じ比重で紹介してあるものなどのほうが適しているといえる。

　概説書で基本部分の理解ができれば，あとは過去問演習で出題箇所の特定と問題のレベルの把握を行うことになる。1度ではうまく理解できない問題も，2度3度と繰り返すうちに少しずつ理解できるようになるので，過去問は必ず何度か繰り返してほしい。本書では，概説書を使わない受験者もあることを考慮して，できる限り解説を丁寧にわかりやすく記述しておいた。なお，公務員試験の問題は論点を中心に出題がなされるので，周辺部分の知識を補充したいなどの場合には必要な範囲で体系書等で知識を補充しておけばよいであろう。

　本書の過去問演習で，合格に必要な知識は相当程度確保できるはずなので，本書を十分に活用して所期の目的を達成してほしい。

# 合格者に学ぶ「スー過去」活用術

公務員受験生の定番問題集となっている「スー過去」シリーズであるが，先輩たちは本シリーズをどのように使って，合格を勝ち得てきたのだろうか。弊社刊行の『公務員試験受験ジャーナル』に寄せられた「合格体験記」などから，傾向を探ってみた。

 **自分なりの「戦略」を持って学習に取り組もう！**

テーマ1から順番に一つ一つじっくりと問題を解いて，わからないところを入念に調べ，納得してから次に進む……という一見まっとうな学習法は，すでに時代遅れになっている。

**合格者は，初期段階でおおまかな学習計画を立てて，戦略を練っている。**まずは各章冒頭にある「試験別出題傾向と対策」を見て，自分が受験する試験で各テーマがどの程度出題されているのかを把握し，「掲載問題リスト」を利用するなどして，**いつまでにどの程度まで学習を進めればよいか，学習全体の流れをイメージ**しておきたい。

 **完璧をめざさない！ザックリ進めながら復習を繰り返せ！**

本番の試験では，6〜7割の問題に正答できればボーダーラインを突破できる。裏を返せば**3〜4割の問題は解けなくてもよい**わけで，完璧をめざす必要はまったくない。

受験生の間では，「問題集を何周したか」がしばしば話題に上る。問題集は，1回で理解しようとジックリ取り組むよりも，初めはザックリ理解できた程度で先に進んでいき，何回も繰り返し取り組むことで徐々に理解を深めていくやり方のほうが，学習効率は高いとされている。**合格者は「スー過去」を繰り返しやって，得点力を高めている。**

 **すぐに解説を読んでもOK！考え込むのは時間のムダ！**

合格者の声を聞くと「スー過去を参考書代わりに読み込んだ」というものが多く見受けられる。科目の攻略スピードを上げようと思ったら「ウンウンと考え込む時間」は一番のムダだ。過去問演習は，解けた解けなかったと一喜一憂するのではなく，**問題文と解説を読みながら正誤のポイントとなる知識を把握して記憶することの繰り返し**なのである。

 **分量が多すぎる！という人は，自分なりに過去問をチョイス！**

広い出題範囲の中から頻出のテーマ・過去問を選んで掲載している「スー過去」ではあるが，この分量をこなすのは無理だ！と敬遠している受験生もいる。しかし，**合格者もすべての問題に取り組んでいるわけではない。**必要な部分を自ら取捨選択することが，最短合格のカギといえる（次ページに問題の選択例を示したので参考にしてほしい）。

 **書き込んでバラして……「スー過去」を使い倒せ！**

補足知識や注意点などは本書に直接書き込んでいこう。**書き込みを続けて情報を集約していくと本書が自分オリジナルの参考書になっていく**ので，インプットの効率が格段に上がる。それを繰り返し「何周も回して」いくうちに，反射的に解答できるようになるはずだ。

また，分厚い「スー過去」をカッターで切って，章ごとにバラして使っている合格者も多い。**自分が使いやすいようにカスタマイズして，「スー過去」をしゃぶり尽くそう！**

# 学習する過去問の選び方

## ●具体的な「カスタマイズ」のやり方例

本書は全119問の過去問を収録している。分量が多すぎる！と思うかもしれないが，合格者の多くは，過去問を上手に取捨選択して，自分に合った分量と範囲を決めて学習を進めている。

以下，お勧めの例をご紹介しよう。

### ❶必修問題と🔽のついた問題に優先的に取り組む！

当面取り組む過去問を，各テーマの「**必修問題**」と🔽マークのついている「**実戦問題**」に絞ると，およそ全体の4割の分量となる。これにプラスして各テーマの「**POINT**」をチェックしていけば，この科目の典型問題と正誤判断の決め手となる知識の主だったところは押さえられる。

本試験まで時間がある人もそうでない人も，ここから取り組むのが定石である。まずはこれで1周（問題集をひととおり最後までやり切ること）してみてほしい。

❶を何周かしたら次のステップへ移ろう。

### ❷取り組む過去問の量を増やしていく

❶で基本は押さえられても，❶だけでは演習量が心もとないので，取り組む過去問の数を増やしていく必要がある。増やし方としてはいくつかあるが，このあたりが一般的であろう。

◎**基本レベルの過去問を追加**（難易度「＊」の問題を追加）

◎**受験する試験種の過去問を追加**

◎**頻出度Aのテーマの過去問を追加**

これをひととおり終えたら，前回やったところを復習しつつ，まだ手をつけていない過去問をさらに追加していくことでレベルアップを図っていく。

もちろん，あまり手を広げずに，ある程度のところで折り合いをつけて，その分復習に時間を割く戦略もある。

## ●掲載問題リストを活用しよう！

「**掲載問題リスト**」では，本書に掲載された過去問を一覧表示している。

受験する試験や難易度・出題年度等を基準に，学習する過去問を選別する際の目安としたり，チェックボックスを使って学習の進捗状況を確認したりできるようになっている。

効率よくスピーディーに学習を進めるためにも，積極的に利用してほしい。

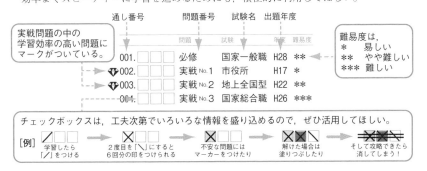

# 掲載問題リスト

本書に掲載した119問を一覧表にした。□に正答できたかどうかをチェックするなどして，本書を上手に活用してほしい。

## 第1章 総 論

### テーマ1 基礎理論

| | 問題 | 試験 | 年度 | 難易度 |
|---|---|---|---|---|
| 001. | 必修 | 地上全国型 | R4 | * |
| 002. | 実戦 No.1 | 裁判所 | H25 | * |
| ◆ 003. | 実戦 No.2 | 地上全国型 | H24 | * |
| ◆ 004. | 実戦 No.3 | 地上全国型 | R元 | ** |
| ◆ 005. | 実戦 No.4 | 地方上級 | H9 | ** |

### テーマ2 構成要件

| | 問題 | 試験 | 年度 | 難易度 |
|---|---|---|---|---|
| 006. | 必修 | 労働基準監督官 | R4 | ** |
| ◆ 007. | 実戦 No.1 | 裁判所事務官 | R4 | * |
| ◆ 008. | 実戦 No.2 | 裁判所事務官 | R3 | * |
| ◆ 009. | 実戦 No.3 | 地上全国型 | H27 | * |
| ◆ 010. | 実戦 No.4 | 地上全国型 | H14 | ** |
| 011. | 実戦 No.5 | 裁判所事務官 | R元 | ** |
| ◆ 012. | 実戦 No.6 | 裁判所事務官 | H27 | ** |
| 013. | 実戦 No.7 | 裁判所事務官 | R元 | ** |
| 014. | 実戦 No.8 | 労働基準監督官 | H10 | ** |
| ◆ 015. | 実戦 No.9 | 裁判所事務官 | R元 | ** |
| ◆ 016. | 実戦 No.10 | 国家総合職 | R2 | *** |

### テーマ3 違法阻却事由

| | 問題 | 試験 | 年度 | 難易度 |
|---|---|---|---|---|
| 017. | 必修 | 裁判所事務官 | H30 | ** |
| 018. | 実戦 No.1 | 地方上級 | H2 | * |
| ◆ 019. | 実戦 No.2 | 地上全国型 | H12 | * |
| ◆ 020. | 実戦 No.3 | 地上全国型 | H23 | ** |
| ◆ 021. | 実戦 No.4 | 市役所 | H2 | * |
| ◆ 022. | 実戦 No.5 | 裁判所事務官 | R3 | ** |
| 023. | 実戦 No.6 | 労働基準監督官 | H26 | ** |
| 024. | 実戦 No.7 | 国家総合職 | R5 | *** |

### テーマ4 責任

| | 問題 | 試験 | 年度 | 難易度 |
|---|---|---|---|---|
| 025. | 必修 | 国家総合職 | R4 | ** |
| 026. | 実戦 No.1 | 市役所 | H11 | * |
| ◆ 027. | 実戦 No.2 | 市役所 | H3 | * |
| ◆ 028. | 実戦 No.3 | 裁判所事務官 | R3 | * |
| 029. | 実戦 No.4 | 裁判所事務官 | R5 | ** |
| 030. | 実戦 No.5 | 裁判所 | H24 | * |
| ◆ 031. | 実戦 No.6 | 裁判所事務官 | R3 | * |
| 032. | 実戦 No.7 | 国家総合職 | H3 | ** |
| 033. | 実戦 No.8 | 裁判所事務官 | H27 | ** |
| 034. | 実戦 No.9 | 国家総合職 | H29 | *** |

### テーマ5 未遂犯

| | 問題 | 試験 | 年度 | 難易度 |
|---|---|---|---|---|
| 035. | 必修 | 国家総合職 | R3 | * |
| ◆ 036. | 実戦 No.1 | 地上全国型 | H5 | * |
| 037. | 実戦 No.2 | 裁判所事務官 | R元 | * |
| ◆ 038. | 実戦 No.3 | 国家総合職 | H28 | ** |
| 039. | 実戦 No.4 | 市役所 | H5 | * |
| ◆ 040. | 実戦 No.5 | 地方上級 | H2 | * |
| 041. | 実戦 No.6 | 地上全国型 | H17 | ** |
| ◆ 042. | 実戦 No.7 | 裁判所事務官 | R5 | ** |
| ◆ 043. | 実戦 No.8 | 労働基準監督官 | R4 | ** |

### テーマ6 共犯

| | 問題 | 試験 | 年度 | 難易度 |
|---|---|---|---|---|
| 044. | 必修 | 市役所 | H29 | * |
| 045. | 実戦 No.1 | 市役所 | H6 | * |
| ◆ 046. | 実戦 No.2 | 市役所 | H25 | * |
| ◆ 047. | 実戦 No.3 | 地方上級 | H21 | ** |
| ◆ 048. | 実戦 No.4 | 市役所 | H9 | * |
| 049. | 実戦 No.5 | 裁判所事務官 | H30 | * |
| ◆ 050. | 実戦 No.6 | 裁判所事務官 | R5 | * |
| 051. | 実戦 No.7 | 労働基準監督官 | R3 | ** |
| 052. | 実戦 No.8 | 裁判所事務官 | H28 | ** |
| 053. | 実戦 No.9 | 国家総合職 | H25 | ** |
| 054. | 実戦 No.10 | 国家総合職 | R元 | ** |
| ◆ 055. | 実戦 No.11 | 裁判所事務官 | H28 | ** |
| 056 | 実戦 No.12 | 国家総合職 | R5 | *** |

# 第1章

# 総　論

# 試験別出題傾向と対策

| 試験名 | 国家総合職 | | | | | 国家専門職<br>(労働基準監督官) | | | | | 裁判所<br>(裁判所事務官) | | | | |
|---|---|---|---|---|---|---|---|---|---|---|---|---|---|---|---|
| 年度 | 21<br>ー<br>23 | 24<br>ー<br>26 | 27<br>ー<br>29 | 30<br>ー<br>2 | 3<br>ー<br>5 | 21<br>ー<br>23 | 24<br>ー<br>26 | 27<br>ー<br>29 | 30<br>ー<br>2 | 3<br>ー<br>5 | 21<br>ー<br>23 | 24<br>ー<br>26 | 27<br>ー<br>29 | 30<br>ー<br>2 | 3<br>ー<br>5 |
| 頻出度 / テーマ / 出題数 | 7 | 6 | 4 | 3 | 6 | 5 | 4 | 4 | 4 | 4 | 14 | 15 | 14 | 21 | 16 |
| B 1 基礎理論 | | | | | | 1 | 1 | | 1 | | | 1 | | 1 | |
| A 2 構成要件 | 1 | 1 | | 2 | | | | | | 1 | 4 | 5 | 3 | 8 | 3 |
| A 3 違法阻却事由 | 1 | | 1 | | 2 | 1 | 1 | 1 | 1 | 1 | 2 | 1 | 2 | 3 | 3 |
| A 4 責任 | | 2 | 1 | | 1 | | | | | | 1 | 4 | 2 | 2 | 1 | 6 |
| A 5 未遂犯 | 2 | 2 | 1 | | 1 | 1 | | 1 | | | 1 | | 2 | 1 | 3 | 1 |
| A 6 共犯 | 2 | 1 | 1 | 1 | 1 | | | 1 | | 1 | 4 | 3 | 6 | 5 | 3 |
| C 7 罪数・その他 | 1 | | | | | 2 | 1 | 2 | 1 | | | | | | |

　刑法は，法律科目の中でも学説の対立が特に激しい科目であり，この点の理解が刑法全体の理解に深く結びついていることから，従来は学説の対立を素材とした論理問題が頻繁に出題されていた。ただ，この対立は，刑罰の目的に関する根源的な価値観の相違に起因しているため，対立の解消は容易ではなく，刑法の全般を通して，各所で鋭く対立し，容易に解消されない状態が今も続いている。そのため，従来は，この学説の対立が格好の素材とされて，「A説ではどうか，B説ではどうか」といった論理形式の問題が頻繁に出題されていた。

　ただ，そうなると，受験者としては，刑法の細部にわたって詳細な理解が要求されることになり，刑法は，出題数が少ない割に負担の大きな科目として，敬遠される（捨て科目にするなど）という状態が続いていた。そのため，出題者側もこのことに気付き始めたためか，現在では，条文や判例を主な素材としたシンプルな知識問題が主流を占めるようになっており，近年は，刑法は点の取りやすい（得点源になり得る）科目に変わってきている。

● **国家総合職**

　毎年3題が出題される。以前は，難解な論理問題が頻繁に出題されていたが，この3年ほどでは，令和4年度に1題出題されただけで，他はすべて判例等を素材とした単純な知識問題である。国家総合職の刑法は，科目選択ではなく問題選択なので，刑法の理解が十分でないという場合は，論理問題をさけて知識問題に特化して解けばよいので，学説の対立に深入りする必要はない。

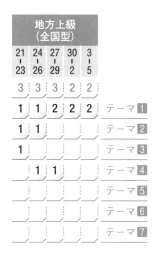

● 国家専門職（労働基準監督官）

　刑法からは，毎年3問が出題される。総論から2問ないし1問，各論から1問ないし2問が，特定の分野に集中することなく，全体からバランスよく出題されている。素材はすべて判例が用いられ，いわゆる頻出判例をメインに据えて，近時の注目判例をいくつか加える形で問題が構成されている。したがって，まず過去問の判例の知識を整理して，近年の注目判例を加えておけば，対策としては十分である。

● 裁判所（法律・経済）

　近年，最も傾向の変化が激しいのが裁判所の問題である。具体的には，極端な論理問題が姿を消し，条文と主要判例を素材とした知識問題で全体が占められるようになっている。一頃の極端な論理問題を敬遠して，受験者が刑法を避けて経済原論に移ったことが要因であろう。ここ数年の問題は，刑法の条文と主要判例（数は限定的）を一通りまとめておけば，それで解ける問題が大半を占めており，刑法は得点源になりやすい科目に変わってきている。

● 地方上級（全国型）

　毎年2題が出題される。総論では，刑法の難解さが影響したためか，主要論点といわれる因果関係や正当防衛，共犯などのメインの論点を避けて，もっぱら刑法の基礎理論から出題される傾向にある。ただ，この分野は、日頃あまり目を向けない分野なので，現場でカンで解くか，そうでなければ捨て問にしても構わない。

# 基礎理論

## 必修問題

**刑法6条に関する次の記述のうち，判例に照らし，妥当なものはどれか。**

【地方上級（全国型）・令和4年度】

**1** 犯罪の**着手**が新法施行前で，その終了が施行後であるときは，旧法が適用される。

**2** 本条の「法律」とは，法律のみを差し，その他の命令は含まない。

**3** 本条の「**刑の変更**」には，刑の**執行猶予の条件**に関する規定の変更は含まれない。

**4** **継続犯**について刑罰法規に変更があった場合には，行為の完結したときにおける新法は適用されない。

**5** 新旧法を比較した結果，刑に軽重のない場合には，新法が適用される。

（参照）

刑法6条　犯罪後の法律によって刑の変更があったときは，その軽いものによる。

難易度＊

## 必修問題の解説

　刑法は，法律の中でも理論的な対立が激しい科目で，その対立に目を奪われて，用語の把握がおろそかになることが多い。刑法では類似の概念が多数登場するので，用語の意味を正確に把握することは，理解に混乱を生じないための最低条件といえる。そこで，まずは本問の用語を正確に把握しておこう。どれも基礎的な用語であるが，ここでしっかりトレーニングを積んで，次のステップアップにつなげていくようにしよう。

頻出度 国家総合職 一
B 労働基準監督官 ★★
裁 判 所 ★★
地上全国型 ★★★

1 基礎理論

第1章

総

論

**1 ✕** 犯罪の終了が新法施行後であるときは，新法が適用される。

　　刑法6条の「犯罪後の法律によって刑の変更があった」にいう「犯罪後」とは，文字通り「犯罪が行われた後で」という意味であるから，**犯罪の実行行為の終了後のことである**。したがって，犯罪の着手が新法施行前で，その終了が施行後であるときは，新法が適用されることになる（大判明43・5・17）。

**2 ✕** 刑法6条の「法律」は，法律だけでなく命令などすべての刑罰法令をいう。

　　たとえば，命令で「従来の罰則は重すぎたので軽く変更する」などという場合に，その軽く変更された罰則を適用しないというのは不合理である。

　　判例は，「**刑法6条にいわゆる法律は国会制定法に限るものでなく，法律であると政令であるとその他の命令であるとを問わず，すべての刑罰法規を意味する**」とする（最判昭24・9・1）。

**3 ◎** 刑の執行猶予の条件に関する規定の変更は，刑の変更には当たらない。

　　妥当である。執行猶予に関する規定の変更は，**刑の執行方法に関する規定の変更**であって，刑自体の内容を変更するものではないからである（最判昭23・6・22）。

**4 ✕** 継続犯については，行為の完結したときにおける新法が適用される。

　　**継続犯**とは，例えば監禁罪のように監禁中ずっと犯罪が継続しているような犯罪類型であり，この場合には監禁を終了した時点以後に刑の変更があった場合にのみ，刑法6条が適用される。したがって，監禁中に刑の変更があった場合には6条の適用はなく，この場合には常に新法が適用されることになる（最決昭27・9・25）。

**5 ✕** 新旧法を比較した結果，刑に軽重のない場合には，旧法が適用される。

　　新旧法を比較した結果，刑に軽重のない場合には，犯罪時の法すなわち旧法が適用される（大判昭9・1・31）。

　　刑法6条は，たとえば犯罪後に刑が軽く変更されたのに，たまたま犯罪行為が変更前だったので重い処罰が科せられるのは不合理だとして，「軽いものによる」としているのであるから，**刑の軽重に変更がなければ犯罪時の法律がそのまま適用されるのが道理**である。

正答 **3**

# FOCUS

　　この分野の出題数はさほど多くはない。理念的な問題が主流であるが，刑法の理念はその内容が複雑であり，相互に関連する事項が多岐にわたることから，理解に困難を来すことが予想される。そこで，あまり細かい部分に立ち入らずに，刑法の機能や違法性・責任の本質といった重要部分に的を絞って理解しておけば，最低ラインは確保できよう。

# ─POINT─

**重要ポイント 1　罪刑法定主義**

・犯罪と刑罰を事前に法律で定めておかない限り，いかなる行為も犯罪として処罰してはならないとする刑法の基本原則。
・国家による刑罰権の恣意的な行使から国民の人権を守るためのもの。
・この原則から次のような派生原則が導かれる。

| ①慣習刑法の排斥 | ・慣習法を直接の法源とすることはできない。<br>　→何が処罰の対象となり，どれだけの刑罰が科せられるかは，慣習ではなく法律によって定められなければならない。<br>・解釈に慣習を考慮することは許される。<br>　→犯罪と刑罰が法律によって定められていれば，その法律の文言の解釈において慣習を考慮することは許される（例：刑法123条の水利妨害罪における「水利権」を慣習によって定めるような場合）。 |
|---|---|
| ②事後法の禁止 | ・刑罰法規の遡及適用の禁止をいう（憲法39条）。<br>・刑罰法規が軽く変更された場合に，その法規を遡及適用することは認められる（→刑法6条）。<br>・行為当時の判例の解釈に従えば無罪となる行為を，判例を変更して処罰することは，事後法の禁止に違反しない（最判平8・11・18）。 |
| ③絶対的不定期刑の禁止 | ・刑の内容や期間がまったく定められていない刑罰法規をいい，このような刑罰は許されない。<br>・長期と短期を定めて言い渡される相対的不定期刑は許される。 |
| ④類推解釈の禁止 | ・ある刑罰法規に規定されている事項との類似性を根拠に，その刑罰法規に規定されていない事項について，当該刑罰法規を適用するという解釈方法は許されない。 |

・すでに無罪とされた行為や，いったん刑が確定した行為については，有罪ないし重い罪の新証拠が発見されても再度の刑事訴追（起訴）はできないが（憲法39条），これは二重の危険の禁止ないし一事不再理に基づくもので，罪刑法定主義から導かれるものではない。

**重要ポイント 2　責任主義**

・処罰の要件として「非難可能性」を要求するもので，結果責任の排除や団体責任の禁止などをその内容とする。
(1)**結果責任の排除**…例：その当時の技術水準として考えられるあらゆる手段を用いて結果の発生を防止したが，それでも結果が発生したような場合
(2)**団体責任の禁止**…例：Bが犯罪を犯したことを理由になんら違法行為を行っていないAを処罰の対象とするような場合（連座制）
　→いずれの場合も，当該行為者に非難可能性がないので，犯罪の成立は認められない。

## 実 戦 問 題

**No.1**　次の説明文中の①～⑤の空欄には「拡張解釈」または「類推解釈」のどちらかが入る。①～⑤のうち，「類推解釈」が入るもののみをすべて挙げているのはどれか（争いのあるときは，判例の見解による）。　【裁判所・平成25年度】

　一般に，刑法の解釈として，　①　は許されるが，　②　は許されないと解されている。　③　は，問題となる行為が，罰則による処罰の対象に含まれないことを認めつつ，処罰の対象となっている行為と害悪性・当罰性において同等であることを理由に，処罰の対象とするものである。他方，　④　は，処罰の対象となっている行為の概念の中に，当該事例を取り込んで処罰の範囲に含めるものである（もっとも，無制限に許容されるものではなく，条文の文言の枠内において理解しうる範囲に限られる）。たとえば，窃盗罪（刑法235条）の客体である「財物」の概念を（有体物ではなく）物理的管理可能性を備えたものと広く画定することにより，電気などのエネルギーをその中に含ませるような解釈は　⑤　である。

**1**　②，③，⑤
**2**　①，④，⑤
**3**　②，④
**4**　①，③
**5**　②，③

**No.2**　わが国の刑法の規定に関する次の記述のうち，妥当なものはどれか。

【地方上級（全国型）・平成24年度】

**1**　犯罪とは，構成要件に該当し，違法かつ有責であるものであり，このことが刑法典に規定されている。

**2**　刑の種類として，死刑，懲役，禁錮，罰金，没収が主刑とされ，拘留および科料が付加刑とされる。

**3**　刑法では，原則として故意犯のみを処罰し，過失犯は例外的に規定があるときにのみ処罰されるにすぎない。

**4**　刑法第二編の罪に関する各条文において既遂犯として処罰する規定があれば，特に未遂犯として処罰する旨の定めがなくても，その犯罪の実行に着手してこれを遂げなかった者を未遂犯として処罰することができる。

**5**　罪刑法定主義とは，いかなる行為が犯罪となり，それに対してどのような刑が科されるのかということが法律によってあらかじめ定められていなければならないという刑法上の大原則であり，刑法典にも罪刑法定主義を直接規定した条文が存在する。

**◆◇ No.3** 罪刑法定主義に関する次のア～オの記述のうち，妥当なもののみを挙げているのはどれか。　　　　　　　　【地方上級（全国型）・令和元年度】

ア：罪刑法定主義とは，いかなる行為が犯罪となり，それに対してどのような刑罰が科されるのかということが法律によってあらかじめ定められていなければならないという原則である。

イ：罪刑法定主義は刑法の基本原則であるので，刑法典にも罪刑法定主義を直接規定した条文が存在する。

ウ：罪刑法定主義における法律は，国会が制定したものをさすので，法律の解釈において慣習を考慮することは許されない。

エ：「…した者は，懲役に処する」という規定は，懲役刑を規定しているので，絶対的不定期刑ではなく許される。

オ：罪刑法定主義の派生原則として，遡及処罰の禁止や類推解釈の禁止などが導かれる。

**1**　ア，エ

**2**　ア，オ

**3**　イ，ウ

**4**　イ，エ

**5**　ウ，オ

**No.4** 刑法6条にいう「刑の変更」に関する次の記述のうち，妥当なのはどれか。 　【地方上級・平成9年度】

**1** 本条にいう「刑の変更」とは，刑の種類または量の変更を意味するので，刑の執行猶予の条件に関する法規の変更もこれに該当するとするのが判例である。

**2** 本条は，「刑罰法規不遡及の原則」の例外を定め，直接的には「軽い新法」の遡及適用を認めるものであるが，刑が廃止になった場合は，本条にいう「刑の変更」には該当しない。

**3** 本条にいう「犯罪後」とは，構成要件に該当する行為の時を基準として，その後という意味であり，継続犯や包括一罪の場合は，その行為の終了時の法律を適用するとするのが判例である。

**4** 複数の者が共謀して犯罪を犯した事例において，共謀時と犯罪実行時の間に法律の改廃があった場合には，本条の適用により犯罪実行時の法律が適用されるとするのが判例である。

**5** 犯罪行為実行後に法改正があり，新法と旧法の間に刑の軽重がない場合には，本条の直接の適用はないが，刑法は裁判規範であり，かつ，新法適用のほうが合理的なので裁判時の新法が適用されるとするのが判例である。

（参考）刑法
　（刑の変更）
　6条　犯罪後の法律によって刑の変更があったときは，その軽いものによる。

# 実戦問題の解説

→ 問題はP.23

## No.1 の解説　刑法の解釈 　　　　　　　　　　　　　→ 問題はP.23 正答5

### STEP❶　拡張解釈と類推解釈の違い

　　さまざまな法の解釈手法のうち，**拡張解釈**とは，法の文言が存在すること
を前提に，語義として可能な枠内で**常識的な意味よりも広げて解釈すること**
をいう。これに対して，**類推解釈**とは，その事案を直接規定した規定がない
場合に，類似の性質や関係の事案について規定した法規を，いわば借用する
形で**間接的に適用して解釈すること**をいう。

　　両者の基本的な違いは，拡張解釈が，「適用すべき規定がある」のに対し
て，類推解釈が「直接規定した規定がない」点にある（法の欠缺）。そのた
め，刑法では，拡張解釈は許されるが，**類推解釈は「処罰規定がないのに処
罰する」という意味で罪刑法定主義に反する**とされる。

### STEP❷　結論

　　これを前提に，本問を考えてみよう。

　　まず，「①は許されるが，②は許されない」の部分は，①が拡張解釈，②
が類推解釈である。③は，「罰則による処罰の対象に含まれない」という
部分から類推解釈が入るとわかる。④はその逆であるから拡張解釈である
とわかる。⑤は，「広く画定することにより」という部分から拡張解釈が
入るとわかる。

　　以上から，類推解釈が入るのは，②と③の２つであり，正答は**5**である。

## No.2 の解説　わが国の刑法の規定 　　　　　　　　　→ 問題はP.23 正答3

**1** ✕ **犯罪とは，構成要件に該当し，違法かつ有責であるものをいう。**

　　刑法は，犯罪の成立要件としての構成要件や違法阻却事由などについて個
別に規定を設けているが，「犯罪は，構成要件に該当し，違法かつ有責であ
ること」とする直接の明文規定は設けていない。

**2** ✕ **死刑，懲役，禁錮，罰金，拘留，科料が主刑であり，没収が付加刑である。**

　　**主刑**とは，独立して科すことができる刑罰であり，**付加刑**とは主刑の言渡
しに付加して言い渡す刑罰である。

　　没収は，たとえば犯罪に使用された銃器や，いまだ犯人の手元に残ってい
る賄賂金のように，そのまま放置することが適当でないときに，主刑に合わ
せて言い渡される刑罰である（9条）。拘留と科料は，それ自体が独立して
言い渡すべき刑罰であるから，これらは付加刑ではなく主刑である（16条,
17条）。

**3** ◎ **過失犯を処罰できるのは，その旨の明文の規定がある場合に限られる。**

　　正しい。刑法は，故意犯の処罰を原則としており，過失犯の処罰はその旨
の明文規定がある場合に限られる（38条1項但書）。**社会に与える脅威とい
う点で，故意と過失では大きな差がある**。したがって，刑罰という厳格な制

裁をもって禁圧すべき対象は原則的には故意行為に限ればよい。そのため,刑法は,過失行為の処罰については特に重大な法益侵害の場合に限って特別の処罰規定を設けている。

**4 ✕ 未遂犯を処罰できるのは,その旨の明文の規定がある場合に限られる。**

既遂犯を処罰しておけば,それで十分に犯罪の抑止効果があるという場合には,あえて未遂を処罰する必要はない。そのため,実行に着手したがこれを遂げなかった場合,すなわち未遂犯については,これを処罰する旨の規定がある場合に限って処罰することとされている（44条）。

**5 ✕ 罪刑法定主義は刑法の大原則であるが,刑法に明文規定は存しない。**

罪刑法定主義は,近代刑法の大原則とされるもので,いわば当然の前提であることから,明文規定は置かれていない。

### No.3 の解説　罪刑法定主義　　→ 問題はP.24　正答2

**ア ◯ 罪刑法定主義は,処罰の対象と刑罰を法定して行動の自由を保障するもの。**

妥当である。国民は,どのような行為が処罰の対象となり,それに対していかなる刑罰が科せられるかが事前に示されていないと,**処罰を避ける行動をとることができない。**また,それを「法律で定める」ことが必要とされるのは,国民代表機関である国会が定めることで**恣意的な処罰や不合理な処罰を避けることができるためである。**

その意味で,**罪刑法定主義は国民の行動の自由を保障する**近代刑法の大原則である。

**イ ✕ 罪刑法定主義は刑法の大原則であるが,刑法に明文規定は存しない。**

罪刑法定主義は,近代刑法の大原則とされるもので,いわば**当然の前提**であることから,明文規定は置かれていない。

**ウ ✕ 法律が基本となる限り,刑罰法規の解釈で慣習を考慮することは許される。**

たとえば,水利妨害罪（123条）で水利が侵害されたかどうかを判断する要素として,その地域の慣習で水利が認められていたかどうかを考慮するなどの場合である。

**エ ✕ 絶対的不定期刑は罪刑法定主義に反するものとして禁止されている。**

単に「懲役に処する」というだけでは,何年の懲役に処せられるかが明らかではない（このような規定のしかたを**絶対的不定期刑**という）。

罪刑法定主義は,犯罪と刑罰を法律で定めることによって,**国家の恣意的な刑罰権の行使を阻止しようとするもの**である。ところが,刑の期間が法定されていないと,たとえば「政権にとって危険な人物なので長期間拘束しておこう」などとする恣意的な処罰のおそれが生じてくる。そのため,このような規定は罪刑法定主義に反するものとして禁止されている。

**オ ◯ 遡及処罰の禁止や類推解釈の禁止は罪刑法定主義の派生原則の一つである。**

妥当である。罪刑法定主義の派生原則には,次のようなものがある。

以上から，妥当なものは**ア**と**オ**であり，正答は**2**である。

---

### No.4 の解説　刑法6条にいう刑の変更　　　→ 問題はP.25　正答3

　　刑法6条は，犯罪後に刑の変更があった場合には，犯人に有利なほうの刑罰規定を適用すべきとするものである。

　たとえば，犯行後，裁判中に刑を軽くする改正法が国会で成立した場合には，裁判所はその軽いほうの刑を言い渡さなければならない。仮に改正により，**懲役刑**が**罰金刑**に変更されたとすれば，裁判所は，懲役刑ではなく罰金刑を科すべきことになる。

　他方，裁判中に刑を重くする改正法が国会で成立した場合には，軽いほうの行為当時の法律を適用しなければならない。

　なお，このような取扱いは，罪刑法定主義とは直接の関係はない。罪刑法定主義では，刑の変更があった場合でも，行為時の刑罰規定をそのまま適用すればよいからである。すなわち，犯罪と刑罰があらかじめ法定されている限り，国民の行動の自由は確保されているので，行為時の処罰規定を適用しても，罪刑法定主義には違反しない。

**1 ✕**　刑の変更には，執行猶予の条件に関する法規の変更は含まれない。

　執行猶予に関する規定の変更は，刑の執行方法に関する規定の変更であって，刑自体の内容を変更するものではないからである（最判昭23・6・22）。

**2 ✕**　刑の変更には刑の廃止を含む（広島高判昭28・11・20）。

　刑が廃止された場合に刑法6条が適用されないと，行為者は廃止前の法律によって処断されることになる。しかし，これでは刑が軽く変更された場合と比べて不公平である。そのため，刑法6条は刑の廃止の場合にも適用されると解されている。

**3 ◎**　刑法6条にいう「犯罪後」とは実行行為の終了後を意味する。

　妥当である。**継続犯**とは，たとえば監禁罪のように監禁中ずっと犯罪が継続しているような犯罪類型であり，この場合には監禁を終了した時点以後に刑の変更があった場合にのみ，刑法6条が適用される。したがって，監禁中に刑の変更があった場合には6条の適用はなく，この場合には常に新法が適用されることになる（最決昭27・9・25）。

### ◆実行行為中の刑の変更

| 軽く変更 | 実行行為終了時の法規（改正法）をそのまま適用すればよい。 |
|---|---|
| 重く変更 | 重い改正法が適用される<br>↓<br>刑を重くする法改正がなされた場合というのは，その行為をより強く禁圧すべき社会的要請に基づいて法改正が行われたことを意味するので，行為者は改正法の呼びかけに応じて直ちにその行為を中止すべきであり，これに応ぜず行為を継続した以上，重い改正法が適用されても不合理ではない。 |

以上のことは，**包括一罪**の場合も同様である（大判明43・11・24）。

### ◆包括一罪

これは，形式的には複数の犯罪が成立するように見えるが，立法者が一罪と評価することを予定していると解される犯罪類型である。賄賂要求罪→約束罪→収受罪が一連の行為としてなされたような場合がその例で，この場合には包括して賄賂罪一罪が成立することになる。

**4** ✕ 犯罪実行後に刑の変更があった場合でなければ，刑法6条は適用されない。

6条は**犯罪実行後に刑の変更があった場合**に適用される。共謀時と犯罪実行時の間に法律の改廃があった場合はこれに該当しない。この場合には，行為時の処罰規定が適用される。

なお，「複数の者が共謀して犯罪を犯した」とは共同正犯のことであり（最大判昭33・5・28，**共謀共同正犯**），この場合には，最後の行為者の実行行為の終了が共謀者全員の実行行為の終了時になる。刑法6条が適用されるのは，その時点以降に刑の変更があった場合である。

### ◆共同正犯・教唆犯と刑法6条

**共同正犯**：共同の実行行為→最後の1人の実行行為終了後に刑の変更があった場合に適用される。

**教 唆 犯**：正犯とは別の犯罪→教唆行為を基準にして，教唆行為の終了後に刑の変更があった場合に適用される。

**5** ✕ 新旧両法間に刑の軽重がない場合には，行為時の処罰規定が適用される。

行為者の処罰は，原則として行為時点における法規に基づいて行われる。その時点におけるルール違反はその時点のルールに照らして処断されるべきだからである。刑法6条はその例外をなすが，これは変更により刑に軽重が生じた場合の規定であるから，新旧両法に刑の軽重がなければ6条を適用する必要はない。したがってその場合には，原則どおり犯罪時の法律が適用される（大判昭9・1・31）。

# 構成要件

---

## 必修問題

**因果関係に関する次の配述のうち，判例に照らし，最も妥当なのはどれか。**

【労働基準監督官・令和4年度】

**1** Xの暴行が被害者の重篤な心臓疾患という特殊の事情さえなかったならば死亡の結果を生じなかったであろうと認められ，しかも，Xが暴行当時その**特殊事情**のあることを知らず，また，死亡の結果を予見することもできなかった場合，Xの暴行がその特殊事情とあいまって死亡の結果を生ぜしめたものと認められるとしても，Xの暴行と被害者の死亡との間の因果関係を肯定することはできない。

**2** Xの暴行により被害者の死因となった傷害が形成された場合であっても，その後第三者により加えられた暴行によって被害者の死期が早められたときは，Xの暴行が被害者のその早められた死期における死亡を引き起こしたものではないため，Xの暴行と被害者の死亡との間の因果関係を肯定することはできない。

**3** 被害者がXらから長時間激しくかつ執ような暴行を受け，Xらに対し極度の恐怖感を抱き，必死に逃走を図る過程でとっさに高速道路に進入し，疾走してきた自動車にひかれて死亡した場合，被害者が逃走しようとして高速道路に進入したこと自体が極めて危険な行動であるため，その危険な行動がXらの暴行から逃れる方法としては著しく不自然，不相当でないとしても，Xらの暴行と被害者の死亡との間の因果関係を肯定することはできない。

**4** Xが自動車を運転中，過失により被害者をはね飛ばし（以下「Xの行為」という。），同人は同車の屋根にはね上げられ意識を喪失するに至ったが，Xは被害者を同車の屋根に乗せていることに気付かなかった一方，同乗者のYがこれに気付き，進行中の同車の屋根から被害者を引きずり降ろしアスファルト舗装道路上に転落させた（以下「Yの行為」という。）場合において，被害者が死亡したものの被害者の死因となった傷害がXの行為とYの行為のいずれによって生じたか確定し難いとき，Yの行為は，経験上，普通，予想できずXの行為から被害者の**死亡を当然に予想**できるとはいえないから，Xの行為と被害者の死亡との間の因果関係を肯定することはできない。

**5** Xらが自動車後部のトランク内に被害者を押し込み，トランクカバーを閉めて脱出不能にし路上で停車していたところ，後方から走行してきた自動車が運転者の前方不注意のために停車中の自動車の後部に追突し，被害

者が追突による傷害により死亡した場合，被害者の死亡原因は直接的には追突事故を起こした第三者の甚だしい過失行為にあるといえるから，Xらの監禁行為と被害者の死亡との間の因果関係を肯定することはできない。

難易度 ＊＊

## 必修問題の 解説

　因果関係とは，生じた結果を，その者が引き起こしたといえるかという問題，すなわち，法益侵害の結果を「行為者のせいでこうなった。だから罪に問う」といえるかという帰責性の問題である。

　通常の犯罪では帰責性は明らかなことが多い。ところが，「被害者が予想外の行動をとって結果発生に至った」などという場合，それでも，「被害者に生じた結果は加害者の行為によるものだ。だから既遂罪で処罰する」といえるかが問題になっている。

　この点に関して，判例は，「実行行為の持つ危険性が因果の流れの中で結果として現実化したか」どうかを判断基準として（危険現実化説），当初の行為が事後的事情に影響を及ぼした程度が大きければ，因果関係を肯定する（最決平22・10・26，最決平24・2・8）。

　一方，学説は，従来，行為と結果との間の結びつきに相当性があるかどうかを基準とする相当因果関係説をとってきた。しかし，説明に窮する事例が多いなどの難点があり，現在では多くの学説が危険現実化説に移っている。

　そこで，同説の内容である，「実行行為のもつ危険性が結果へと現実化した」といえるかどうかを，判例を検証しながら考えてみよう。

**1 ✕** 暴行で心臓疾患を有する者を死亡させた場合，死の結果に因果関係がある。

　判例は，「致死の原因たる暴行は，必ずしもそれが死亡の唯一の原因または直接の原因であることを要するものではなく，**たまたま被害者の身体に高度の病変があったため，これとあいまって死亡の結果を生じた場合**であっても，暴行による致死の罪の成立を妨げない」として，このような場合の暴行と致死の結果との間の**因果関係を肯定**している（最判昭46・6・17）。

**2 ✕** 事後の暴行で死期が早まっても，最初の暴行と死の結果に因果関係がある。

　判例は，「犯人の暴行により被害者の死因となった傷害が形成された場合には，仮にその後**第三者により加えられた暴行によって死期が早められた**としても，犯人の暴行と被害者の死亡との間の**因果関係を肯定できる**」とする（最決平2・11・20）。

　事後の暴行で死期が早まったとしても，結果として最初の暴行の「死亡させる危険性が結果へと現実化した」といえるので，因果関係を肯定できる。

**3 ✕** 被害者の危険な行為も，不相当でなければ結果との間に因果関係がある。

　　判例は，「被害者が高速道路に進入して死亡したのは，被告人らの暴行に
起因するものと評価することができるから，被告人らの暴行と被害者の死亡
との間の因果関係を肯定できる」とする（最決平15・7・16）。

　　被害者の「高速道路に侵入する」という**生命に危険を及ぼす行為**は，被害
者の自発的意思に基づくものではなく，**結局は加害者の暴行によるもの**とい
えるから，因果関係は肯定できる（最決平15・7・16）。

**4 ◎** 同乗者の予想外の行為で被害者が死亡した場合，死の結果に因果関係はない。

　　妥当である。判例は，「同乗者が進行中の自動車の屋根の上から被害者を
さかさまに引きずり降ろし，アスファルト舗装道路上に転落させるというが
ごときことは，経験上，普通，予想しえられるところではない」として，運
転者の過失行為と被害者の死との間の因果関係を否定している（最決昭42・
10・24）。

　　本事例では，**同乗者の「逆さまに引きずり降ろし道路に転落させる」行為
は予想外のこと**であって，過失運転致傷と死亡との間に因果関係は認められ
ない。

**5 ✕** トランク内に監禁し運転すれば追突死の危険があるので，因果関係は肯定。

　　トランクは人を収容するスペースではなく，そこに監禁して車道を走行す
れば**後続車が追突する危険も十分に予測される**。したがって，この場合も危
険性が現実化したとして因果関係が認められる（最決平18・3・27）。

正答 **4**

# FOCUS

　　構成要件は論点の多い総論の重要部分である。ただ，出題は特定の分野に
集中する傾向が見られる。未遂犯と不能犯の区別などはその典型であり，傾
向を分析して，重要論点については十分な理解を尽くしておきたい。

# ─POINT─

### 重要ポイント 1 犯罪論体系

・犯罪の成否は「**構成要件該当性**」→「**違法**」→「**責任**」の順で判断する。
　＜理由＞「客観的類型的判断」→「客観的個別的判断」→「主観的個別的判断」
　　　　の順で検討を加えることによって，犯罪の認定を慎重かつ確実なものと
　　　　なしうるから。

### 重要ポイント 2 構成要件の意義

・**構成要件**によって処罰の範囲が画される。
・構成要件は違法行為の類型ととらえるのが通説である。
・実行行為性，結果（結果犯の場合），両者の間の因果関係などが構成要件要素と
　される。
・必ずしも条文に記載されたもののみが構成要件要素となるわけではなく，条文の
　記載文言から合理的に要求できるものについても，構成要件要素とされる場合が
　ある（→書かれざる構成要件要素，例：窃盗罪の「不法領得の意思」）。

### 重要ポイント 3 実行行為

・**実行行為**の意義については見解が分かれるが，構成要件該当行為ないし当該構成
　要件が予定する一定の結果発生の危険性を有する行為などとしてとらえられている。

### 重要ポイント 4 因果関係

・**因果関係**とは，実行行為と結果との間に要求される一定の原因・結果の関係をいう。
・判例が危険現実化説に基いて判断した主なものは以下の通り。

| | |
|---|---|
| 死亡との因果関係肯定 | ・63歳の女性に口を押さえたり布団をかぶせるなどの暴行を加えたところ，重篤な心臓疾患があったため急死した（最判昭46・6・17）。<br>・暴行により意識消失状態になり倒れていた被害者を，別の何者かが暴行し，死期が早まった（最決平2・10・20）。<br>・長時間の執拗な暴行から逃れるために，高速道路に侵入し，被害者が車にひかれて死亡した（最決平15・7・16）。<br>・傷害で重傷を負った被害者が救急搬送され，緊急手術でいったん容体が安定したが，被害者が治療用の管を抜くなどして暴れた後に容体が急変し，死亡した（最決平16・2・17）。<br>・被害者を自動車の後部トランク内に閉じ込めて運転中，後続車に追突されて被害者が死亡した（最決平18・3・27）。 |
| 因果関係否定 | ・過失運転で人を跳ね飛ばし，屋根に跳ね上げられた被害者を，助手席の同乗者が引きずりおろし，路上に転落させて死亡させた（最決昭42・10・24）。 |

**No.1** 被害者の承諾（同意）に関する次のア～ウの正誤の組合せとして最も妥当なものはどれか（争いのあるときは，判例の見解による）。

【裁判所事務官・令和4年度】

ア：甲は，Ｖを脅迫してその意思を抑圧した上で，「殴っていいよ」と言わせて，Ｖを殴って暴行を加えた。この場合，甲の暴行行為は，Ｖの承諾により違法性が阻却される。

イ：甲は，Ｖの腕を手で殴ることについてＶから承諾を得たものの，手ではなく金属バットで，Ｖの腕を殴った。この場合，金属バットで殴ることについての承諾はないから，甲の暴行行為は，違法性が阻却されない。

ウ：甲は，手でＶの顔面を殴り，軽度の傷害を負わせたが，その傷害結果が発生した後に，手で顔面を殴ることについてＶの承諾を得た。この場合，甲の暴行行為は，Ｖの承諾により違法性が阻却される。

|   | ア | イ | ウ |
|---|---|---|---|
| **1** | 誤 | 正 | 誤 |
| **2** | 正 | 誤 | 正 |
| **3** | 正 | 正 | 誤 |
| **4** | 正 | 正 | 正 |
| **5** | 誤 | 誤 | 正 |

**No.2** 不真正不作為犯に関する次のア～エの記述のうち，妥当なもののみをすべて挙げているものはどれか（争いのあるときは，判例の見解による）。

【裁判所事務官・令和3年度】

ア：不真正不作為犯は，財産犯についても成立する余地がある。

イ：不真正不作為犯は，作為可能性がない場合であっても成立する余地がある。

ウ：不真正不作為犯は，作為義務が契約に基づくものでない場合であっても，成立する余地がある。

エ：不真正不作為犯において，未遂は成立し得ない。

**1** ア，イ

**2** ア，ウ

**3** ア，エ

**4** イ，ウ

**5** ウ，エ

**No.3** 不真正不作為犯に関する次の記述のうち，妥当なものはどれか。ただ
し，争いのあるものは判例の見解による。　　　　【地方上級（全国型）・平成27年度】

**1**　不真正不作為犯は，もともと不作為の形で構成要件化されているので，罪刑法
定主義に反しない。

**2**　不作為による幇助は，正犯の実行をほぼ確実に阻止できるにもかかわらず，あ
えて放置した場合でなければ成立しない。

**3**　ある人が乳児を他人の家の前に置き去りにした。この場合，その家の家主は乳
児を保護すべき作為義務を負うので，不作為により乳児を助けなければ保護責任
者遺棄罪が成立する。

**4**　火鉢の火を消火せずに仮眠をしたため，炭火の過熱により木机に延焼した。こ
の段階で火を消し止めるのは容易であったにもかかわらず，そのまま放置すれば
建物が延焼することを認識しながらそのままその場所から立ち去った場合は，不
作為の放火罪が成立する。

**5**　山登りをしている途中で重傷者を発見した場合，当該重傷者を保護すべき作為
義務があるので，そのまま何もせずに放置した結果その者が死亡するに至ったと
きには，不作為の殺人罪が成立する。

第1章

総

論

35

# 実戦問題 **1** の 解説

## No.1 の解説　被害者の承諾
→ 問題はP.34 **正答1**

　　被害者の承諾とは，法益の主体である被害者が，自己の法益への侵害について承諾を与えることをいう。

　　刑法は法益の保護を目的としているので，被害者の承諾によって保護すべき法益が消滅し，犯罪が成立しなくなるのではという点が争われている。

**ア✕** **被害者の意思を抑圧した状態で同意を得ても，同意に有効性はない。**

　　誤り。被害者の意思を抑圧した上で，「殴っていいよ」と言わせても，**自由意思に基づいて自己の法益を放棄しているのではないから，その放棄は無効である。**したがって，甲の暴行行為は，Vの承諾により違法性が阻却されない（類似の事案で，最大判昭25・10・11）。

**イ◯** **同意の範囲を超えて行った侵害行為については，違法性は阻却されない。**

　　正しい。手で殴る場合と金属バットで殴る場合とでは，生じる被害の程度に差があり，後者のほうが被害の程度はより大きいはずである。そして，**被害者Vは，大きな被害を生じる行為については承諾を与えていないのである**から，甲の暴行行為は，違法性が阻却されない行為となる。

**ウ✕** **同意は事前に与えなければならず，事後の同意は無効である。**

　　誤り。なぜなら，**すでに犯罪は成立している**からである。それを，事後の同意によって，犯罪はなかったことにできるわけではない。

　　以上から，**イ**は正しく，**ア**と**ウ**は誤りであり，正答は**1**である。

## No.2 の解説　不真正不作為犯
→ 問題はP.34 **正答2**

**ア◯** **不真正不作為犯は，財産犯についても成立する余地がある。**

　　妥当である。判例は，誤振込みがあることを知った受取人が，その情を秘して預金の払戻しを請求し，その払戻しを受けた場合には詐欺罪が成立するとして，**沈黙（不作為）による欺罔行為**を認めている（最決平15・3・12）。

**イ✕** **不真正不作為犯は，作為可能性がない場合には成立しない。**

　　たとえば，川で溺れそうになっているわが子を母親が救助しなかったとしても，母親が全く泳ぎができず，**救助が事実上不可能であれば不作為犯は成立しない。**

**ウ◯** **不真正不作為犯の作為義務は，契約に基づくものであることを要しない。**

　　妥当である。作為義務の発生事情としては，**①法令の規定**，**②契約**，**③事実上の引受け**，**④先行行為**などがある。必ずしも契約に基づくものであることを要しない。

　　①の例としては，実父が内縁関係の女性との間の生後9日の赤子を引き取った後に授乳をせずに餓死させた（大判大15・10・23），③の例としては，運転中に自己の過失で轢いた被害者を病院に運ぶためにいったん自車に乗せたが，途中で気が変わり，遺棄場所を探して運転を続けているうちに被害者

が死亡した（東京地判昭40・9・30），などがある。

**エ✕** 不真正不作為犯においても，未遂は成立し得うる。

　　たとえば，**母親が乳児を餓死させる意図で授乳しない**という不作為を開始すれば，それは殺人罪の実行の着手となる（203条の殺人未遂罪が成立する）。

　　以上から，妥当なものは**ア**と**ウ**であり，正答は**2**である。

---

**No.3の解説**　**不真正不作為犯**　　→ 問題はP.35　**正答4**

**1✕** 不作為の形式で構成要件化されている犯罪は，真正不作為犯である。

　　**真正不作為犯**の例としては，「要求を受けたにもかかわらず…退去『しなかった』者」を処罰する**不退去罪**（130条後段），保護責任者が「生存に必要な保護を『しなかった』」行為を処罰する**保護責任者遺棄罪**（218条後段）などがある。

　　一方，「殺す」などの**作為の形式で構成要件が規定されている犯罪を不作為で実現する**場合を**不真正不作為犯**という。No.2選択肢**エ**の母親の例などがそれに当たる。

**2✕** 正犯の実行をほぼ確実に阻止できたことは不作為による幇助の要件ではない。

　　**幇助**とは，**正犯の実行を容易にすること**をいう（62条）。すなわち，容易にすればよいので，「正犯の実行をほぼ確実に阻止できるにもかかわらず，あえて放置した」ことまでは必要でない。

　　判例は，「作為義務のある者が，一定の作為によって正犯者の犯罪を防止することが可能であるのに，そのことを認識しながら，一定の作為をせず，これによって正犯者の犯罪の実行を容易にした場合に（**不作為による幇助が**）成立」するとしている（札幌高判平12・3・16）。

**3✕** 家の前に乳児を置き去りにされた家主に，乳児を保護する法的義務はない。

　　乳児を家の前に置き去りにされた家主には，倫理的・道義的な観点からは，この乳児を保護すべき義務があるといえるかもしれない。

　　しかし，保護責任者遺棄罪（218条）にいう**保護責任者とは，法定の要保護者を保護すべき「法的責任」のある者**をいい，倫理的・道義的な責任を負うというだけではこれに該当しない。刑法は，「3月以上5年以下の懲役」という刑罰でその不保護（遺棄）に対して制裁を科し，これを厳格に禁止している。したがって，そのような強い非難に値するだけの義務の懈怠でなければならず，そのためには，**刑罰による制裁が合理的とされるような高度な義務，すなわち「法的な義務」**でなければならない。

　　家の前に乳児を置き去りにされた家主には，このような意味での法的義務はなく，保護責任者遺棄罪は成立しない。

**4◎** 火災の原因者が，消火が容易なのに延焼を認識して立ち去れば放火罪となる。

　　正しい。火鉢の火を消火せずに仮眠をしたため，炭火の過熱により木机に

延焼した場合，その者は**火災の原因を自ら作り出している**のであるから，これを**消火すべき法的義務（先行行為に基づく作為義務）がある**。そして，消火が容易であるにもかかわらず，延焼を認識しながら立ち去ったという場合，このような**行為は作為による放火と同視できる**。したがって，行為者に**不作為の放火罪**が成立する（最判昭33・9・9）。

**5** ✕ **山登り途中で重傷者を発見した者には，救護の法的義務があるとはいえない。**

　したがって，そのまま何もせずに放置した結果，その者が死亡するに至ったとしても，それを**「殺す」と同視することはできない**。行為者には不作為の殺人罪は成立しない。

## 実戦問題 **2**　応用レベル

**No.4**
***
不作為犯に関する次の記述のうち，妥当なのはどれか。

【地方上級（全国型）・平成14年度】

**1**　Aは隣家に住む子どもBが川で溺れているのを発見したが，Aは泳げなかったので助けずにいたところ，Bは溺死した。この場合，Aは不作為による遺棄致死罪となる。

**2**　真冬に路上で酔っ払って寝ているBを見つけたAが，凍死するかもしれないが知らない人だからと思って，そのまま通り過ぎたところ，Bは凍死した。この場合，Aは不作為の過失致死罪となる。

**3**　所持金を使い果たしたAが，無銭飲食をするつもりで食堂に入り食事をした。この場合，Aは不作為の詐欺罪となる。

**4**　AはBの運転する車の助手席に同乗していたところ，Bが事故を起こしBが重傷を負ったが，Aは日頃からBを恨んでいたので，そのまま死んだほうがよいと思い，放置したためBは死亡した。この場合，Aは不作為の殺人罪となる。

**5**　Aがたき火をしていたところ，風が強かったため，隣家にその火が燃え移るかもしれないが，そうなってもかまわないと思い，容易に消すことができたにもかかわらず，その場から立ち去った結果，隣家は全焼した。この場合，Aは不作為の放火罪となる。

**No.5**
***
不作為犯に関する次のア～オの記述のうち，妥当なもののみをすべて挙げているものはどれか（争いのあるときは，判例の見解による）。

【裁判所事務官・令和元年度】

ア：母親が，自らの乳児を殺害する目的で乳を与えずに餓死させるのは，不作為によって構成要件が作為の形式で規定されている犯罪を成立させる場合である。

イ：真正不作為犯と不真正不作為犯との違いは，刑罰法規が構成要件要素として明文で不作為を規定しているか否かによる。

ウ：不真正不作為犯の作為義務は，法律上の規定に基づかなければならない。

エ：炭火で暖を取りながら残業していた職員が，自らの重過失による炭火からの引火で机が延焼しているのを見つけたが，発覚のおそれなどから立ち去って会社の建物を焼損させた場合，わざと引火させたわけではないから，現住建造物等放火罪は成立しない。

オ：不作為犯の成立には，不作為と結果との間の因果関係は必要ない。

**1**　ア，イ　　**2**　ア，ウ　　**3**　イ，ウ
**4**　ウ，エ　　**5**　ウ，オ

**No.6** 不能犯に関する次のア～エの記述の正誤の組合せとして最も適当なものはどれか（争いのあるときは，判例の見解による）。

【裁判所事務官・平成27年度】

ア：殺意をもって被害者の静脈内に空気を注射したが，空気の量が不足して目的を遂げなかった場合，被害者の身体的条件その他の事情の如何によっては死の結果発生の危険が絶対にないとはいえないとしても，注射した空気の量が致死量に達していなかった以上，殺人未遂罪は成立しない。

イ：殺意をもって被害者に硫黄を飲ませたが，硫黄を飲ませて人を殺害する方法は絶対不能であったため，その目的を遂げなかった場合，硫黄を飲ませる行為が一般人に対して死への不安感を生じさせる行為でも，殺人未遂罪は成立しない。

ウ：道を歩いていた被害者から財物を強取しようとしてナイフを突き付けるなどしたが，被害者が財物を所持しておらず，その目的を遂げなかった場合，通行人が財物を所持していることは普通予想できる事実であるため，強盗未遂罪が成立する。

エ：殺意をもって被害者の食べ物に致死量の毒を混入させたが，その毒を混入した食べ物が強い苦みにより通常食べることができないものであり，被害者も苦味を感じてその食べ物を吐き出したため，その目的を遂げなかった場合でも，人がこれを食べることは絶対にないと言い切れない以上，殺人未遂罪が成立する。

| | ア | イ | ウ | エ |
|---|---|---|---|---|
| **1** | 誤 | 正 | 正 | 正 |
| **2** | 誤 | 正 | 正 | 誤 |
| **3** | 誤 | 誤 | 正 | 誤 |
| **4** | 正 | 誤 | 正 | 正 |
| **5** | 正 | 誤 | 誤 | 誤 |

**No.7** **\*\*** 被害者の承諾（同意）に関する次のア〜エの記述のうち，妥当なもののみをすべて挙げているものはどれか（争いがあるときは，判例の見解による）。

【裁判所事務官・令和元年度】

ア：甲が12歳の少女Aの承諾を得て性交した場合，甲に不同意性交等罪は成立しない。

イ：甲が刑事未成年者である13歳のAの承諾を得てAのゲーム機器を壊した場合，Aの行った承諾は無効であり，甲に器物損壊罪が成立する。

ウ：甲がAの承諾を得て，住宅街にあるA所有の空き家を焼損した場合，甲に非現住建造物放火罪が成立する。

エ：甲がAと過失による事故を装って保険金を詐取する計画を立て，Aの承諾を得て甲の運転する自動車をAに衝突させて傷害を負わせた場合，甲に傷害罪が成立する。

**1** ア，イ

**2** ア，ウ

**3** イ，ウ

**4** イ，エ

**5** ウ，エ

【労働基準監督官・平成10年度】

**1** 暴行を加えたところ，被害者に心臓疾患が存したため急死したような事例では，暴行がそうした特殊事情とあいまって致死の事情を生じさせたと認められる場合であっても，暴行と被害者の死との間に因果関係は認められない。

**2** 運転者が自動車で走行中，過失によって歩行中の被害者を自動車の屋根にはね上げたところ，同乗者が運転者の意に反して被害者を逆さまに引きずり降ろし道路に転落させ死に至らしめたような場合には，運転者の過失行為と被害者の死との間に因果関係は認められない。

**3** 被害者の頭部を殴打し意識を失わせて放置したところ，何者かがさらに被害者を殴打し被害者が死亡した事例では，最初の加害者の暴行により死因となった傷害が形成された場合であっても，事後の暴行で死期が早まったときは最初の暴行と被害者の死との間に因果関係は認められない。

**4** 医師の資格のない者が，患者の治療依頼に対して誤った指示を繰り返し，これに忠実に従った患者が症状を悪化させて死亡するに至った事例では，患者の側に医師の治療を受けることなく加害者の指示に従った落ち度があった場合には，指示と患者の死との間に因果関係は認められない。

**5** 殺意をもって被害者の首を絞めたところ身動きをしなくなったため死んだものと思い込み砂浜に捨てたところ，被害者は生きていて砂末を吸い込んで死亡したような事例では，加害者の首を絞めた行為と被害者の死との間に因果関係は認められない。

**No.9** 因果関係に関する次のア～エの記述のうち，妥当なもののみをすべて挙げているものはどれか（争いのあるときは，判例の見解による）。

【裁判所事務官・令和元年度】

ア：甲は，面識のないＶが電車内で酔って絡んできたため，Ｖの顔面を拳で１回殴打したところ，もともとＶは特殊な病気により首の骨が脆弱となっており，その１回の殴打で首の骨が折れて，その結果Ｖは死亡した。甲がＶの顔面を拳で１回殴打した行為とＶの死亡との間に因果関係が認められる。

イ：甲が自動車を運転中，Ｖを自動車で跳ね飛ばして自動車の屋根にはね上げたが，Ｖに気付かぬまま自動車の運転を続けるうち，同乗者の乙がＶに気付き，走行中の自動車の屋根からＶを引きずりおろして路上に転倒させた。その結果，Ｖは頭部に傷害を負って死亡したが，Ｖの死因である傷害が自動車との衝突の際に生じたものか，路上へ転落した際に生じたものかは不明であった。この場合，甲の行為とＶの死亡の結果との間に因果関係が認められる。

ウ：甲は，Ｖの後頸部に割れたビール瓶を突き刺し，Ｖに重篤な頸部の血管損傷等の傷害を負わせたため，Ｖは病院に搬送された。Ｖは，病院で手術を受け，容体が一旦は安定したが，医師から安静を続けるように指示されていたにもかかわらず，病室内を動き回ったため，当初の傷害の悪化による脳機能障害により死亡した。この場合，甲の行為とＶの死亡の結果との間に因果関係は認められない。

エ：甲は，Ｖを川の中に突き落として溺死させようと思い，橋の脇を歩いていたＶを後ろから突き飛ばしたところ，Ｖは落下する途中で橋脚に頭部を強打したことにより死亡した。甲には，殺人罪が成立する。

**1** ア，ウ
**2** ア，エ
**3** イ，ウ
**4** イ，エ
**5** ウ，エ

# 実戦問題❷の解説

　　**不真正不作為犯**とは，殺す，盗むなどといった積極的な行為すなわち**作為の形式で規定されている犯罪類型を，不作為によって実現すること**である。たとえば，母親が自分1人で住んでいるアパートの一室でひそかに産んだ子どもに授乳せず，殺意を持って放置し，子供を餓死させるような場合である。

　　不真正不作為犯の成立には，次のような要件が必要とされている。

> ①**作為義務**……期待された行為をなすべき法的な義務である。単なる道
> 　徳上の義務では足りない。上例でいえば，乳児の命を守るべき親の義
> 　務（民法820条）がこれに当たる。
> ②**作為の可能性**……作為は可能なものでなければならない。なぜなら，
> 　不可能なことを，刑罰の制裁によって強制するのは妥当でないからで
> 　ある。
> ③**同価値性**……義務者の不作為は，作為による犯罪実現の場合と同等に
> 　評価される場合でなければならない。
> ④**因果関係**……不作為と結果の間の因果関係である。これは，「期待さ
> 　れた行為がなされていれば，多分その結果は生じなかったであろう」
> 　と認められれば足りるとされている。

　　これを前提に，各選択肢を考えてみよう。

**1×** 隣家の子どもが川で溺れていても，救助の法的義務があるとはいえない。

　　したがって，Aに不作為による遺棄致死罪（219条）は成立しない。

　　上記①・②に関する。Aには，隣家の子が川で溺れている場合に，これを救助すべき法的な義務はない。確かに，隣家の子である以上，倫理的には救助するのが望ましいといえるが，救助しなかった行為に対して刑罰の制裁を加えるのは妥当でない。また，泳げないAに救助義務を課すと，A自身が溺死してしまうおそれがある。法は不可能なことまで国民に強制するわけではない。

**2×** 通り道で路上の泥酔者を放置しても，救助の法的義務があるとはいえない。

　　したがって，Aに不作為による過失致死罪（210条）は成立しない。

　　上記①に関する。本肢も**1**と同様に，Aには見知らぬ酔っ払いを救助すべき法的義務はない。すなわち，救助しなかったからといって，刑罰の制裁を加えるのは妥当でない。

**3×** 当初から無銭飲食をするつもりで食事をした場合，作為の詐欺罪となる。

　　不作為ではなく，作為による詐欺罪が成立する（最決昭30・7・7）。

　　代金を支払えないことがわかっていて食事を注文する行為は，代金を支払う意思があるように装って財物である食事をだまし取る行為である。これは

不作為ではなく，作為の詐欺行為となる。

**4** ☒ 運転者が自傷事故を起こしても，同乗者には救助の法的義務はない。

　したがって，殺人罪は成立しない。

　上記③に関する。Aに殺人罪が成立するには，Aの放置行為が「作為でB
を殺害した」場合と同等に評価されることが必要である。本肢で，死亡した
Bは自らの事故で重傷を負っており，死亡の原因はB自身が作り出してい
る。したがって，Aが重傷のBを放置しても，それを「積極的にAがBを殺
害した」と同等に評価することはできない。殺人罪は死刑を含む重い刑罰で
あり（199条），Aをこの重い刑で処罰すべきではない。

**5** ◎ 燃え移りを予測し，たき火を放置した結果，隣家が燃えれば不作為の放火罪。

　正しい。上記①〜④の要件をすべて満たす。

　まず，**たき火をした者は，その火を管理して近隣に火が燃え移らないよう
に注意すべき法的義務を負う**。すなわち，社会生活において，他人の財産や
生命に被害を及ぼさないという義務は，単なる道徳上の義務ではなく法的義
務である。また，Aは容易に消すことができたというのであるから②の要件
も満たす。

　問題となるのは③であるが，本肢では，風が強く，隣家にその火が燃え移
ることが十分に予測できたにもかかわらず，Aはそうなってもかまわないと
思って火を放置している。その結果，Aの予測どおり隣家に火災が生じてい
る。この行為は，**作為による放火と同視できる**。また，Aが期待された行為
（消火）を行っていれば，隣家の火災は生じなかったはずであるから，④の
要件も満たす。

　以上から，Aに不作為の放火罪が成立する。

---

**No.5 の解説**　不作為犯　　　　　　　　　　　　→ 問題はP.39　**正答 1**

**ア** ◎ 母親が授乳させずに乳児を餓死させる行為は不作為による殺人である。

　妥当である。No.4の解説の前書きに挙げた例のように，母親が自分1人
で住んでいるアパートの一室で密かに産んだ子どもに授乳せず，殺意をもっ
て放置し，子どもを餓死させるような場合，**実質的にその子の命を支配して
いるのは母親一人**である。そのような状況下で**殺意をもって授乳せずに餓死
させる行為は，「殺す」と評価できる**。したがって，母親に殺人罪（199条）
が成立する。

**イ** ◎ 不作為を明示的に構成要件要素として規定する犯罪を真正不作為犯という。

　妥当である。初めから不作為の形式で構成要件が規定されている犯罪を**真
正不作為犯**という。その例としては，次の3つを覚えておけばよい。

①**多衆不解散罪**（107条）…「解散しなかったときは，首謀者は３年以下の懲役又は禁錮～」
②**不退去罪**（130条）…「退去しなかった者は，３年以下の懲役～」
③**保護責任者遺棄罪**（218条後段）…「保護をしなかったときは，３月以上５年以下の懲役～」

**ウ✕** 不作為犯成立の要件である作為義務は，法的な義務でなければならない。

　　**作為義務**は，道徳上の義務や倫理的な義務ではなく，刑法的な評価の対象となるという意味での**「法的な義務」**でなければならない。

　　ただ，ここで法的な義務というのは法律に規定があるという意味ではなく，法的に要求されるという意味である。具体的には，**法令**に基づく義務，**契約や事務管理**によって生ずる義務，**慣習**，**条理**（特に**先行行為**）などがそれに当たる。

**エ✕** 重過失で引火させながら，消火せず立ち去る行為は不作為の放火である。

　　判例は，「被告人は**自己の過失行為により物件を燃焼させた者**として，これを消火するのは勿論，当該物件の燃焼をそのまま放置すればその火勢が物件の存する建物にも燃え移りこれを焼燬するに至るべきことを認めた場合には**建物に燃え移らないようこれを消火すべき義務がある**」として，それを放置して立ち去った行為は，物件を燃焼させる行為と同視できるとして，**不作為による放火罪の成立を認めている**（最判昭33・9・9）。

**オ✕** 不作為犯の成立には，不作為と結果との間に因果関係が必要である。

　　不真正不作為犯の成立には，その不作為がなかったならば，その結果は生じなかったであろうという因果関係がなければならない。

　　ただし，作為犯の因果関係（その行為からその結果が生じた）の場合と異なり，**不作為犯の場合には，「一定の行為がなされたならば，結果は発生しなかったであろう」という仮定的なもの**にならざるを得ないという違いはある（最決平元・12・15）。

　　以上から，妥当なものは**ア**と**イ**であり，正答は**1**である。

---

### No.6 の解説　不能犯

→ 問題はP.40　**正答1**

**ア✕** 殺意をもって静脈内に空気を注射する行為は，殺人の不能犯ではない。

　　判例は，「被注射者の身体的条件その他の事情の如何によっては**死の結果発生の危険が絶対にないとはいえない**」として殺人未遂を認めている（最判昭37・3・23）。

**イ○** 殺意をもって硫黄を人に飲ませる行為は，殺人の不能犯である。

　　正しい。判例は，**硫黄を飲ませて人を殺害する方法は絶対不能**であったとして，殺人未遂罪は成立しないとした（大判大6・9・10，本件では傷害罪の成立を認めている）。

**ウ○** 財物を所持していない通行人から強取する行為は強盗の不能犯ではない。

正しい。判例は，「通行人が懐中物を所持するようなことは通常予想できることであるから，これを奪取しようとする行為は，その結果を発生する可能性を有するものであって，**実害を生じる危険がある**」として，強盗未遂罪の成立を認めた（大判昭3・7・24）。

**エ○** 殺意をもって食べ物に致死量の毒を混入させる行為は殺人の不能犯ではない。

正しい。判例は，「毒物を混入した食べ物が苦味を呈しているからといって，**何人もこれを食べることは絶対にないと断定し難い**ところであるから，殺人罪の不能犯であるとの主張は容認することはできない」として，殺人未遂罪の成立を認めた（最判昭26・7・17）。

したがって，正答は**1**である。

---

**No.7 の解説** 被害者の承諾 → 問題はP.41 **正答5**

**ア✕** 16歳未満の者と性交した場合は，承諾があっても不同意性交等罪が成立する。

**不同意性交等罪**（177条）は，**人の性的自由を侵害する行為を刑罰をもって禁止しようとするもの**である。そして，性的な「自由」というためには，本人に身を守る十分な判断能力がなければならない。ところが，年少者は，たとえば脅迫に至らない程度の威嚇や欺罔等で容易に自由を侵害されるおそれがある。そこで，法は，そのようなおそれが特に強い16歳未満の年少者については，承諾があっても本罪が成立するとしている（177条3項，なお，同級生同士で交際しているなどの場合を除外するため，13歳以上16歳未満の年少者については，行為者が5年以上の年長者の場合にのみ本罪が適用）。

**イ✕** 刑事未成年者の承諾であっても，犯罪が不成立とされる場合がある。

**刑事未成年**（41条）とは，是非善悪の判断能力が未発達の者については，たとえ罪を犯した場合でも，刑罰を科すより矯正施設などでの教育が必要だとして，犯罪不成立とされるものである。

ただ，刑事未成年だからといって，自己の所有物の処分について判断能力がないとは限らない。承諾が有効か無効かは，刑事未成年か否かではなく，自由な判断か，あるいは合理的な承諾かなどで決せられる。

**ウ○** 放火罪のような公共に危険の及ぶ罪については承諾があっても犯罪が成立。

妥当である。**承諾で犯罪の成否が影響されるのは，被害者が処分可能な法益の場合に限られる。**

放火罪（本肢の場合は109条2項本文）のように，隣接する家屋への延焼等で周辺地域に重大な被害を生ずる危険性のあるもの（**公共危険犯**という）については，被害者が処分できる法益の範囲を超えているので，承諾が犯罪の成立を阻却することはない。

**エ○** 保険金詐取目的で承諾を得て自車を衝突させ傷害を負わせれば傷害罪成立。

妥当である。判例は，「過失による自動車衝突事故であるかのように装い

保険金を騙取する目的をもって，被害者の承諾を得てその者に故意に自己の運転する自動車を衝突させて傷害を負わせた場合には，**承諾は，保険金を騙取するという違法な目的に利用するために得られた違法なもの**であって，これによって当該傷害行為の違法性を阻却するものではない」とする（最決昭55・11・13）。

　以上から，妥当なものは**ウ**と**エ**であり，正答は**5**である。

---

### No.8 の解説　因果関係
→ 問題はP.42　**正答2**

**1 ✕　暴行で心臓疾患を有する者を死亡させた場合，死の結果に因果関係がある。**
　判例は，「致死の原因たる暴行は，必ずしもそれが死亡の唯一の原因または直接の原因であることを要するものではなく，たまたま被害者の身体に高度の病変があったため，これとあいまって死亡の結果を生じた場合であっても，暴行による致死の罪の成立を妨げない」として，このような場合の暴行と致死の結果との間の因果関係を肯定している（最判昭46・6・17）。

**2 ◎　同乗者の予想外の行為で被害者が死亡した場合，死の結果に因果関係はない。**
　正しい。判例は，「同乗者が進行中の自動車の屋根の上から被害者をさかさまに引きずり降ろし，アスファルト舗装道路上に転落させるというがごときは，**経験上，普通，予想しえられるところではない**」として，運転者の過失行為と被害者の死との間の因果関係を否定している（最決昭42・10・24）。
　本事例では，むしろ同乗者の「逆さまに引きずり降ろし道路に転落させる」行為こそが死の原因である。このような同乗者の行為は予想外のことであって，過失運転致傷と死亡との間に因果関係は認められない。

**3 ✕　事後の暴行で死期が早まっても，最初の暴行と死の結果に因果関係がある。**
　判例は，「犯人の暴行により被害者の死因となった傷害が形成された場合には，仮にその後第三者により加えられた暴行によって**死期が早められたとしても**，犯人の暴行と被害者の死亡との間の**因果関係を肯定**できる」とする（最決平2・11・20）。
　事後の暴行で死期が早まったとしても，結果として最初の暴行の「死亡させる危険性が結果へと現実化した」といえるので，因果関係を肯定できる。

**4 ✕　無資格者の治療によって患者が死亡した場合，死の結果に因果関係がある。**
　判例は，「被告人の行為は，それ自体が被害者の病状を悪化させ，ひいては死亡の結果をも引き起こしかねない危険性を有していたものであるから，被告人の行為と被害者の死亡との間には因果関係がある」とする（最決昭63・5・11）。

**5 ✕　殺害で死亡したと誤信し遺棄した結果溺死した場合，因果関係が認められる。**
　いわゆる**因果関係の錯誤**と呼ばれるものであるが，判例は加害者の首を絞めた行為と被害者の死との間の因果関係を肯定する（大判大12・4・30）。犯人の行為が，一貫して被害者の死の結果を生じさせるものとなっており，こ

れを**一連の殺害行為ととらえるのが合理的**だからである。

## No.9 の解説　因果関係　　　　　　→ 問題はP.43　**正答2**

**ア○** **顔面の殴打行為は，それ自体が人の死を招来する危険性のある行為である。**

　　妥当である。電車内で，酔った乗客の顔面を殴打する行為は，「酔っているので防御できず，転倒して頭部を損傷して死に至る」といった危険性が認められる。したがって，そのような「実行行為のもつ危険性が結果へと現実化した」といえるので，被害者の死亡との間に因果関係が認められる。

**イ×** **同乗者の予想外の行為で被害者死亡の場合，死の結果に因果関係はない。**

　　判例は，運転者の過失行為と被害者の死との間の因果関係を否定している（最決昭42・10・24）。→No.8 選択肢**2**

**ウ×** **治療中に医師の指示に従わず治療効果が上がらず死亡しても因果関係肯定。**

　　判例は，「被害者が医師の指示に従わず安静に努めなかったことが治療の効果を減殺した可能性があることは，否定できない」としながらも，**加害者甲の行為により被害者の受けた傷害は，それ自体死亡の結果をもたらし得る身体の損傷**であって，仮に被害者の死亡の結果発生までの間に，被害者が医師の指示に従わず安静に努めなかったために治療の効果が上がらなかったという事情が介在していたとしても，甲の暴行による傷害と被害者の死亡との間には因果関係がある」とした（最決平16・2・17）。

　　被害者自身の行為が介在したとはいえ，そもそも「重篤な頸部の血管損傷等の傷害を負わせる」行為は，被害者が死亡する危険性を有する行為であり，本肢では「その危険性が結果へと現実化した」のであるから，因果関係は肯定される。

**エ○** **殺意で橋から突き落とせば，橋脚への頭部殴打で死亡しても因果関係肯定。**

　　妥当である。行為者の意図は「溺死させる」であっても，橋から突き落とす行為は**被害者死亡の危険を有する行為**であり，本肢では「その危険性が結果へと現実化した」のであるから，因果関係は肯定される。

　　以上から，妥当なものは**ア**と**エ**であり，正答は**2**である。

**No.10** 因果関係に関する次の記述のうち，判例に照らし，妥当なのはどれか。

【国家総合職・令和２年度】

**1**　Aは，甲を自動車後部のトランク内に押し込み，トランクカバーを閉めて脱出不能にし同車を発進走行させた後，ほぼ直線の見通しのよい道路上で停車していたところ，同車に後方から走行してきた自動車が前方不注意のために時速約60kmで追突したため，トランク内に押し込まれていた甲が傷害を負って死亡した。この場合，甲の死亡原因は，直接的には追突事故を起こした第三者の甚だしい過失行為にあるとしても，Aが道路上で停車中の自動車後部のトランク内に甲を監禁した行為と甲の死亡の結果との間には因果関係が認められる。

**2**　潜水指導者であるAは，まだ経験の浅い指導補助者とともに，潜水経験に乏しく技術が未熟な受講生らを率いて夜間潜水の指導中，指導補助者に具体的な指示を与えることなく，不用意に移動して受講生らから離れ，受講生らを見失ったところ，取り残された指導補助者が，受講生らに不適切な指示をし，さらに，これに従った受講生らの中でも特に潜水経験に乏しく技術が未熟であった甲が，移動中，酸素を使い果たして恐慌状態になり，適切な措置をとれずに溺死した。この場合，甲の死亡は指導補助者および甲の不適切な行動が主な原因で生じているから，Aの行為と甲の死亡の結果との間には因果関係が認められない。

**3**　Aは，Bを同乗させて自動車を運転中，過失により歩行者甲に衝突し，甲を同車の屋根に跳ね上げたところ，衝突地点から４km余り離れた地点で，Bが，甲の存在に気付き，時速約10kmで走行中の同車の屋根から，甲を逆さまに引きずり降ろし，アスファルト舗道上に転落させた。甲は，頭部打撲傷等により死亡したが，同傷害が自動車との衝突によって生じたか，舗道上への転落により生じたかは判然としない。この場合，自動車との衝突により甲が死亡することは経験則上当然予想し得るから，Aの過失行為と甲の死亡の結果との間には因果関係が認められる。

**4**　Aは，共犯者ら５名と共謀の上，甲に対して長時間にわたり極めて激しい暴行を繰り返し，傷害を負わせたところ，隙を見て逃走した甲は，Aらに対し極度の恐怖感を抱き，Aらの追跡を逃れるため必死で逃走を図る過程で，逃走開始から約10分後，暴行の現場から約800m離れた高速道路にとっさに進入し，自動車にひかれて死亡した。この場合，甲が高速道路に進入する行為は，それ自体極めて危険で異常な行為であるから，Aらの暴行と甲の死亡の結果との間には因果関係が認められない。

**5**　Aは，殺意をもって甲の首を絞めたところ，甲がぐったりしたため，死んだと思い込み，犯行の発覚を防ぐ目的で甲を砂浜に捨てた。ところが，甲は，捨てられた時点ではまだ生きており，砂を吸い込んで窒息死した。この場合，甲の直接

の死因は砂を吸い込んだことによる窒息死であるから，Aが甲の首を絞めた行為
と甲の死亡の結果との間には因果関係が認められない。

# 実戦問題❸の解説

**No.10 の解説** 因果関係　　　　　　　　　　　　→ 問題はP.50 **正答1**

**1 ◎** **トランク内に監禁し運転すれば追突死の危険があるので，因果関係は肯定。**

　　正しい。トランクは人を収容するスペースではなく，そこに監禁して車道を走行すれば，**後続車が追突する危険も十分に予測される**。したがって，トランクへの監禁行為は，それ自体が被監禁者の死を招来する危険な行為であり，この場合も危険性が現実化したとして因果関係が認められる（最決平18・3・27）。→必修問題選択肢**5**

**2 ✕** **危険を伴う現場を指導者が離れる行為と受講生の死の結果に因果関係あり。**

　　判例は，「Aが，夜間潜水の講習指導中，受講生らの動向に注意することなく**不用意に移動して受講生らのそばから離れ**，同人らを見失うに至った行為は，それ自体が，被害者をして，海中で空気を使い果たし，ひいては適切な措置を講ずることもできないままに，**でき死させる結果を引き起こしかねない危険性を持つもの**であり，Aを見失った後の指導補助者及び被害者に適切を欠く行動があったことは否定できないが，それはAの行為から誘発されたものであって，Aの行為と被害者の死亡との間の因果関係を肯定するに妨げない」とする（最決平4・12・17）。

**3 ✕** **同乗者の予想外の行為で被害者が死亡した場合，死の結果に因果関係なし。**

　　判例は，運転者の過失行為と被害者の死との間の因果関係を否定している（最決昭42・10・24）。→No.8選択肢**2**

**4 ✕** **被害者の危険な行為も，不相当でなければ結果との間に因果関係がある。**

　　判例は，「被害者が高速道路に進入して死亡したのは，被告人らの暴行に起因するものと評価することができるから，被告人らの暴行と被害者の死亡との間の因果関係を肯定できる」とする（最決平15・7・16）。

　　被害者の「高速道路に侵入する」という生命に危険を及ぼす行為は，被害者の自発的意思に基づくものではなく，結局は加害者の暴行に起因するものといえるから，因果関係は肯定できる。

**5 ✕** **殺害で死亡したと誤信し遺棄した結果窒息死した場合，因果関係を認める。**

　　判例は加害者の首を締めた行為と被害者の死との間の因果関係を肯定する（大判大12・4・30）。→No.8選択肢**5**

◆**判例の危険現実化説について**

これまで何度か説明してきたように，判例は，「実行行為の持つ危険性が因果の流れの中で結果として現実化したか」どうかを判断基準として，当初の行為が事後的事情に影響を及ぼした程度が大きければ，因果関係を肯定する。いわゆる危険現実化説である。

ただ，このような立場については，因果関係を広く認めすぎるのではないかとの疑問が生じるかもしれない。特に，本問の肢1の場合のように，偶然の事象で起きた死の結果について監禁行為との間の帰責性を肯定することには違和感もあろう。では，肢1で因果関係（帰責性）を否定するとすれば，被害者の死の結果について誰に責任を負わせるのが妥当なのか。

追突者に業務上過失致死罪として死の結果の責任を負わせるのが妥当か，それともトランク内に被害者を監禁した者に責任を負わせるのが妥当か，あるいは両者ともに死の結果について責任を負わない（結果として誰も死の結果の責任を負わない）とするのが妥当なのか。

この観点から考えると，トランク内に被害者を監禁した者に責任を負わせるのが最も妥当だということがわかるであろう。

刑法の役割は，結果発生の危険な行為を処罰することを通じて，将来の同種事案の発生を防止することにある。その刑法の役割を考えた場合，判例のいうように「被害者の死亡原因が直接的には追突事故を起こした第三者の甚だしい過失行為にあるとしても」，トランク内に被害者を監禁した監禁行為と被害者の死亡との間の因果関係を肯定することこそが，もっとも合理的な判断なのである。

# 違法阻却事由

## 必修問題

　正当防衛に関する記述として最も妥当なものはどれか（争いのあるときは，判例の見解による）。　　　　　　　　【裁判所事務官・平成30年度】

**1**　反撃行為を行った者が侵害を予期していた場合には，侵害の**急迫性**が認められないから，正当防衛は成立しえない。

**2**　相手方の侵害行為が正当防衛行為である場合でも，侵害の急迫性が認められるときは，正当防衛が成立しうる。

**3**　甲は，乙にささいなことで殴打され抵抗せずにいたが，乙が「警察に言うと殺すぞ」と言って立ち去りかけたので憤慨し，背後から乙を突き飛ばして負傷させたという事案では，甲に正当防衛が成立しうる。

**4**　急迫不正の侵害がないのにあると誤信して，**防衛の意思**で反撃行為を行った場合，その反撃行為の程度が誤信した侵害の程度を大きく超えるものでないときであっても，正当防衛は成立しえない。

**5**　逃げようと思えば逃げられたのに，反撃に出た場合は，「やむをえずにした行為」とはいえないから，正当防衛は成立しえない。

難易度　＊＊

# 必修問題の解説

正当防衛と緊急避難は，ともに違法性がないとして犯罪が不成立とされる事由であるが，両者には細かな要件の差異がある。そして，この点を理論的に難解と感じるのであれば，「処罰するのが妥当か」という点で正誤判断を行ってみるのも一つの方法である。

**1 ×** 侵害が予期された場合でも，正当防衛の要件としての急迫性は失われない。

判例は，**侵害があらかじめ予期されていても，そのことから直ちに侵害の急迫性が失われるわけではない**とする（最判昭46・11・16）。

侵害があらかじめ予期されていたとしても，侵害を受ける側にこれを避ける義務はない。たとえば，総会屋と絶縁した会社の責任者が，総会屋から襲撃を予告されていたような場合でも，身を隠すなどの行動をとる必要はない。通常どおり勤務していて，その中で突然襲撃を受けた場合には，これに対して正当防衛が可能である。

**2 ×** 正当防衛に対しては正当防衛はできず，なしうるのは緊急避難のみである。

**正当防衛**とは，急迫不正の侵害に対して，法益を守るためにやむをえずに行った反撃のことをいう（36条1項）。不正の侵害に対する反撃であるから，不正ではない侵害に対する危難回避行為である**緊急避難よりも緩やかな要件で認められる**。

そのため，**侵害行為が正当防衛行為である場合には「要件が緩やかである正当防衛」は認められず**，認められるのは要件が厳格な緊急避難（37条1項本文）に限られる。

**3 ×** 侵害者が立ち去りかけている状態でこれに攻撃するのは正当防衛ではない。

侵害者が立ち去りかけている時点では，もはや**侵害の急迫性が認められない**からである。

正当防衛は，急迫不正の侵害に対して，法益を守るために行った反撃行為を，やむをえないものとして罪に問わない（犯罪不成立）とするものである。侵害者が立ち去りかけているのに攻撃を加えるのは，やむをえない行為とはいえないので，正当防衛は成立しない。

**4 ◎** 急迫不正の侵害があると誤信して加害行為をしても正当防衛は不成立。

妥当である。正当防衛は，急迫不正の侵害に対する反撃であるからこそ，やむをえないものとして犯罪不成立とされるものである。**急迫不正の侵害がないのにあると誤信して攻撃しても，それは誤信した者のミス**であり，加害（反撃）行為によって現に法益が侵害されているのに，それを正当防衛として不問に付すことはできない。

**5 ×** 逃げようと思えば逃げられたのに，反撃したという場合も正当防衛は成立。

正当防衛の成立には，**他にとるべき手段があったこと（補充性）までは必要でない**。実際に不正の侵害がまさに行なわれようとしているのに，「反撃

せずに逃げる道を探せ，そうでないと罪に問う」というのは，とっさの判断
として困難を強いることになるからである。

したがって，逃げようと思えば逃げられたのに，あえて反撃したという場
合にも正当防衛は成立する。

正答 **4**

# FOCUS

この分野は，正当防衛と緊急避難の2つのテーマを中心に出題される。要
件論がベースになり，これを正確に押さえておかないと論理問題への対処も
困難になるので，要件の正確な把握は重要である。そのうえで，防衛の意思
や緊急避難の法的性質などの重要論点について，学説の対立を整理しておこ
う。

# ─POINT─

## 重要ポイント**1** 違法阻却事由

・構成要件は違法行為の類型であるから，構成要件該当行為については違法性が推定されることになる。**違法阻却事由**はこの推定を覆す事由で，刑法には**正当行為**（35条），**正当防衛**（36条），**緊急避難**（37条）の３種が規定されている。

・違法阻却事由に該当する行為については，法益侵害があるにもかかわらず犯罪は不成立となる。

## 重要ポイント**2** 正当防衛・緊急避難

・**正当防衛**…不正な侵害に対する反撃としてなされた行為について犯罪の成立を阻却する事由である。

・**緊急避難**…現在の危難を避けるためにやむをえずなした行為について犯罪の成立を阻却する事由である。

両者の要件を比較すると次のようになる。

| 正当防衛 | 緊急避難 | | 両者の異同 |
|---|---|---|---|
| ①侵害の「急迫」性 | 危難の「現在」性 | 同 | 現に法益が侵害されていること，またはその危険が切迫していることをいい，両者とも同じ意味に解されている。 |
| ②不正の侵害 | 危難 | 異 | 正当防衛は「不正対正」の関係，緊急避難は「正対正」の関係である。 |
| ③自己または他人の権利 | 自己または他人の生命・身体・自由・財産 | 同 | 37条は例示列挙と解されており，保全法益について両者に差異はない。 |
| ④補充性なし | 補充性あり | 異 | 緊急避難では他人の法益を侵害する以外にとるべき方法がなかったことを要する。正当防衛では侵害を避けられたとしても，これを避ける必要はない。 |
| ⑤法益の均衡緩やか | 法益の均衡厳格 | 異 | 緊急避難では「保全しようとした法益≧侵害された法益」であることが必要。正当防衛は，両者が著しく不均衡でなければ認められる。 |
| ⑥防衛行為 | 避難行為 | 異 | 防衛行為は侵害者に対する反撃の場合に限られる。緊急避難ではそのような限定はない。 |

・急迫不正の侵害が存在しないのに，それがあると誤信して防衛行為を行っても（誤想防衛），客観的にはその行為は違法であり，正当防衛は成立しない。

・自ら招いてしまった現在の危難に対して緊急避難が認められるかについては，事案ごとに個別的にその成否が判断される。その基準は社会通念に照らして成立を認めるのが妥当かどうかである。

**No.1** 　正当防衛に関する次の記述のうち，妥当なのはどれか。

【地方上級・平成２年度】

**1**　違法とは，法の命令に従って行為できたのに，これをしなかった場合の無価値評価であるから，正当防衛は精神障害者や乳児の攻撃に対しては成立しない。

**2**　正当防衛は，急迫不正の侵害が作為による場合のみならず，これが不作為によって行われる場合にも成立する。

**3**　正当防衛が成立するのは，急迫不正の侵害が自己に対して行われた場合に限られ，第三者に対して行われた場合には認められない。

**4**　正当防衛は，侵害者に対して反撃する場合のみならず，その侵害を避けるために第三者の法益を侵害する場合にも，その成立が認められる。

**5**　正当防衛は，自己の法益を守るために行われなければならず，多少でも加害の意図があった場合には成立しない。

**No.2** 　正当防衛に関する記述として，判例に照らし，妥当なのはどれか。

【地方上級（全国型）・平成12年度】

**1**　防衛行為は防衛の意思をもってなされることが必要であるから，憤激し逆上して反撃行為を行った場合には正当防衛が成立することはない。

**2**　「急迫」とは，法益の侵害が現に存在しているか，または間近に押し迫っていることを意味し，その侵害があらかじめ予期されている場合には正当防衛は成立しない。

**3**　いわゆる喧嘩は，双方が攻撃・防衛を繰り返す一連の連続的行為であるから，途中で相手がナイフを取り出したような場合でも，正当防衛が成立することはない。

**4**　防衛行為として相当性を欠くものであっても，正当防衛として責任が阻却される。

**5**　自らの不正の行為により侵害を受けるに至った場合でも，これに対する反撃行為が正当防衛となる場合がある。

💎 **No.3** ** 正当防衛と過剰防衛に関する次の記述のうち，妥当なものはどれか。ただし，争いのあるものは判例の見解による。 【地方上級（全国型）・平成23年度】

**1** 急迫不正の侵害に対して防衛行為としての相当性を満たす反撃行為が行われた場合でも，その反撃行為から生じた結果が侵害されようとした法益よりも大きい場合には，その反撃行為は正当防衛行為とはなりえない。

**2** 当初は急迫不正の侵害に対する反撃行為として正当防衛であったが，相手方の侵害的態勢が崩れ去った後もなお，恐怖のあまり引き続き追撃的行為に出て，相手方を殺害するに至った場合には，全体として過剰防衛に当たることはない。

**3** 積極的な加害の意思を有しなかった共同正犯者の一人について過剰防衛が成立したとしても，他の共同正犯者が，被害者の攻撃を予期し，積極的な加害の意思で侵害に臨んだ場合には，急迫性を欠くため過剰防衛は成立しない。

**4** 互いに暴行し合ういわゆる喧嘩闘争は，闘争者双方が攻撃および防御を繰り返す一団の連続的闘争行為であるから，喧嘩闘争において正当防衛の成立する余地はない。

**5** 行為者が，自己または他者に対して急迫不正の侵害があると誤信して攻撃を加えて被害者を死亡させた場合でも，行為者の誤想を前提とする限り，正当防衛が常に成立し，違法性が阻却される。

💎 **No.4** * 緊急避難に当たるのは，次のうちどれか。 【市役所・平成2年度】

**1** Bから金品を詐取したまま行方をくらましていたAは，街でBに発見されたので逃げようとして，傍らのCを突き飛ばし負傷させた。

**2** 恐喝事件の被害者Aは証人として出廷したが，暴力団員が傍聴席でにらんでいたので仕返しを恐れて，被告人に有利な証言をした。

**3** Aは吊り橋が腐朽して通行が危険になったので，ダイナマイトでこれを爆破した。

**4** 甲は自動車を運転中，徐行義務を怠り乙をひきそうになったので，慌ててハンドルを切ったところ，誤って丙をひいてしまった。

**5** 消防士Aは，消火活動中に煙に巻かれて窒息しそうになったので，隣家の塀を壊してその場を逃れた。

# 実戦問題 **1** の **解説**

**No.1 の解説**　正当防衛
→ 問題はP.58　**正答2**

**1** ✕ **正当防衛は精神障害者や乳児の攻撃に対しても成立する。**

　　　　**正当防衛**は，3種の違法阻却事由（正当行為，正当防衛，緊急避難）のう
　　　ち，最も緩やかな要件で違法性の阻却が認められるものである。それは，急
　　　迫不正の侵害に対する反撃行為としてなされる点に理由がある。
　　　　ところで，ここにいう「不正」の意味を，「不正だとわかっていながらあ
　　　えて行う行為」ととらえると，精神障害者や乳児の攻撃は不正の行為には当
　　　たらないことになる（**主観的違法論**）。しかし，それでは，精神障害者の攻
　　　撃に対して行ったとっさの反撃について正当防衛が成立せず，反撃者に殺人
　　　未遂などの罪が成立するおそれがある。**とっさの反撃が，通常人の攻撃に対
　　　するものか，精神障害者の攻撃に対するものかで差異を生じるのは不合理**で
　　　あり，そのため，ここにいう「不正」とは客観的に見て違法な行為（他人の
　　　権利を害する行為）を意味するとされている（**客観的違法論**）。したがって，
　　　**正・不正を判断できない者の侵害行為についても，正当防衛は成立する。**

**2** ◎ **作為・不作為を問わず，違法な行為に対しては正当防衛が可能である。**

　　　　正しい。たとえば，アパートで乳児と2人暮らしの母親が，乳児にまった
　　　く食事を与えないなどその生命保護のための手段をとらず（不作為），その
　　　ために乳児の命が危殆に瀕した場合において，アパートの隣人が部屋に押し
　　　入って乳児を助け出し，これを児童相談所に預けたような場合である（住居
　　　侵入罪・誘拐罪などはいずれも正当防衛として不成立）。

**3** ✕ **正当防衛は，「自己又は他人の権利を防衛するため」に認められる。**

　　　　防衛の対象は必ずしも自己の権利に限られるわけではない（36条1項）。
　　　　**2**の乳児を救い出したケースなどもその一例である。そのほか，強盗に襲
　　　われている人の悲鳴を聞きつけて，強盗を殴打して取り押さえるなども同様
　　　である。

**4** ✕ **正当防衛で認められるのは「反撃」であり第三者への法益侵害は許されない。**

　　　　侵害行為を行っていない者（第三者）の法益を侵害する場合には，緊急避
　　　難の成否が問題となるのであり，この場合には正当防衛は成立しない。
　　　　本肢の例としては，たとえば侵害者Aが切りつけてきたので，Bが持って
　　　いた友人Cのステッキで侵害者Aを殴打し，そのためステッキが折れたよう
　　　な場合が挙げられる。友人Cのステッキの損傷は器物損壊罪（261条）の構
　　　成要件に該当するが，その器物損壊行為が違法かどうかは，正当防衛ではな
　　　く緊急避難によって判断される。**違法な侵害行為をなんら行っていない第三
　　　者Cの法益保護は，正当防衛よりも要件が厳しい緊急避難によって判断**する
　　　のが妥当だからである。
　　　　なお，上記の例に関していえば，Bが自分のステッキを持っていてそれを
　　　使えたのに，あえて友人Cのステッキを使ったなどという場合には，補充性
　　　の要件を欠くので緊急避難は認められない。

**5** ✕ 防衛の意思が併存していれば加害の意図があっても正当防衛は認められる。

　判例は，加害の意図（攻撃の意思）が防衛の意思と併存している場合には，防衛の意思が存在していることを理由に，その行為は防衛のためにした行為に当たるとして，正当防衛の成立を認める（最判昭50・11・28）。

　これは重要な論点なので，順を追って説明する。

①**防衛の意思必要説**…判例は，正当防衛の成立には，防衛の意思が必要としている。これは，**偶然防衛**（たとえば，AがBをねらって拳銃を発射したところ，たまたまBもAをねらって拳銃を発射しようとしていたなどという場合。AがBを射殺しなければA自身がBから射殺されてしまうので，客観的には正当防衛が成立する状況下にある）や**積極加害意思がある場合**などを正当防衛から排除するためである。

②**防衛の意思の内容**…問題は，防衛の意思が具体的に何を意味するかであるが，判例は，当初これを「**防衛の意図・動機**」と解していた。つまり，反撃行為は，もっぱら「侵害を排除して権利を防衛するという純粋な意図に基づいて行われなければならない」としていた（大判昭11・12・7，最決昭33・2・24）。そのため，判例は「憤激して」反撃した場合について，正当防衛の成立を否定していた。

　しかし，たとえば強盗にあった者が必死で相手に反撃する場合のように，憤慨しあるいは逆上して反撃行為に及ぶことは，防衛行為の形態としてはむしろ一般的である。したがって，その反撃行為を違法（法が禁止する行為）とするのは不合理である。

　そこで判例は，後に防衛の意思の内容を緩和している。すなわち，積極的な加害行為に出たなどの特別な事情が認められない限り，**憤激または逆上して反撃を加えても防衛の意思は認められる**とし（最判昭46・11・16），また，**防衛の意思と攻撃の意思が併存**していても，それだけでは**防衛の意思は否定されない**とする（最判昭50・11・28）。

　そして，防衛の意思が否定されるのは，防衛に名を借りて侵害者に対し積極的に攻撃を加える場合や（同前判例），反撃行為がもっぱら攻撃の意思でなされる場合（最判昭60・9・12）などとしている。

◆**正当防衛－判例の立場**

| | 事　案 | 正当防衛の成否 |
|---|---|---|
| ① | 憤激・逆上して反撃を加えた場合 | ○ |
| ② | 防衛の意思と攻撃の意思が併存している場合 | ○ |
| ③ | 積極加害意思がある場合 | ✕ |
| ④ | 偶然防衛の場合 | ✕ |

**1 ✕** 　**加害行為に憤激・逆上して反撃した場合でも，防衛の意思は否定されない。**

　　憤激し逆上して反撃行為を行った場合でも，積極的な加害行為に出たなど
の特別な事情が認められない限り，防衛の意思が認められ，正当防衛が成立
する（最判昭46・11・16）。→No.1選択肢**5**

**2 ✕** 　**侵害が予期された場合でも，正当防衛の要件としての急迫性は失われない。**

　　侵害があらかじめ予期されていても，そのことから直ちに侵害の急迫性が
失われるわけではない（最判昭46・11・16）。→必修問題選択肢**1**

**3 ✕** 　**喧嘩の途中で相手がナイフで攻撃してきた場合，反撃に正当防衛が成立する。**

　　素手で殴り合っていたところ，相手がいきなりナイフを取り出して切り付
けてきたような場合には，正当防衛が成立する余地がある（最判昭32・1・
22）。

　　同じ喧嘩闘争でも，たとえば相互に素手で殴り合っていたなど，**お互いが
同様な手段で攻撃と反撃を繰り返している場合には正当防衛は成立しない。**
この場合，一連の行為は連続的な闘争行為であり，一方を不正の侵害とし，
それに対する反撃を正当防衛と認定できないからである（したがって，双方
とも，相手が負傷すれば犯罪＜傷害罪＞が成立する）。

　　これに対し，そのような**連続性の途絶**によって，一方の行為が不正の侵害
に当たると認定できる場合がある。たとえば，上述の例で，AとBが素手で
殴り合っていたところ，Bがいきなりナイフを取り出してAに切り付けてき
たような場合がそれである。この場合，Aにとっては，Bの行為は**新たに開
始された侵害行為と認定できる**。したがって，Aが自らの命を守るために，
傍らにあった棒で反撃した結果Bを撲殺したとしても，それを違法とするこ
とはできず，正当防衛の成立を認めるべきである。

**4 ✕** 　**正当防衛は違法性を阻却するものであって，責任を阻却するものではない。**

　　防衛行為として相当性を欠く場合には，正当防衛は成立しない。また，正
当防衛は違法性が阻却されるもので，責任が阻却されるものではない。

　　**正当防衛にいう相当性**とは，反撃によって守られる法益（**保全法益**）とそ
れによって侵害される法益（**侵害法益**）が**著しく均衡を失していないこと**を
いう。たとえば，BがAを殺害するため日本刀で切り付けた行為に対し，A
が持っていた猟銃でBを射殺したという場合には，保全法益と侵害法益はと
もに生命であって均衡を失していないので，正当防衛が成立する。これに対
して，Bが小石をAに投げ付けてきたのに対し，Aが持っていた猟銃でBを
射殺したという場合には，小石によってもたらされるAのけがを防ぐために
Bの生命を侵害したことになり，両者は著しく均衡を失しているので相当性
を欠き，正当防衛は成立しない。

**5 ◎** 　**自らの不正行為で招いた侵害の場合でも，正当防衛が成立する余地はある。**

　　正しい。たとえば，AがBを侮辱したところ，Bが憤慨して包丁でAに襲

いかかってきたような場合には，Aの反撃行為について正当防衛が成立する余地がある。判例もこの理を認めている（大判大3・9・25）。

**No.3 の解説** 正当防衛と過剰防衛　　→ 問題はP.59 **正答3**

**1** ✕ 反撃行為が相当なものであれば，結果が重大でも正当防衛が成立する。

判例は，「反撃行為が侵害に対する防衛手段として相当性を有する以上，その反撃行為により生じた結果がたまたま侵害されようとした法益より大であっても，その反撃行為が正当防衛行為でなくなるものではない」とする（最判昭44・12・4）。

急迫不正の侵害に対する反撃においては，比較的緩やかな要件で違法性の阻却が認められている。すなわち，厳密な法益の権衡は必要とされておらず，「保全法益と侵害法益とが著しく均衡を失していないこと」（**相当性の原則**）があればよいとされる。

**2** ✕ 侵害態勢が崩れた相手を恐怖感で追撃し殺害すれば，過剰防衛が成立する。

恐怖のあまり，引き続き追撃的行為に出ることがやむをえないと判断される場合もあるので，判例は，全体として**過剰防衛**の成立を認める（最判昭34・2・5）。これは，刑の減免の余地を残しておくためである。

**3** ◎ 共同正犯者の一人に過剰防衛が成立しても，他の者も同様とは限らない。

正しい（最決平4・6・5）。過剰防衛は，個々の事案ごとに，刑の減免という恩典を与えるのにふさわしいかどうかを個別に判断しようとするものである。したがって，共同正犯者の一人について過剰防衛（すなわち刑の減免の恩典）が成立しても，それが自動的に他の共犯者にも拡張適用されるなどということはない。**他の共犯者に過剰防衛が成立するかどうかは，その者の防衛行為の態様いかんで判断されるべき事項**である。

**4** ✕ 喧嘩闘争においても，正当防衛が成立する余地はある。

たとえば，初めは手拳で殴り合っていたところ，相手が急に懐から短刀を取り出して攻撃してきたような場合がそれである（最判昭32・1・22）。この場合，横に置いてあった棒で応戦し，殴打して重傷を負わせても，正当防衛により犯罪不成立とされる余地がある。

**5** ✕ 急迫不正の侵害があると誤信して加害行為をしても，正当防衛は成立しない。

急迫不正の侵害がないのに，それがあると誤信して攻撃を加える行為は正当防衛ではなく，**誤想防衛**である。そして，誤想防衛では正当防衛の要件が存在しないので，反撃行為について違法性は阻却されず，**錯誤の問題**として故意と過失の成立が問題とされることになる。

緊急避難（37条）とは，現在の危難を避けるために行った法益侵害行為について，違法性の阻却を認めようというものである。その成立には，次のような要件が必要とされている。

◆**緊急避難の成立要件**

| | |
|---|---|
| ① | ・危難の存在<br>→危難とは法益の侵害またはその危険をいう。<br>→危難の発生原因には制限がなく，人の行為によるか自然現象によるかを問わない。人の不正な侵害による場合でもよいが，侵害者に対する反撃は正当防衛となるので，侵害者以外の第三者に対する法益侵害行為の場合のみ緊急避難となる。 |
| ② | ・危難の現在性<br>→法益の侵害が現実に存在している場合に限られず，その危険が切迫している場合も含まれる。 |
| ③ | ・保全法益<br>→自己の権利に限られず他人の権利でもよい。<br>→条文に列挙された法益以外の法益についても緊急避難の成立が認められる。 |
| ④ | ・避難意思<br>→正当防衛と同様，これを必要とするのが通説である。 |
| ⑤ | ・補充性<br>→その避難行為が現在の危難を避けるための唯一の方法であったこと（他にとるべき方法がなかったこと）が必要である。 |
| ⑥ | ・法益の権衡<br>→避難行為によって生じた害が，避けようとした害の程度を超えなかったことが必要である。 |
| ⑦ | ・業務上の特別義務者の特則<br>→緊急避難の規定は，業務上特別の義務がある者については適用されない（37条2項）。<br>→業務上特別の義務がある者とは，警察官や消防職員など，一定の危険に身をさらさなければならない法的な義務が課せられている者をいう。 |

**1 ✕** 保護されるべき法益の侵害（危難）がなければ，緊急避難は成立しない。

　　緊急避難が成立するには，法益の侵害またはその危険が存在する必要がある。本肢で，BがAを逮捕して警察に突き出すつもりであったとしても，Bの行為は自救行為として違法性が阻却される半面，AにはBの逮捕行為から保護されるべき法益は存しない。すなわち本肢では，Aに保護されるべき法益の侵害がないので，緊急避難は成立しない。

**2 ✕** 現在の危難がなければ，緊急避難は成立しない。

　　緊急避難にいう**現在の危難**とは，「**法益が現在侵害されているか，または今まさに侵害されようとしている**」という切迫した状況をいい，後日の仕返

しのおそれなどという抽象的な危険の程度では足りない。

**3✕** 緊急避難の成立には，他にとるべき方法がなかったことが必要である。

　　　橋の爆破は通行の危険を避けるための唯一の手段（**補充性**）ではない。したがって，緊急避難は成立しない。（最判昭35・2・4）。→No.6 選択肢**1**

**4✕** 自招危難は，避難が社会通念上やむをえないものなら緊急避難が成立する。

　　　本問は，自ら招いてしまった現在の危難に対しても緊急避難が認められるかという問題である（これを**自招危難**という）。

　　　この点に関して判例は，事案ごとに個別的に成立の是非を判断するという立場をとっている（**個別化説**）。すなわち，自招危難であるということの一事をもって緊急避難が成立しないとすることはできないが，行為者が危難を招いた状況を含め，**緊急避難を認めるのが妥当かどうかを社会通念に照らして判断する**という立場である。

　　　本肢の場合の判断素材は，自動車の運転という社会的に危険を伴う行為を行っていること，そのため，運転者には高度の注意義務が課せられていること，自ら徐行義務を怠って危険を招いたこと，その結果丙の負傷または死亡という重大な法益侵害を生じていることなどである。そして，これらを総合的に考慮すると，甲に緊急避難の成立を認めて業務上過失致死傷罪（211条）を不成立とすることは，社会通念に照らして相当でない。そのため，判例は緊急避難の成立を認めない（大判大13・12・12）。

**5◎** 消火中に生命の危険回避のため第三者の法益を侵害しても緊急避難は成立。

　　　刑法は，消防士のように業務上特別の義務がある者については緊急避難の規定は適用しないとしている（37条2項）。ただ，この規定は，業務上の特別義務者が自己の生命・身体への危難を理由に，義務の遂行を拒絶することを認めないとする点にその趣旨がある。したがって，それを超えて，生命や身体の安全を省みずに義務の遂行を強制するというものではない。

　　　本肢の場合も同様で，法は**消火活動に通常必然的に伴う範囲の危険**はやむをえないとしても，**生命を犠牲にしてまで消火活動に当たることを要求しているわけではない**。消火活動中に生命の危険を避けるために第三者の法益を侵害する行為については，なお緊急避難の成立が認められる。

### ◆業務上の特別義務者と緊急避難

消火の義務（消防士）
暴漢を逮捕する義務（警察官）
↓
緊急避難は認められない

義務の範囲外＝緊急避難が認められる

**No.5** 正当防衛に関する次のア～エの記述のうち，妥当なもののみをすべて挙げているものはどれか（争いのあるときは，判例の見解による）。

【裁判所事務官・令和3年度】

ア：侵害の急迫性の要件は，行為者の意思内容を考慮せずに専ら客観的な状況を考慮して判断する。

イ：防衛の意思があるだけでなく攻撃の意思が併存している場合であっても，正当防衛は成立し得る。

ウ：侵害を受けた場合であっても，近くの者に救いを求めることができる場合には，侵害の急迫性の要件に欠けるため，正当防衛は成立しない。

エ：自ら先行して暴行を加えた結果，相手方がすぐに攻撃を加えてきた場合には，その攻撃が自らの暴行の程度を大きく超えるものでない限り，これに反撃して暴行を加えても正当防衛は成立しない。

**1**　ア，イ

**2**　ア，エ

**3**　イ，ウ

**4**　イ，エ

**5**　ウ，エ

**No.6** **刑法における違法性に関する次の記述のうち，最も妥当なのはどれか。**

【労働基準監督官・平成26年度】

**1** 村所有の吊り橋が腐朽甚だしく，いつ落下するかもしれないような切迫した危険な状態にあったとしても，その危険を防止するためには，通行制限の強化その他適当な手段，方法を講ずる余地がないことはなく，ダイナマイトを使用して吊り橋を爆破する行為については，緊急避難を認める余地はなく，したがってまた過剰避難も成立しえない，とするのが判例である。

**2** 刑法第36条によれば，急迫不正の侵害に対して，自己または他人の権利を防衛するため，やむをえずにした行為は，罰しない。また，同条の規定により，防衛の程度を超えた行為は，情状により，その刑を軽減することができるが，いかなる場合も刑を免除することはできない。

**3** 刑法第35条により，法令または正当な業務による行為は罰せられないが，労働組合が行うストライキ，ピケッティング，ボイコットなどの争議行為については，企業の営業の自由を侵害するものであるから，いかなる場合も同条の適用を受けることはない。

**4** 発信側の通話料金が課金されなくなるマジックホンと称する電気機器を加入電話の回線に取り付けた行為について，ただ1回通話を試みただけで同機器を取り外した場合には，行為の可罰的違法性が否定され，有線電気通信妨害罪および偽計業務妨害罪は成立しない，とするのが判例である。

**5** 年齢も若く体力にも優れた相手方が，「お前，殴られたいのか」と言って，手拳を前に突き出し，足を蹴り上げる動作を示しながら目前に迫ってきたことに対し，その接近を防ぎ，危害を免れるため，包丁を手に取ったうえ腰のあたりに構えて脅迫した行為は，相手方からの危害を避けるための防御的な行動に終始していた場合であっても，防衛手段としての相当性の範囲を超えたものであり，正当防衛は成立しない，とするのが判例である。

**No.7** *** **違法性に関するア～オの記述のうち，妥当なもののみを挙げているのは どれか。** 【国家総合職・令和5年度】

ア：報道機関の国政に関する取材行為は，公務員の守秘義務と対立拮抗し，時と
して誘導・唆誘的性質を伴うものであるものの，憲法21条の精神に照らし十
分尊重されなければならない。したがって，新聞記者Aが，真に報道と取材
の目的に基づき，当初から機密文書を入手するための手段として利用する意
図で，公務員Bと肉体関係を結び，BがAの依頼を拒み難い心理状態に陥っ
たことに乗じて，Bに対し，機密文書を持ち出して秘密を自己に漏示するよ
う唆したとしても，Aのこのような取材行為は，刑法35条の正当な業務行為
に当たり，違法性が阻却されるとするのが判例である。

イ：50歳の男性Aは，12歳の少年Bから拳で複数回殴られた上，所持していた財
布を持ち去られそうになったことから，財布を持ち去られまいと，落ちてい
た石膏ブロックをB目掛けて投げ付け，Bに全治2か月の骨折を負わせた。
この場合，Bは刑事未成年であり，責任能力がないので，Bの行為は不正の
侵害には当たらないから，Aには，正当防衛または過剰防衛は成立せず，緊
急避難または過剰避難が成立し得るのみである。

ウ：Aが，Bから拳銃を頭に突き付けられて「目の前にいるCを殺せ。さもない
とおまえを殺す。」と脅迫され，これに応じてCを殺そうとしたAの行為が
緊急避難に当たる場合，緊急避難の法的性質について，他人の法益保護のた
めの緊急避難が認められていることを重視する見解によれば，CがAに反撃
しても正当防衛は成立せず，また，併せて，共犯が成立するには正犯が違法
であることまでを要するとする見解によれば，BにはCに対する殺人（未
遂）罪の共犯は成立しない。

エ：A所有の大型犬X（時価150万円）が，A宅から盗み出された後に逃走し，
山中で猟をしていたB所有の猟犬Y（時価10万円）に襲いかかろうとしたた
め，Bは，Yを守ろうとしてとっさにやむを得ず所持していた猟銃でXを射
殺した。この場合，財産的法益の均衡の有無を客観的価値により判断するこ
ととすれば，Bの行為は緊急避難には当たらないが，過剰避難として，情状
により，その刑を減軽することだけでなく，免除することもできる。

オ：Aが気管支ぜん息の発作を起こして昏睡状態に陥って入院し，主治医Bによ
り，呼吸確保のために気管内チューブを挿入された。その2週間後，Aの回
復可能性や余命の判断に必要な検査が実施されていない段階ではあったが，
昏睡状態が続いたことからAの回復を諦めたAの家族から，Aの気管内チュ
ーブを抜管して治療を中止するよう強い要請があった場合には，Bがその要
請に応じてAの気管内チューブを抜管したとしても，Bの抜管行為は，法律

上許容される治療中止に当たるとするのが判例である。

**1** ア，イ

**2** ア，ウ

**3** イ，ウ

**4** ウ，エ

**5** エ，オ

# 実 戦 問 題 ❷ の 解 説

→ 問題はP.66 **正答4**

## No.5 の解説　正当防衛

**ア✗** **侵害の急迫性の要件は，行為者の意思内容をも考慮して判断する。**

　　判例は，侵害の急迫性の要件については，行為者の意思内容等を考慮して判断すべきとする（最判平29・4・26）。

　　同判例は，「刑法36条は，急迫不正の侵害という緊急状況の下で公的機関による法的保護を求めることが期待できないときに，侵害を排除するための私人による対抗行為を例外的に許容したものである」とした上で，「行為者が**その機会を利用し積極的に相手方に対して加害行為をする意思**で侵害に臨んだときなど，刑法36条の趣旨に照らし許容されるものとはいえない場合には，侵害の急迫性の要件を充たさない」として，その判断には行為者の意思を考慮する必要があるとする。

**イ◯** **防衛の意思が併存していれば加害の意図があっても正当防衛は認められる。**

　　妥当である。判例は，**加害の意図**（攻撃の意思）が防衛の意思と併存している場合には，防衛の意思が存在していることを理由に，その行為は**防衛のためにした行為にあたる**として，正当防衛の成立を認める（最判昭50・11・28）。

**ウ✗** **近くの者に救いを求めることができる場合でも，正当防衛は成立する。**

　　正当防衛では，緊急避難と異なり，**補充性**（他にとるべき方法がなかったこと）**は要件とされていない**。したがって，近くの者に救いを求めることができる場合であっても，正当防衛として加害者に反撃することは認められる。

**エ◯** **互いが同様な手段で攻撃と反撃を繰り返しても正当防衛は成立しない。**

　　妥当である。判例は，「被告人は，Aから攻撃されるに先立ち，Aに対して暴行を加えているのであって，Aの攻撃は，被告人の暴行に触発された，その直後における近接した場所での一連，一体の事態ということができ，被告人は**不正の行為により自ら侵害を招いた**ものといえるから，Aの攻撃が被告人の暴行の程度を大きく超えるものでないなどの事実関係の下においては，被告人の傷害行為は，被告人において何らかの反撃行為に出ることが正当とされる状況における行為とはいえない」として，**正当防衛は成立しない**とする（最決平20・5・20）。

　　以上から，妥当なものはイとエであり，正答は**4**である。

## No.6 の解説　刑法における違法性

→ 問題はP.67 **正答1**

**1◎** **緊急避難には，危険を避けるための唯一の手段性（補充性）が必要である。**

　　正しい。判例は，通行が危険になったというだけでは現在の危難がなく，また「仮に吊橋が（いつ落下するかもしれないような）切迫した危険な状態にあったとしても，その危険を防止するためには通行制限の強化その他適当

---

第1章 総論

な手段，方法を講ずる余地のないことはなく，本件におけるようにダイナマイトを使用してこれを爆破しなければ，危険を防止しえないものであったとは到底認められない」（**補充性の欠如**）として緊急避難の成立を否定する（最判昭35・2・4）。

**2** ✗ **防衛の程度を超えた行為は，情状により，刑を減軽または免除できる。**

侵害に対する反撃行為の際には，恐怖や興奮，狼狽などのために防衛の程度を超えることもありうる。そして，そのような行為を刑罰で非難することが相当でないケースもあることから，刑法は**減軽だけでなく免除も認めている**（36条2項）。

たとえば，日常的に暴力を振るわれて畏怖していた相手から突然殴り掛かられたので，そばにあった果物ナイフでとっさに相手を刺殺したような場合などである。この場合，重い無期懲役などではなく軽い有期懲役を選択したとしても，その減軽は「長期及び短期の2分の1を減ずる」にとどまるので（68条3号），状況次第では刑が重すぎることもありうる。そのような事情から，減軽のほかに免除の選択が認められている。

なお，刑法には，たとえば「心神耗弱者の行為は，その刑を減軽する」（39条2項）など単に減軽のみを認めている場合と，「自己の意思により犯罪を中止したときは，その刑を減軽し，又は免除する」（43条但書）など減軽と免除いずれかの選択を認めている場合がある。いずれもその数が多く，理由もそれぞれ異なるので，問題で登場したものをチェックするという方法で対処するのが効率的といえる。

**3** ✗ **争議行為の正当性も，刑法35条の正当業務行為の適用の問題となる。**

判例は，「労働組合法1条2項は，労働組合の団体交渉その他の行為について無条件に刑法35条の適用があることを規定しているのではなく，労働組合法所定の目的達成のために為した正当な行為について適用を認めている」として，**争議行為の正当性判断**に刑法35条が適用されることを肯定する（最判昭25・11・15）。

**4** ✗ **たとえ通話料の免脱額が少額でも，業務妨害罪の違法性を肯定できる。**

免れた通話料金が1通話分にすぎなくても，通話料金を免れる機器を実際に使用する行為は，電話通信事業者に極めて大きな脅威となるものであり，事業に打撃を与えるものである。このような行為については刑罰をもって禁圧する必要があり，**業務妨害罪の違法性を肯定するに十分な行為**といえる（最決昭61・6・24）。

**5** ✗ **防御的な行動に終始する行為には，防衛手段としての相当性が認められる。**

判例は，相手からの危害を避けるための防御的な行動に終始していたと認められる場合には，「その行為をもって防衛手段としての相当性の範囲を超えたものということはできない」として，正当防衛の成立を認めている（最判平元・11・13）。

**ア✕** **国家機密漏示教唆も法秩序に照らし相当な取材なら違法性阻却，否なら違法。**

　　判例は，本肢の事案で，「被告人は，当初から秘密文書を入手するための手段として利用する意図でBと肉体関係を持ち，同女が右関係のため被告人の依頼を拒み難い心理状態に陥ったことに乗じて秘密文書を持ち出させたが，同女を利用する必要がなくなるや，同女との関係を消滅させその後は同女を顧みなくなったものであって，**取材対象者であるBの個人としての人格の尊厳を著しく蹂躙した**ものといわざるをえず，このような被告人の取材行為は，その手段・方法において法秩序全体の精神に照らし社会観念上，到底是認することのできない不相当なものであるから，**正当な取材活動の範囲を逸脱している**ものというべきである」とする（最決昭53・5・31，毎日新聞西山記者事件）。

**イ✕** **責任無能力の侵害行為に対しても，防衛行為は可能である。**

　　正当防衛（刑法36条1項）と緊急避難（刑法37条1項）では，法益の均衡性や他にとるべき方法がなかったか（補充性）などの点で要件が異なる。そのため，急迫不正の侵害が現に存在するのに，相手が責任無能力者かどうかで，被害者が法益を守るためにやむを得ずにした行為の要件が変わるのは不合理である。したがって，**不正（＝違法）の侵害とは，客観的に違法であることをいい，侵害者が有責であることを要しない。**

　　本肢の，「Bは刑事未成年であり，責任能力がないので，Bの行為は不正の侵害には当たらない」とする点は誤り。Aには，緊急避難または過剰避難は成立せず，正当防衛または過剰防衛が成立することになる。

**ウ◯** **緊急避難で違法阻却説をとれば，緊急避難に対する正当防衛は不成立。**

　　妥当である。本肢の「他人の法益保護のための緊急避難が認められていることを重視する見解」とは，緊急避難が不可罰とされる根拠について，違法性が阻却されるためであるとする説である（**違法性阻却事由説**）。この説によると，緊急避難でやむを得ずにした行為は，違法ではないので「不正の侵害」には当たらず，正当防衛は成立しないことになる。

　　また，共犯が成立するには正犯が違法であることまでを要するとする見解によれば，本肢の場合の実行者Aは違法な行為を行っていないのであるから，BにはCに対する殺人（未遂）罪の共犯は成立しないことになる。

**エ◯** **過剰避難については，情状により，刑の減軽または免除が認められる。**

　　妥当である。財産的法益の均衡の有無を客観的価値により判断することとすれば，被侵害法益の価値は150万円，守られる法益の価値は10万円であるから緊急避難は成立しない。ただその場合でも**過剰避難は成立する**ので，情状により，その刑を減軽または免除できる（刑法37条1項但書）。

**オ✕** **終末期患者が意思表示不能で，家族に適切な情報提供がない治療中止は違法。**

　　判例は，「被害者は，本件時，こん睡状態にあったものであるところ，気

管内チューブの抜管は，被害者の回復をあきらめた家族からの要請に基づき行われたものであるが，その要請は**被害者の病状等について適切な情報が伝えられた上でされたものではなく，抜管行為が被害者の推定的意思に基づくということもできない**」として「抜管行為は，法律上許容される治療中止には当たらない」とする（最決平21・12・7，川崎協同病院事件）。

　以上から，妥当なものは**ウ**と**エ**であり，正答は**4**である。

# 責任

## 必修問題

　故意に関するア～オの記述のうち，判例に照らし，妥当なもののみをすべて挙げているのはどれか。　【国家総合職・令和4年度】

ア：**未必の故意**が認められるためには，不確定ながらも結果の発生を認識した上で，その結果が実現することを明確に意欲することが必要である。

イ：Aは，Bを溺死させるつもりで，Bにクロロホルムを吸引させて失神させた（第1行為）上，その直後にBを乗せた自動車を海中に転落させ（第2行為），Bを死亡させたが，Aが第1行為を開始した時点で殺人罪の**実行の着手**があったと認められた。この場合，Aの認識と異なり，Bが第2行為の前の時点で第1行為により死亡していたとしても，Aには殺人罪が成立する。

ウ：Aは，Bを殺害しようとして，Bの胸部に向けて拳銃を発砲したが，その弾丸は，Bに命中した上，**跳弾**して，近くにいたCにも命中し，その結果，Bは重傷を負い，Cは死亡した。この場合，Aには，Bに対する殺人未遂罪とCに対する殺人罪が成立する。

エ：Aは，首輪をはめていたが鑑札を付けていなかったB所有の飼い犬を，無主犬だと思い込んで撲殺した。Aは，警察規則等を誤解した結果，鑑札を付けていない犬はたとえ他人の飼い犬であっても直ちに無主犬とみなされると誤信し，当該飼い犬が他人の所有に属する事実について認識を欠いていた。この場合，Aには器物損壊罪が成立する。

オ：AとBは，Cに対する傷害について**共謀**を遂げ，2人でCを殴る蹴るしたが，Bは，実際には，Cに対する殺意を有しており，Cの腹部を執ように踏み付けて，Cを内臓破裂により死亡させた。この場合，AにはCに対する傷害致死罪が成立し，BにはCに対する殺人罪が成立する。

**1**　ア，エ
**2**　イ，ウ
**3**　イ，オ
**4**　イ，ウ，エ
**5**　イ，ウ，オ

難易度　＊＊

## 必修問題の<u>解説</u>

犯罪成立の第三の要件として責任がある。責任とは非難可能性のことで，犯罪の構成要件に該当する違法な行為でも，行為者を非難できないなんらかの事情があれば，その行為者を処罰すべきではないとするものである（責任がなければ犯罪は不成立）。

この責任の要素には，責任能力，故意・過失，期待可能性の３つがある（なお，学説によっては，これ以外に違法の意識の可能性についても責任要素とするものがある）。これらは，どの１つが欠けても犯罪の成立が阻却されることになる。

**ア✕** 未必の故意は，結果が実現するならばそれでも構わないと思う場合である。

すなわち，結果が実現することを明確に意欲する必要はない。結果が実現するならばそれでも構わないと思いつつ行為することは，**法益侵害の結果発生の蓋然性を高める悪質な行為**であり，これを過失に分類することはできない。

判例は，贓物故買罪（刑法256条２項，現盗品等有償譲受け罪）における未必の故意について，「その故意が成立するためには，必ずしも買受けるべき物が贓物であることを確定的に知っていることを必要としない，あるいは（＝ひょっとして）贓物であるかも知れないと思いながら，しかも，あえてこれを買受ける意思（いわゆる**未必の故意**）があれば足りる」とする（最判昭23・3・16）。

**イ◯** 一連の殺害行為の最初の行為で結果が発生しても殺人既遂罪が成立する。

妥当である。判例は，クロロホルムを吸引させて失神させた第１行為は，①第２行為を確実かつ容易に行うために必要不可欠なものであったこと，②第１行為に成功した場合，それ以降の殺害計画を遂行する上で障害となるような特段の事情が存しなかったこと，③第１行為と第２行為との間が時間的・場所的に近接していることなどに照らすと，**第１行為を開始した時点で殺人に至る客観的な危険性が明らかで，その時点において殺人罪の実行の着手が認められる**とした上で，「実行犯は，クロロホルムを吸引させて被害者を失神させた上，自動車ごと海中に転落させるという一連の殺人行為に着手してその目的を遂げたのであるから，たとえ実行犯の認識と異なり，第２行為の前の時点で被害者が第１行為により死亡していたとしても，殺人の故意に欠けるところはなく，実行犯について殺人既遂罪が成立する」とする（最決平16・3・22）。

**ウ◯** 殺人の故意行為で，意図しない客体に結果を発生させれば故意責任を負う。

妥当である。判例は，**人の死を招くような危険な行為をあえて行って，その結果，人の死が発生している以上，そのすべてについて，重い故意犯としての責任を負わせるべき**としており（最判昭53・7・28，数故意犯説），本肢の場合，Aには，Bに対する殺人未遂罪とCに対する殺人罪が成立すること

になる。

**エ×** 無鑑札の犬を無主犬と誤解して他人の犬を撲殺しても器物損壊罪は不成立。

判例は，行為者が警察規則等を誤解して鑑札をつけていない犬は他人の飼犬であっても直ちに無主犬とみなされると誤信していた場合，行為者は他人の犬（これならば261条の器物損壊罪が成立する）という**事実の認識を欠いていた**として，器物損壊罪は成立しないとした（最判昭26・8・17）。

**オ○** 傷害を共謀した共犯者が殺人を犯した場合，傷害致死罪の共同正犯が成立。

妥当である。Aは，他の共犯者Bが生じさせた被害者Cの死の結果について共同正犯としての責任を負う。

Aがその責任を回避したいのであれば，傷害行為は共犯者Bとともに始めたのであるから，その行為の中で被害者に死の結果が生じることがないように，共犯者Bの行為をコントロールすべきである。ただ，Aには**殺人の故意がないので殺人罪の共犯は成立せず，傷害致死罪の共同正犯が成立する**ことになる（最決昭54・4・13）。

この点に関し，判例は，次のように述べている。すなわち，「殺人罪と傷害致死罪とは，殺意の有無という主観的な面に差異があるだけで，その余の犯罪構成要件要素はいずれも同一であるから，暴行・傷害を共謀したBら7名のうちのAが…Xに対し未必の殺意をもって殺人罪を犯した本件において，殺意のなかったBら6名については，殺人罪の共同正犯と傷害致死罪の共同正犯の構成要件が重なり合う限度で軽い傷害致死罪の共同正犯が成立する」（同前判例）。

以上から，妥当なものは**イ，ウ，オ**の3つであり，正答は**5**である。

正答 **5**

# FOCUS

責任は，理論的な部分の多い難解な箇所である。なかでも，事実の錯誤は学説が錯綜しているため，論理問題の格好の素材とされ，頻繁に出題が繰り返されている。この分野は，総じて丸暗記の通じない箇所なので，重要論点を中心に各学説の論理関係をしっかりと把握しておきたい。

# ━━ POINT ━━

### 重要ポイント **1** 責任の意義

・**責任**とは行為者に対する**非難可能性**をいう。ただ，どのような根拠に基づいて行為者を非難できるかについては，違法行為を選択したことに対する道義的非難であるとする説（道義的責任論）や，刑罰という手段による法の立場からの非難であるとする説（法的責任論）などが対立している。
・責任非難は，構成要件に該当し，かつ客観的に違法とされた行為について，行為者の主観的事情を考慮し，なおその罰条で処罰する（＝刑罰をもって非難する）のが妥当かどうかの判断である。

### 重要ポイント **2** 責任の要素

・**責任の要素**としては，以下のものがある。これらは，どの1つを欠いても責任が阻却され，犯罪は成立しない。

| | |
|---|---|
| ①責任能力 | ・道義的責任論の立場からは，行為の是非を弁別し，かつそれに従って自己の行動を制御する能力とされ，法的責任論の立場からは，法の命令・禁止を理解し，これに従って行動する能力とされる。<br>・刑事未成年者（14歳未満の者），心神喪失者は責任無能力者であり，心神耗弱者は限定責任能力者である（前2者については犯罪は不成立，心神耗弱者については刑の必要的減軽とされる）。<br>・責任能力は犯罪行為時に存在していなければならないが，その時点で存在している限り，結果発生時に存在していなくてもよい。 |
| ②故意・過失 | ・故意とは，構成要件該当事実の認識・容認である（認容説）。<br>・故意の要素として，事実の認識のほかに違法性の意識が必要かについては争いがある。判例はこれを不要とする。<br>・過失とは，注意義務違反で法益を侵害した場合に成立するものである。<br>・処罰は故意犯が原則であって，過失犯が処罰されるのは，その旨の法律上の根拠規定がある場合に限られる。 |
| ③期待可能性 | ・「法は不可能を強いない」という意味で，規範的責任論の立場から要求される責任要素である。<br>・当該状況下で行為者に適法行為の選択を期待できない特別な事情がある場合には，行為者が違法行為と知って当該行為を行った場合でも犯罪は成立しない。<br>・期待可能性は超法規的責任阻却事由とされる（超法規的＝これを認める法律上の根拠規定がないという意味）。 |
| ④違法の意識の可能性 | ・故意の内容を構成要件該当事実の認識に限定して，違法の意識の可能性を故意とは切り離された別個の責任要素とする見解があるが（責任説），この見解によれば違法の意識の可能性は第4の責任要素ということになる。<br>・責任説以外の見解は，①～③の3つが責任要素とする。 |

・事実の錯誤と故意の成否に関しては，次の３つの見解が対立している。

| | |
|---|---|
| ①具体的符合説 | ・故意とは特定の客体に対して自己の犯罪意思を実現しようとする認識である。<br>・それゆえ，行為者の認識した事実と現に発生した事実とが具体的に符合（一致）していなければ故意は認められない。<br><br>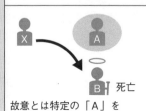<br>故意とは特定の「A」を殺すという認識 |
| | 〔事例〕<br>　XはAを殺害する意図でAに向けてけん銃を発射したが，弾丸はAには当たらず，たまたま横を通行中のBに当たり，Bが死亡した。<br>〔帰結〕<br>　・Aに対する殺人未遂罪<br>　・Bに対する過失致死罪 |
| ②法定的符合説 | ・故意とは構成要件該当事実の認識である。<br>・それゆえ，行為者の認識した事実と現に発生した事実とが構成要件的に符合している限り故意が認められる。<br><br>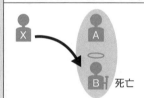<br>故意とは「人」を殺すという認識 |
| | 〔事例〕同上<br>〔帰結〕<br>　①一故意犯説では，<br>　　・Bに対する殺人既遂罪の一罪のみが成立<br><br>　②数故意犯説では，<br>　　・Aに対する殺人未遂罪<br>　　・Bに対する殺人既遂罪 |
| ③抽象的符合説 | ・およそ犯罪の意図で犯罪の結果を生じた以上，行為者に故意責任を問いうる。<br>・それゆえ，行為者の認識した事実と現に発生した事実とが抽象的に符合していれば故意を認めうる。<br><br> <br>Xの意図　犬を殺す<br> <br>実現事実　人の死<br><br>故意とは犯罪を実現するという認識 |
| | 〔事例〕<br>　Xは他人の犬を殺害する意図で猟銃を発射したところ，犬と思ったのは実は人であり，人が死亡した。<br>〔帰結〕<br>　理論的には人に対する殺人既遂罪が認められるが，38条２項による制約（行為者が重い結果の発生を認識していなかった場合には，その重い結果について，故意犯としての責任を問えないという制約）のために，犬に対する故意の既遂犯（器物損壊罪の既遂）とする。その結果，Xに器物損壊罪の既遂と，過失致死罪が成立し，両罪は観念的競合の関係になる。 |

・同一構成要件内の錯誤には，**客体の錯誤**と**方法の錯誤**の２つがある。両者はそれぞれ次のようなものである。

・法定的符合説は，故意の個数をどのように扱うかに関して，次のようになっている。

| | 故意の個数 | 内　容 |
|---|---|---|
| 一故意犯説 | 最も重い結果について１個のみ | ・一故意犯説の中でも結論については見解が分かれる。<br>①Aに対する過失致傷とBに対する殺人既遂<br>②Bに対する殺人既遂のみ<br>③Aに対する殺人未遂とBに対する過失致死<br>などさまざま。<br>--------<br>〔批判〕<br>・後にAが死亡した場合の処理に困難をきたす。<br>　→当初Bに対する関係で殺人既遂を認めていたのが，後のAの死亡によってBへの罪責を過失致死（故意から過失）に変更することになるが，それは不合理（→①・②に対する批判）。<br>・A負傷，想定外のB，C２名が死亡したという場合には，B，Cのいずれに対して故意犯の成立を認めるのか，その基準が不明確。 |
| 数故意犯説 | 生じた複数の結果の全部について故意を認める | ・Aに対する殺人未遂とBに対する殺人既遂<br>--------<br>〔批判〕<br>・１個の故意しかないのに，複数の故意を認めるのは責任主義に反する※。 |

※故意非難は重い責任とされるので（たとえば，故意犯である殺人罪では，死刑まで選択できるのに，過失犯である過失致死罪では懲役すら科すことはできず，罰金刑が科されるにすぎない），行為者に１個の故意しかない場合に複数の故意を認めると，行為者の予期に反して苛酷な結果を認めるおそれがある。たとえば，行為者は１人しか殺害する意思がなかったところ，結果として４〜５人を殺害してしまったという場合に，故意の成立が行為者の意思どおり１個だけであればまだ懲役で済む可能性があるが，４〜５人全員に対して故意犯（殺人罪）が成立することになると，まず死刑は免れないであろう。この批判は，非難の程度という面から考えた場合に，行為者の意図以上の責任を負わせてしまうことにならないかという趣旨のものである。

**No.1** 次の文中の空欄ア〜ウに正しく語句を入れると，ある刑法上の理論に関する説明となる。当てはまる語句の組合せとして，妥当なのはどれか。

【市役所・平成11年度】

　　ア　において自由な行為の理論とは，自らを　イ　無能力状態に陥れて犯罪を生ぜしめた場合に，　ア　行為を根拠に可罰性を認める理論とされる。他方，　イ　能力は　ウ　時に存在しなければならないという「行為と　イ　の同時存在の原則」が承認されてきた。そこで両者の矛盾を回避する理論的な工夫として，①　イ　能力の存在した時点に　ウ　の開始を認めようとするもの，②同時存在の原則を修正するものという2つの道が考えられた。

|   | ア | イ | ウ |
|---|----|----|------|
| **1** | 原因 | 責任 | 結果発生 |
| **2** | 原因 | 責任 | 実行行為 |
| **3** | 原因 | 権利 | 結果発生 |
| **4** | 結果 | 権利 | 実行行為 |
| **5** | 結果 | 責任 | 結果発生 |

**No.2** 錯誤に関する次の記述のうち，妥当なのはどれか。

【市役所・平成3年度】

**1**　甲が，乙を殺そうと思ってピストルを発射したところ，弾は乙を貫通し，乙の後ろを歩いていた丙に当たり，乙丙ともに重傷を負わせた。この場合，法定的符合説によると，乙に対する殺人未遂罪，丙に対する過失致傷罪が成立する。

**2**　甲は老父乙が木の棒で殴りかかってきたので，とっさにそばにあった斧を木の棒だと思って反撃した。この場合，法定的符合説によれば，正当防衛が成立するが，具体的符合説によれば，過剰防衛として処理される。

**3**　甲は，乙に対し，丙が持っている金の仏像を丙宅から盗んでくるようそそのかした。そこで乙は，丙宅に忍び込んだが，丙に見つかったので，「仏像を出さないと殺すぞ」と丙を脅して仏像を強取した。この場合，抽象的符合説，法定的符合説のいずれによっても，甲には強盗罪の教唆犯が成立する。

**4**　甲は，ベッドに寝ている乙を殺そうと思ってピストルを発射したが，乙は，たまたま別の部屋で寝ていた。この場合は不能犯の成否が問題となるのであって，錯誤の問題とはならない。

**5**　甲が乙の首を絞めたところ，乙がぐったりしたので，甲は，乙が死亡したと思い，近くの海岸に乙を捨てた。ところが実際には，乙は海岸に捨てられたために，海岸の砂を吸って窒息死した。この場合，甲には殺人既遂罪が成立する余地はない。

◆ **No.3** 故意に関する次のア～エの記述のうち，妥当なもののみをすべて挙げているものはどれか（争いのあるときは，判例の見解による）。

【裁判所事務官・令和3年度】

ア：甲が乙を殺害する意図で，乙を狙い拳銃を発射したところ，弾丸は乙に命中せず，乙が散歩中に連れていた乙の犬に当たって死なせた場合，器物損壊罪は成立しない。

イ：甲が乙を殺害する意図で，乙を狙い拳銃を発射したところ，弾丸は乙に命中せず，乙の知人である丙に命中し，丙が死亡した場合，殺人罪は成立しない。

ウ：甲は隣人乙の家の前に置いてあった自転車を，乙の所有物と認識して持ち去ったが，実際には，その自転車は無主物だった場合，遺失物等横領罪が成立する。

エ：甲は乙を崖から海に突き落として溺死させようと思い，乙を崖から突き飛ばしたところ，乙は落下する途中で，崖壁に頭を強打して即死した場合，死因が溺死でなくても，殺人罪が成立する。

**1** ア，ウ

**2** ア，エ

**3** イ，ウ

**4** イ，エ

**5** ウ，エ

**No.4** 故意に関する次のア～エの記述のうち，妥当なもののみをすべて挙げているものはどれか（争いのあるときは，判例の見解による）。

【裁判所事務官・令和5年度】

ア：甲は，Vが所有している自動車に放火し，公共の危険を生じさせたが，その際，公共の危険が発生するとは認識していなかった。甲には，建造物等以外放火罪は成立しない。

イ：甲は，乙が窃取してきた貴金属類を乙が盗んできたものかもしれないと思いながら，あえて乙から買い取った。甲には，盗品等有償譲受け罪が成立する。

ウ：甲は，覚醒剤を所持していたが，覚醒剤と明確には認識しておらず，覚醒剤を含む身体に有害で違法な薬物類であると認識していた。甲には，覚醒剤取締法違反（覚醒剤所持）の罪が成立する。

エ：甲は，実際にはVが所有している自転車を無主物であると認識して持ち去った。甲には，遺失物横領罪が成立する。

**1** ア，イ

**2** ア，ウ

**3** イ，ウ

**4** イ，エ

**5** ウ，エ

**No.5** 過失に関する次のア～オの記述のうち，適当なもののみをすべて挙げているのはどれか（争いのあるときは，判例の見解による）。【裁判所・平成24年度】

ア：犯罪事実の実現を確定的なものとして認識し，これを認容している場合を，認識ある過失といい，犯罪事実の実現を可能なものと認識しているにすぎない場合を，認識なき過失という。

イ：重過失とは，注意義務違反の程度が著しい場合，すなわち，行為者としてわずかな注意を払うことにより結果を予見でき，容易に結果の発生を回避することができたのに，その注意義務を怠って結果を発生させた場合をいう。

ウ：業務上過失致死傷罪における業務とは，社会生活上の地位に基づき，営利の目的で反復継続して行う行為であって，かつ他人の生命身体等に対する危険性を有するものをいう。

エ：信頼の原則とは，行為者がある行為をなすに当たって，被害者が適切な行動に出ることを信頼するのが相当な場合には，たとえ被害者の不適切な行動により結果が発生したとしても，過失責任を負わないとする法理であるが，行為者に交通法規違反がある場合でも，この法理を適用する余地がある。

オ：結果を惹起させた直接行為者について，これを監督すべき立場にある監督者の過失を監督過失という。監督過失を認めるためには，直接行為者において結果の発生を予見できれば足り，監督者に結果発生の予見可能性があることを要しない。

**1** ア，ウ

**2** イ，エ

**3** イ，オ

**4** ウ，エ

**5** ウ，オ

**No.6** 責任能力に関する次のア～エの記述のうち，妥当なもののみをすべて挙げているものはどれか（争いのあるときは，判例の見解による）。

【裁判所事務官・令和3年度】

ア：犯行時に心神耗弱の状態にあったと認められれば，刑は必ず減刑される。

イ：14歳に満たない者は，行為の是非を弁識する能力およびこの弁識に従って行動する能力に欠けることがない場合であっても，責任能力は認められない。

ウ：精神の障害がない場合，心神喪失は認められないが，心神耗弱が認められる余地はある。

エ：責任能力の有無・程度は，行為者の犯行当時の精神状態だけではなく，行為者の犯行前の生活状況，犯行の動機・態様等のほか，被害者やその遺族の処罰感情も含む諸事情を総合的に考慮して判断される。

**1** ア，イ

**2** ア，ウ

**3** イ，ウ

**4** イ，エ

**5** ウ，エ

# 実戦問題 1 の 解説

## No.1 の解説　原因において自由な行為
→ 問題はP.80　**正答2**

　刑法上，**心神喪失者の行為は犯罪不成立**とされ（39条1項），**心神耗弱者の行為は刑を減軽すべき**ものとされている（39条2項）。前者は，責任能力を欠くために行為者を非難できず，後者は限定的な責任能力しか有していないため，行為者に対する非難の程度が弱まるというのがその理由である。

　これらの規定を，もともと**心神喪失**あるいは**心神耗弱**の状態にある者に適用することに特に問題はない。これに対し，自ら意図して，あるいは誤って一時的に心神喪失・耗弱状態に陥り犯罪を行ったという場合にまでそのまま適用してよいかは問題である。心神喪失・耗弱状態に陥って犯罪を行うことが予想される場合には，行為者はそのような状態に陥らないように自らをコントロールすべきであり，それにもかかわらず，そのような状態に陥ったことについて，行為者を非難することが可能だからである。

　そのため，社会通念に照らして判断すれば，行為者に対する非難が可能な場合には，犯罪不成立ないし刑の減軽を規定した39条1項・2項の規定の適用を排除するのが妥当であるが，形式的には，犯行時に心神喪失・耗弱状態にあれば39条の適用対象とせざるをえない。そこで，いかなる理論によれば39条の適用を排除できるのかが争われてきた。

　これが**原因において自由な行為**の理論（**ア**）である。

### ◆原因において自由な行為の理論の中心テーマ

どのように理論構成すれば，刑法39条の適用を排除できるのか。
また，排除の要件としてどのようなものが必要か。

〔設例〕酔うと暴れて人を傷つける癖のあるAが，Bを傷害する意図で飲酒のうえ，暴れてBを傷害した。

〔問題〕「行為と責任の同時存在の原則」にいう「行為」とは何か。
　　　　それはどの時点に認められるべきものか。

　この問題における最大の難関は，「**行為と責任の同時存在の原則**」（**イ**）をいかにして乗り越えるかにあった。

　すなわち，行為者への刑法的非難（犯罪の責任を問うこと）が可能である理由は，「罪を犯してはならない」という法の呼びかけを犯行時に理解できたにもかかわらず（責任能力の存在），それを無視してあえて犯行に及んだ

という点にある。したがって，責任能力は実行行為の当時（犯行時）に存在していなければならない（**ウ**）。ところが，実際に犯行に及んだ時点を実行行為時とすると，その時点では心神喪失ないし耗弱の状態にあるので，39条を適用せざるをえない。

そこで，この不当な結論を回避するために，まず，実行行為の時点を自らを心神喪失・耗弱状態に陥れる行為をした時点（**原因行為時**，たとえば酒を飲んで暴れることがわかっている者の場合には，暴れる意図で酒を飲み始めた時点）とする説が主張された（問題文の①説）。その時点であれば，責任能力は完全な形で存在するので，**行為と責任の同時存在の原則には違反しない**ことになるからである。

また，行為と責任の同時存在の原則を修正する説も主張されている（問題文の②説）。たとえば，責任能力は，現実に法益侵害を開始した実行行為の時点には存在していなくても，責任無能力状態を有責に招いた原因行為の時点に存在していればよい，などとする説である。

以上から，**ア**には「原因」，**イ**には「責任」，**ウ**には「実行行為」が入る。
よって，正答は**2**である。

### ◆原因において自由な行為の理論

　意味のわかりにくい言葉であるが，原語（actio libera in causa）を直訳したためにこのような表現になっている。法律学ではこのような直訳の例は多く，日本語としての意味を判断しにくい言葉の大半はこのような直訳語である。学習過程でしばしば出会う，このような「意味不明な言語」は，多分直訳語であろうと推測してそのまま覚えるしかしかたがない。

---

**No.2 の解説**　錯誤　　　　　　　　　　　　　　→ 問題はP.80　**正答4**

本問は，錯誤のうち，事実の錯誤に関する問題である。この事実の錯誤は重要なテーマなので，問題の解説に移る前に基本となる知識を簡単に説明しておこう。

**事実の錯誤**とは，行為者が**意図した犯罪結果と実際に発生した犯罪結果との間に不一致が生じること**をいう。たとえば，「AがBの殺害を意図してBにけん銃を発射したところ，弾がそれて近くのCに当たり，Cを死亡させた」などという場合である（この場合を**方法の錯誤**という）。

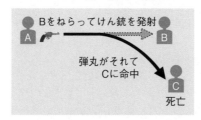

86

　事実の錯誤においては，故意犯の成否が問題とされている。上例でいえば，AはCの死について殺人罪（故意犯）で処断されるのか，それとも過失致死罪（過失犯）で処断されるのかという問題である。故意犯の刑は過失犯の刑に比べてはるかに重い。たとえば，殺人罪（199条）の法定刑は懲役5年〜死刑であるが，過失致死罪（210条）のそれは50万円以下の罰金にすぎない。また，処罰は原則として故意犯が中心であり，過失犯が処罰される場合は限定されている（38条1項）。そのため，事実の錯誤がある場合に，故意犯が成立するかどうかは重要な問題となる。

　この問題に関しては，次の3つの説が対立している。

①**具体的符合説**……この説は，たとえば「Bが憎いのでBを殺す」など，**特定の客体に法益侵害の結果を発生させようとする意図が故意である**とする。

　　そのため，この説では，AはCの死の結果について，過失致死罪で処罰されるとする。これは，社会で一般に意識されている通常の意味の故意概念に最も近い。なぜなら，Aは，Bを殺害する意思で行為しているのであって，Cに対する殺意は有していないからである。

　　ただこの説によると，Cの死の結果について，Aには罰金刑の過失致死罪（210条）しか成立しない。そのため，この説に対しては，Cの法益（生命）をあまりに軽く扱うことになるとの批判が加えられている。

②**法定的符合説**……この説は，特定の人物ではなく**「人を殺す」という意図が故意である**とする。

　　この説は，Aは「人の死を意図して行為し，結果として人が死亡している」以上，Cの死の結果についてAに故意犯の殺人既遂罪が成立するとする。ここでは，人がAかCかは問題とされていない。「人を殺すような危険な行為がなされ，結果として人が死亡していれば，重い故意犯の責任を負わせるべき」という考え方である。**客体は「特定の人」である必要はなく，「およそ人であればよい」**ことになるので，それだけ故意の内容が①説よりも抽象化されていることになる。

③**抽象的符合説**……この説は，②説よりもさらに故意の内容を抽象化したものである。すなわち，殺人や強盗などといった個々の犯罪類型に制約されず，「およそ**犯罪を意図して犯罪の結果が生じている以上，故意犯として処罰すべきだ**」とする。ただし，刑法が「軽い罪を犯す意思で重い罪の結果を生じた場合，重い罪の故意犯として処罰してはならない」旨の規定を設けているため（38条2項），**現行法上重い罪で故意犯の成立を認めることができない**。そこで，この説の代表的な見解は，軽いほうの罪で故意犯の成立を認めようとする。

　　この説は，およそ犯罪を行う意思が故意であるとする立場であるが，このように解すると，刑法が犯罪を類型化した意味が失われてしまう。そのため，現在この説にはほとんど支持がない。

以上を前提に，本問に取り組んでみよう。

**1 ✕** 法定的符合説では，乙・丙の両名に対する殺人未遂罪が成立することになる（ただし，**数故意犯説**）。

法定的符合説は，「人の殺害を意図して，人に死（またはその危険）の結果が生じれば，故意犯としての殺人罪（または殺人未遂罪）が成立する」とする立場である。同説は，一般には，「行為者の認識した事実と現に発生した事実とが構成要件的に一致する限度で故意を認めるもの」と表現される。

本肢で，甲は，人を殺害しようと思って人（乙・丙）に死の危険を生じさせている。したがって，同説によれば，乙・丙いずれに対しても故意犯の成立が認められる。

ところで，この場合**故意の個数**が問題とされている。もともと甲の意図は「人１人」の殺害であるから，**複数の客体に結果が生じた場合に，それぞれについて故意犯の成立を認めてよいか**という問題である。仮に故意犯の成立が１個に限定されるとすると（これを**一故意犯説**という），本肢の場合は乙に対する殺人未遂罪，丙に対する過失致傷罪が成立することになる。しかし，判例はこのような立場をとらず，それぞれの客体について故意犯が成立するとする（最判昭53・7・28，これを**数故意犯説**という）。人の死を招くような危険な行為をあえて行って，その結果人の死が発生している以上，そのすべてについて，重い故意犯としての責任を負わせるべきだという考え方である。

**2 ✕** 正当防衛・過剰防衛の成否と，法定的符合説と具体的符合説の争いとは直接の関係がない。したがって，いずれの説をとるかによって結論を異にするものではない。

法定的符合説と具体的符合説の争いは，行為者が意図した事実（構成要件に該当する事実）と異なる結果が生じた場合に，故意犯の成立を認めてよいかどうかという議論である。

一方，本肢の事案の場合は，甲は自分の行為が正当防衛（違法阻却事由）に当たると思って行為しているのに，結果として正当防衛に当たらなかった（過剰防衛になる）というもので，これは，上記の「行為者が意図した事実（構成要件に該当する事実）と異なる結果が生じた場合」に関するものではない。行為者（甲）が意図した構成要件該当事実は「老父を攻撃して死傷させる」というもので，発生した結果もこれと一致しており，両者に不一致は

ない。したがって，両説の争いとは関係がなく，いずれの立場によるかで結論が分かれることにはならない。

**3 ×** いずれの立場によっても，甲には強盗罪ではなく窃盗罪（235条）の教唆犯（61条1項）が成立する。

　本肢において，甲が意図した犯罪事実は「丙宅からの仏像の窃取」であるが，発生した事実は「丙宅からの仏像の強取」である。したがって，両者には不一致がある。そこで問題は，甲にいかなる範囲で故意犯の成立が認められるかである。

　これを法定的符合説と抽象的符合説のそれぞれについて検討すると，次のようになる。

①**法定的符合説**……この説では，「丙宅」「仏像」などといった具体的事実が一致するかどうかは問題ではなく，「他人の」「財物」といった犯罪の構成要件が一致するかどうかが問題となる。

　　本肢では，「他人の」「財物」は一致するが，「強盗」と「窃盗」は一致しない。しかし，強盗と窃盗は暴行・脅迫を手段とするか否かに違いがあるだけで，他人の財物を奪う点は同じである。その意味で，**強盗の中には「他人の財物を奪う」という窃盗の構成要件が含まれている**ことになる。したがって，この限度で行為者の認識した事実と現に発生した事実が構成要件的に一致するので，同説によれば甲に窃盗罪の教唆犯が成立することになる。

### ◆共犯と錯誤－法定的符合説の立場

②**抽象的符合説**……この説では，理論上は甲に強盗罪の教唆犯の成立が認められることになる。ただ，**38条2項の制約**があるので，この説（の代表説）は**軽いほうの罪で故意犯の成立を認めようとする**。そのため，この説によっても軽い窃盗罪の教唆犯が成立することになる。

**4 ◎** 正しい。この場合は，ねらった相手がいないベッドに向けて拳銃を発射する行為が，殺人の実行行為といえるかという問題で，それは，その行為で人を殺害できるかどうかという不能犯論で議論されるべき問題である。

　本肢では，およそ人の死の危険は発生していないので，故意犯である殺人ないしその未遂犯を認めるべきかどうかという事実の錯誤は問題にはならない。

**5 ×** 本肢の場合，甲に殺人既遂罪が成立する（大判大12・4・30）。

本肢の場合，最初に首を絞めた行為を殺人未遂罪，次に海岸に捨てて窒息死させた行為が過失致死罪（罰金刑）として，2罪の成立を認めるとする構成も不可能というわけではない。

しかし，この2つの行為は，甲の殺害に向けて進められた一連の行為であり，これを別々に評価して刑の減軽を可能にするのはいかにも不当である。そのため，判例は甲に殺人既遂罪一罪の成立を認めている。

## No.3 の解説　故意

→ 問題はP.81　**正答2**

事実の錯誤について，判例は，「犯罪の故意があるとするには，罪となるべき事実の認識を必要とするものであるが，**犯人が認識した罪となるべき事実と現実に発生した事実**とが必ずしも具体的に一致することを要するものではなく，**両者が法定の範囲内において一致することをもって足りる**」とする**法定的符合説**の立場をとっている（最判昭25・7・11）。

**ア◯　人を狙って挙銃を発射し，連れていた犬に当たっても器物損壊罪は不成立。**

妥当である。甲の意図は乙の殺害で，生じた結果は犬の死（器物損壊）である。**両者は法益が異なる（重ならない）**ので，甲は生じた結果について故意犯（261条の器物損壊罪は故意犯である）の責任は負わず，**器物損壊罪は成立しない**。

**イ✕　人を狙って挙銃を発射し，人を殺害すれば，殺人罪が成立する。**

甲の意図は人（乙）の殺害で，生じた結果は人（丙）の死である。**両者は法益が同じなので，甲には生じた結果について故意犯である殺人罪**（199条）が成立する。

**ウ✕　無主物を他人の所有物だと思って持ち去っても，遺失物等横領罪は不成立。**

犯罪が成立しないのに，犯罪が成立すると思って行為しても，**そもそもどの犯罪構成要件にも該当しないので**，犯罪は不成立である。なぜなら，処罰の根拠となる法の規定が存在しないからである。

本肢は，誰の所有物でもないものを持ち帰ったというのであるから，誰の法益も侵害していない。したがって，遺失物等横領罪（254条）は成立しない。

**エ◯　死を招くおそれのある行為をして死の結果を生じれば，殺人罪が成立する。**

妥当である。行為者の意図した因果の流れと異なる形で行為者の意図した結果が発生したとしても，行為のもつ危険性が因果の流れの中で結果として現実化したといえる場合には，因果関係が肯定され，生じた結果を帰責できる（**危険現実化説**）。

本肢で，人を崖から突き落とせば，崖壁に頭を強打して即死するであろうことは経験則上十分に予測できることであるから，行為者の意図が「溺死させる」であっても，行為者に殺人罪が成立する。

以上から，妥当なものは**ア**と**エ**であり，正答は**2**である。

**No.4 の解説** 故意　　　　　　　　　　　　　　　　　→ 問題はP.82　**正答3**

**ア** ✕ **建造物等以外放火で公共の危険が発生すれば，その認識がなくても犯罪成立。**

　　　自動車への放火は建造物等以外への放火であるから，建造物等以外放火罪
（110条）の成否が問題となるが，その中での焦点は，公共の危険が発生した
かどうかという点である。ここで**公共の危険**とは，簡単にいえば周囲に燃え
移って辺りを焼き尽くす（甚大な被害を引き起こす）危険のことで，これが
生じなければ（例：周囲に燃えるものがない広大な砂地で自動車に火を放
つ，など）放火ではなく，単なる器物損壊罪（261条）にとどまる。

　　　ところが，本肢では，Ｖは公共の危険が発生するとは認識していなかった
というのである。ではその場合は，放火か，それとも器物損壊か。

　　　判例は，公共の危険が発生すれば，それで建造物等以外放火罪として処罰
できるので（公共の危険発生は単なる客観的処罰条件），**公共の危険発生の
認識は不要**であるとする（最判昭60・3・28）。たとえば，「建物のすぐ横で
車に火を放つ」とか，「建物から少し離れていても，強風下で火を放つ」な
どの行為が行われれば，周囲の建物に燃え広がることは容易に想像できるこ
とである。したがって，行為者が明確に公共の危険の発生を認識していなか
ったとしても，そのような甚大の被害をもたらす危険性のある行為が行われ
れば，単なる器物損壊罪（3年以下の懲役または30万円以下の罰金もしくは
科料）ではなく，建造物等以外放火罪（110条1項，1～10年の懲役）で処
罰すべきである。

**イ** ◯ **盗品かもしれないと思いながら買い取れば，盗品等有償譲受け罪が成立する。**

　　　妥当である。いわゆる**未必の故意**である。

**ウ** ◯ **覚醒剤を含む違法薬物との認識があれば，覚醒剤所持の罪が成立する。**

　　　妥当である。甲に，覚醒剤を含む違法薬物との認識があれば，「もしかす
ると覚醒剤かもしれない」という認識があったということである。したがっ
て，故意犯としての覚醒剤取締法違反（覚醒剤所持）の罪が成立する。

**エ** ✕ **他人の所有物を無主物だと思って持ち去っても，遺失物等横領罪は不成立。**

　　　甲は，実際にはＶが所有している自転車を無主物であると認識して持ち去
っているので，他人の所有物を領得するという認識がない。そのため，**遺失
物等横領罪**（254条）**の故意がない**ので，同罪は成立しない。

　　　以上から，妥当なものは**イ**と**ウ**であり，正答は**3**である。

**No.5 の解説** 過失　　　　　　　　　　　　　　　　　→ 問題はP.83　**正答2**

**ア** ✕ **犯罪事実の実現を確定的なものと認識・認容している場合は故意である。**

　　　**認識ある過失**とは，犯罪事実についての認識はあるが，多分発生しないだ
ろうとして認容を欠く場合をいう。また，**認識なき過失**とは犯罪事実につい
ての認識そのものを欠く場合をいう。

**イ○** 重過失とは，注意義務違反の程度が著しい場合をいう。

　適当である。重過失致死傷罪（211条後段）や重過失失火罪（117条の2後段）がその例である。

**ウ✕** 業務上過失致死傷罪における業務は，営利目的を有するか否かを問わない。

　業務上過失致死傷罪（211条前段）における**業務**とは，**社会生活上の地位に基づき反復継続して行う行為であって，他人の生命身体等に対する危険性を有するもの**をいうが，公的か私的か，あるいは報酬・利益があるか否かは問わない（最判昭33・4・18）。すなわち，営利の目的は業務性の要件ではない。

**エ○** 信頼の原則は相手の適切な行動を信頼できる場合は過失犯不成立というもの。

　適当である。**信頼の原則**は，主に交通事故に関して発展してきた理論であり，後にそれがチーム医療などの分業体制による活動にも適用されるようになった。

　前者について，判例は，「自動車運転者としては，特別な事情のないかぎり，**他の車両が交通法規を守り適切な行動に出ることを信頼して運転すれば足り**，あえて交通法規に違反し，不適切な行動をとる車両のありうることまでも予想して安全を確認し，事故の発生を未然に防止すべき業務上の注意義務はない」として，交通に関する信頼の原則の適用を認めている（最判昭41・12・20）。

**オ✕** 監督過失を認めるには，監督者に結果発生の予見可能性があることを要する。

　**監督過失**は監督者の過失責任を追及するものであるから，監督者自身に結果発生の予見可能性があることが必要である（最決平2・11・16）。

　以上から，適当なものは**イ**と**エ**であり，正答は**2**である。

---

**No.6 の解説　責任能力**　　　　　　　　　　　　　　→ 問題はP.84　**正答 1**

**ア○** 心神耗弱者の行為は，必ずその刑が減軽される。

　妥当である。いわゆる**必要的減軽**である（39条2項）。

**イ○** 14歳に満たない者，すなわち刑事未成年者の行為は処罰されない。

　妥当である。人格の形成途上にあるとされる14歳に満たない者については，刑罰ではなく教育で対処すべきとの考えから，たとえ行為の是非を弁識する能力およびこの弁識に従って行動する能力（これが**責任能力**である）があっても罰しないとされている（41条）。

**ウ✕** 精神の障害がなければ，心神喪失も心神耗弱も認められない。

　**心神喪失**とは，精神の障害により，事物の理非善悪を弁識する能力（**事理弁識能力**）またはその弁識に従って行動する能力（**行動制御能力**）の双方またはいずれか一方を欠く状態をいい，**心神耗弱**とは，精神の障害により，その能力が著しく減退した状態をいう（大判昭6・12・3）。したがって，精神の障害がない場合は，心神喪失も心神耗弱も認められない。

**エ ✕** 責任能力の有無・程度の判断で，被害者や遺族の処罰感情は考慮されない。

　判例は，「被告人の精神状態が刑法39条にいう心神喪失又は心神耗弱に該当するかどうかは法律判断であるから専ら裁判所の判断に委ねられている」とした上で，「原判決が，**精神鑑定の結果並びに被告人の犯行当時の病状，犯行前の生活状態，犯行の動機・態様等を総合して，**被告人が犯行当時精神分裂病の影響により心神耗弱の状態にあったと認定したのは，正当として是認することができる」とする（最決昭59・7・3）。すなわち，被害者やその遺族の処罰感情などは考慮の対象とはしていない。

　以上から，妥当なものは**ア**と**イ**であり，正答は**1**である。

**No.7**　事実の錯誤に関する次の記述のうち，妥当なのはどれか。

【国家総合職・平成3年度】

**1**　具体的符合説は，認識した内容と発生した事実が具体的に一致していなければ，故意は認められないとする見解であり，これによれば，Aを殺す意思で発砲したところ，Aの傍らに立っていたBに命中してBが死亡した場合には，Aに対する殺人未遂罪とBに対する過失致死罪が成立する。

**2**　具体的符合説は，認識した内容と発生した事実が具体的に一致していなければ，故意は認められないとする見解であり，これによれば，Aだと思って人を射殺したところ，実はそれはBだった場合には，Aに対する殺人未遂罪とBに対する殺人未遂罪が成立する。

**3**　法定的符合説は，認識した内容と発生した事実が同一の構成要件の範囲内で符合していれば，故意を認めるとする見解であり，これによれば，Aを殺す意思で発砲したところ，AとAの傍らに立っていたBに命中してAが負傷しBが死亡した場合には，Aに対する傷害罪とBに対する殺人既遂罪が成立する。

**4**　法定的符合説は，認識した内容と発生した事実が同一の構成要件の範囲内で符合していれば，故意を認めるとする見解であり，これによれば，人を殺す意思で発砲したところ，傍らにいた飼い犬に命中し，その犬が死亡した場合には，殺人未遂罪と器物損壊罪の既遂が成立する。

**5**　抽象的符合説は，認識した内容と発生した事実が構成要件を異にしている場合でも，少なくとも両者のうち，軽い罪の限度では故意犯の成立を認めようとする見解であり，これによれば，飼い犬を殺す意思で発砲したところ，傍らに立っていた人に命中し，その人が死亡した場合には，器物損壊罪の既遂と殺人既遂罪が成立する。

**No.8** <sup>**</sup> **故意に関する次のア～エの記述の正誤の組合せとして最も適当なものは
どれか（争いのあるときは，判例の見解による）。** 【裁判所事務官・平成27年度】

ア：甲が乙を殺すつもりで，乙を狙い拳銃を発射させたところ，銃弾が乙の胸部
を貫通した上，通行中の丙に命中し，乙および丙を死亡させたときは，乙に
対する殺人罪および丙に対する過失致死罪が成立し，両者は観念的競合とな
る。

イ：甲が乙を溺死させるつもりで，まずはクロロホルムを吸引させて失神させ
（第1行為），乙を自動車に乗せて海に転落させ死亡させたが（第2行為），
第1行為によって，乙がすでに死亡していた可能性があるという事案におい
て，第1行為を開始した時点で殺人罪の実行の着手があったと認められる場
合には，甲の認識と異なり，第2行為の前の時点で乙が死亡していたとして
も，殺人の故意に欠けることはなく，殺人罪が成立する。

ウ：甲は，自己が経営する店において，わいせつな映像を録画したDVDを販売
したが，あらかじめ同DVDの映像を再生してその内容を認識していたもの
の，この程度ではわいせつ図画には当たらないと考えていた場合，甲にわい
せつ図画頒布罪は成立しない。

エ：甲が乙に対し，A宅での住居侵入，窃盗を教唆したところ，乙がA宅へ侵入
し，Aに暴行を加え反抗を抑圧して金品を強取したという事案において，乙
が甲の教唆に基づいて住居侵入，強盗をしたと認められる以上，甲に住居侵
入罪，強盗罪の教唆犯が成立する。

|   | ア | イ | ウ | エ |
|---|---|---|---|---|
| **1** | 正 | 正 | 誤 | 正 |
| **2** | 正 | 誤 | 誤 | 誤 |
| **3** | 誤 | 正 | 誤 | 誤 |
| **4** | 誤 | 正 | 正 | 正 |
| **5** | 誤 | 誤 | 正 | 誤 |

# 実戦問題 ❷ の 解説

**1 ◎　発射した弾がそれて別の者が死亡した場合，具体的符合説では既遂不成立。**

正しい。具体的符合説は，殺人罪の故意を「特定の人を殺す意思」ととらえる。そのため，弾丸がそれてBに当たっても，Bに対する故意犯の成立は認められない。行為者はBを殺害する意思は有していないからである。

その結果，この説からは，Aに対する殺人未遂罪（203条）とBに対する過失致死罪（210条）が成立することになる。

**2 ✕　人を殺害したが別人だったという場合，具体的符合説は殺人既遂を認める。**

具体的符合説も，この場合にはBに対する殺人既遂罪（199条）の成立を認める。

具体的符合説は，特定の客体に法益侵害の結果を発生させようとする意図が故意であるとする。そして，具体的符合説の理論を純粋に推し進めると，ここにいう特定の客体とは，「Aという特定の人物を殺す意思」ということになる。

ただ，そうなると，「**Aと思って殺害したが，実はまったく別人のBであった**」という場合（この場合を**客体の錯誤**という）に，故意犯の成立を認めることができなくなる。行為者は，Bを殺害する意思を有していないからである。しかし，この場合を過失致死罪（210条，罰金刑）とするのはあまりにも不合理である。そのため，具体的符合説もこの点に関する限りで故意の抽象化を認める。すなわち，故意を「Aを殺す意思」ではなく「特定のその人を殺す意思」とする。そのため，本肢の場合にも，少なくとも「特定のその人を殺す意思」が認められる以上，Bに対する殺人既遂罪が成立するとする。

なお，Aに関しては生命侵害の危険が生じていないので，Aに対する殺人未遂罪は成立しない。

**3 ✕　傍らの者にも弾が命中した場合，法定的符合説は狙った相手には殺人未遂。**

行為者がAに対する殺人の故意を有しているので，Aに対しては，傷害罪は成立しない。

法定的符合説は，およそ人を殺す意思で人を殺害している以上，行為者に故意犯としての殺人罪が成立するとする立場である。したがって，行為者は人を殺す意思で人の殺害（またはその危険）を生じさせているので，A・B両者に対する関係で故意犯としての殺人既遂罪・未遂罪が成立することになる。

ただ，この説の中では，故意の個数を巡って見解が分かれている。それぞれの結論は次のようになる。

①**数故意犯説**……全員に対して故意犯の成立を認めるので，Aに対する殺人未遂罪とBに対する殺人既遂罪が成立することになる（判例・通説の立場である）。→No.2選択肢**1**

②—**故意犯説**……故意犯の成立を，行為者の意思に従って1個に限定する（少数説）。なお，本肢のような場合，A・Bいずれに故意犯の成立を認めるかについては，この説の中でも見解が分かれる。Bに対する殺人既遂とAに対する過失致傷とする説，Bに対する殺人既遂のみとする説，Aに対する殺人未遂とBに対する過失致死とする説など，さまざまである。ただし，行為者は傷害の故意で行為しているわけではないから，どの説によっても傷害罪が成立する余地はない。

**4** ✗ 殺意で発射した弾が傍らの犬に命中しても，法定的符合説は犬に犯罪不成立。

殺人罪（199条）と器物損壊罪（261条）はまったく別の犯罪類型である。したがって，本肢の行為について，同一の構成要件内における重なり合い（符合）は認められない。そのため，法定的符合説からは，故意犯としての器物損壊罪は成立しない。

殺人罪と器物損壊罪は，前者が生命の保護，後者が財産の保護を目的とするものであり，両者は罪質を異にしている。したがって，両者の間に重なり合い（符合）は生じない。そのため，本肢の場合には，人に対する殺人未遂罪のみが成立する。

なお器物損壊行為については過失犯を処罰する規定がないので，行為者に過失があっても犬の死亡に関しては刑法上の責任は問われない。

**5** ✗ 犬を殺す故意で傍らの人にだけ当たれば，抽象的符合説は器物損壊の故意犯。

**抽象的符合説**が「少なくとも両者のうち，軽い罪の限度では故意犯の成立を認めようとする見解」であるとすれば，本肢では軽いほうの器物損壊についてのみ故意犯の成立が認められ，重い殺人のほうは過失犯が成立するにとどまる。

抽象的符合説が軽い罪の限度で故意犯の成立を認めるのは，38条2項の制約があるからである。

なお，抽象的符合説の中には，「犯罪を行う意図で犯罪の結果が発生している以上，故意犯の成立を認めるべき」という同説の基本的な考え方を徹底して，殺人について故意犯の成立を認めようとするものもある。この説は，「意図していなかった重いほうの罪で処罰してはならない」とする38条2項の制約を，犯罪（殺人罪）の成立に関する制約ではなく，処罰における制約ととらえる。そして，「行為者に殺人罪が成立するが，処罰の基準は軽いほうの器物損壊の規定による」とする。

ただ，本肢の場合は，問題文の「軽い罪の限度では故意犯の成立を認めようとする」との文言から，上記のように解しておけば足りる。

**ア**✕　具体的事実の錯誤について，判例は法定的符合説（の中の数故意犯説）をとる。

　　　判例は，**故意犯の成立**には，**犯人が認識した犯罪事実と現実に発生した事実とが法定の範囲内において一致していれば足りる**として，「人を殺す意思のもとに殺害行為に出た以上，犯人の認識しなかった人に対してその結果が発生した場合にも，その結果について殺人の故意がある」とする（最判昭53・7・28）。

　　　したがって，本肢では，乙に対する殺人既遂罪（199条）と丙に対する**殺人既遂罪の2個の故意犯が成立**することになる。

　　　なお，**観念的競合**（54条1項前段）とは，「一個の行為が同時に数個の犯罪構成要件に該当して数個の犯罪が競合する場合，これを処断上の一罪として刑を科す」というもの。そして，ここにいう1個の行為とは，自然的観察のもとで，**行為者の行為が社会的に見て1個のものとして評価をうける場合**をいうとされるので（最大判昭49・5・29），一回の拳銃発射行為で乙丙両名を殺害している本肢の場合は，両名に対する2個の殺人既遂罪は観念的競合となる。

**イ**◯　一連の殺害行為の最初の行為で結果が発生しても殺人既遂罪が成立する。

　　　正しい（最決平16・3・22）。→必修問題イ

**ウ**✕　**わいせつ図画を，それに該当しないと考えて販売しても同販売罪が成立する。**

　　　判例は，わいせつ図画頒布罪（175条）における犯意の成立については「問題となる記載の存在の認識とこれを頒布販売することの認識があれば足り，かかる記載のある文書が同条所定の**猥褻性を具備するかどうかの認識まで必要としない**」とし，「仮に主観的には175条の猥褻文書にあたらないものと信じて文書を販売しても，それが**客観的に猥褻性を有するならば，法律の錯誤として犯意を阻却しない**」，そして「猥褻性に関し完全な認識があったか，未必の認識があったのにとどまっていたか，または全く認識がなかったかは情状の問題（38条3項但書）にすぎず，犯意の成立には関係がない」とする（最大判昭32・3・13）。

　　　したがって，甲にはわいせつ図画頒布罪が成立する（DVDは，175条1項の電磁的記録に係る記録媒体に該当する）。

**エ**✕　**窃盗の教唆で強盗の結果が発生した場合は，窃盗の範囲で教唆犯が成立する。**

　　　判例は，「犯罪の故意があるといえるためには，必ずしも犯人が認識した事実と現に発生した事実とが具体的に一致（符合）することを要するものではなく，両者が**犯罪の類型（定型）として規定している範囲において一致（符合）することをもって足りる**と解すべきである」として，「乙の住居侵入強盗が，甲の教唆に基いてなされたものと認められる限り，甲は住居侵入窃盗の範囲において，乙の**強盗行為について教唆犯としての責任を負う**」とする（最判昭25・7・11）。

以上から，正しいものは**イ**のみとなり，**3**が正答となる。

**No.9** 故意に関するア～オの記述のうち，判例に照らし，妥当なもののみをすべて挙げているのはどれか。　　　　　　　　　　【国家総合職・平成29年度】

ア：狩猟法（当時）において捕獲を禁止されていた「むささび」を，その俗称である「もま」だと思い，「もま」と「むささび」が同一であることを知らずに行為者が捕獲した場合において，「むささび」のことをその地方では「もま」と俗称していたにすぎず，「もま」の他に「むささび」が存在するとは思われていなかったとしても，行為者は，「むささび」を捕獲するという認識を欠くことから，狩猟法違反罪は成立しない。

イ：殺害行為に直接関与しない者が殺人の謀議を遂げ，実行犯が被害者を殺害した場合において，謀議の内容が被害者の殺害を一定の事態の発生にかからせており，犯意自体が未必的なものであったとしても，実行行為の意思が確定的であったときは，殺害行為に直接関与せず，謀議に加わっただけの者にも，殺人罪の共謀共同正犯が成立する。

ウ：クロロホルムを吸引させて失神させ（第1行為），その後自動車ごと海中に転落させ（第2行為），被害者を溺死させようとした場合において，第1行為と第2行為が時間的場所的に近接しており，第1行為が第2行為を確実かつ容易に行うために必要不可欠で，第1行為に成功すれば，それ以降の殺害計画を遂行する上で障害となるような特段の事情がなかったときは，行為者の認識と異なり，第1行為により被害者が死亡していたとしても，殺人罪が成立する。

エ：適法用途にも著作権侵害用途にも利用できるファイル交換ソフトを，インターネットを通じて不特定多数の者に公開，提供し，正犯者がこれを利用して著作物の公衆送信権を侵害した場合，正犯者に当該ソフトを提供した者が，不特定多数の者のうちには違法行為をする者が出る可能性・蓋然性があると認識し，認容していたのみならず，それ以上に，ソフトを違法行為の用途のみにまたはこれを主要な用途として使用させるようにインターネット上で勧めて，当該ソフトを提供したときに限り，著作権法違反罪の幇助犯が成立する。

オ：首輪をはめていたが鑑札を付けていなかった他人所有の飼い犬を撲殺した場合において，行為者が，警察規則等を誤解した結果，鑑札を付けていない犬は他人の飼い犬であっても直ちに無主犬とみなされると誤信し，当該飼い犬が他人の所有に属することについて認識を欠いていたとしても，器物損壊罪が成立する。

**1** ア，イ　　**2** ア，オ　　**3** イ，ウ　　**4** イ，ウ，エ　　**5** ウ，エ，オ

# 実戦問題 ❸ の 解説

**No.9 の解説** 故意　　　　　　　　　　→ 問題はP.100　**正答3**

**ア ✕** 禁猟獣であることを知りうれば，それを捕獲する行為は狩猟法違反罪となる。

　　判例は，捕獲を禁止されていた「むささび」を，その俗称である「もま」だと思っている場合，その動物の名称が「むささび」であることを知らなくても，**「むささび」の形状などを知覚して，それが捕獲を禁止されていた動物であることを認識できる場合**には，狩猟法違反罪の故意犯が成立するとする（大判大13・4・25）。

**イ ◯** 一定の条件付殺害を謀議し，実行者が殺人を実行すれば殺人の故意犯が成立。

　　妥当である。判例は，指揮者の地位にあった被告人が，実行者と，犯行現場で事態の進展を実行者に委ねるという謀議をした時点までは，殺害するかどうかを被害者の抵抗という事態の発生にかからせていたにせよ，犯行現場にまで立ち会った被告人のその後の行動を見ると，**実行者によって実行行為を遂行させようという被告人の意思そのものは確定していたと判断できる**として，被告人に**殺人罪の共謀共同正犯**の成立を認めている（最判昭59・3・6）。

**ウ ◯** 一連の第1・第2の殺害行為の前者で結果発生しても殺人既遂罪は成立する。

　　妥当である（最決平16・3・22）。→必修問題イ

**エ ✕** ソフトによる具体的な著作権侵害とその認識・認容がなければ幇助犯不成立。

　　判例は，「新たに開発されるソフトには社会的に幅広い評価があり得る一方で，その開発には迅速性が要求されることも考慮すれば，かかるソフトの開発行為に対する過度の萎縮効果を生じさせないためにも，単に他人の著作権侵害に利用される一般的可能性があり，それを提供者において認識，認容しつつ当該ソフトの公開，提供をし，それを用いて著作権侵害が行われたというだけで，直ちに著作権侵害の幇助行為に当たると解すべきではない」としている。すなわち，幇助犯の故意の要件として，問題文にあるように「ソフトを違法行為の用途のみにまたはこれを主要な用途として使用させるようにインターネット上で勧めて，当該ソフトを提供」することまでは必要でない。このような行為は，幇助ではなく，むしろ教唆行為である（最決平23・12・19）。

**オ ✕** 無鑑札の犬は無主犬と誤解して他人の犬を撲殺しても器物損壊罪は不成立。

　　判例は，行為者が警察規則等を誤解して鑑札をつけていない犬は他人の飼犬であっても直ちに無主犬とみなされると誤信していた場合，**行為者は他人の犬という事実の認識を欠いていた**として，**器物損壊罪は成立しない**とした（最判昭26・8・17）。

　　以上から，妥当なものはイ，ウの2つであり，**3**が正答となる。

# 未遂犯

## 必修問題

　未遂犯に関するア～オの記述のうち，妥当なもののみをすべて挙げているのはどれか。ただし，争いのあるものは判例の見解による。

【国家総合職・令和3年度】

**ア**：Aは，他人名義で消費者金融業者から現金を借り入れるため，他人名義の自動車運転免許証を偽造しようと考え，作業を始めたが，文字や写真が鮮明にならず，<u>誰が見ても偽造であることが明らかなものしかできなかったことから，偽造を断念した。この場合，Aには**公文書偽造未遂罪**が成立する。</u>

**イ**：Aは，Bのズボンの尻ポケットに現金が入っているのを発見し，これをすり取ろうとして，<u>背後から手を伸ばしてそのポケットの外側に触れたが，Bに気付かれたので何も取らずに逃走した。この場合，Aには**窃盗未遂罪**が成立する。</u>

**ウ**：Aは，火災保険金をだまし取ろうと考え，B保険会社の火災保険に加入している自宅建物に放火して全焼させたが，その後改心し，Bには<u>火災発生の事実を含め，一切の連絡をしなかった。この場合，Aには**詐欺未遂罪**が成立する。</u>

**エ**：Aは，Bを殺害しようと考え，ナイフを準備してB宅に向かったが，途中でBがかわいそうになり殺害することを思いとどまり引き返した。この場合，Aには**殺人予備罪の中止犯**が成立する。

**オ**：Aは，就寝中のBを殺害しようと考え，その頭部を野球用バットで強打したところ，Bが死亡したものと考えたAの予想に反して，目を覚ましたBが血を流して苦しんでいるのを見て，<u>驚くと同時に怖くなってその後の殺害行為を続行することができなかった。この場合，Aには**殺人未遂罪**が成立するが，**中止犯**とはならない。</u>

**1**　ア，ウ　　**2**　ア，エ　　**3**　イ，ウ

**4**　イ，オ　　**5**　エ，オ

難易度　＊

## 必修問題の解説

　本問は，未遂に関する主要なテーマを網羅しており，未遂でどのような点が問われるのかを把握するのに好個の素材である。特にア～ウでは，法益侵害の具体的危険性の有無に注意しながら考えてみよう。

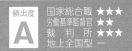

国家総合職 ★★★
労働基準監督官 ★★
裁 判 所 ★★★
地上全国型 ―

頻出度 A

5 未遂犯

**ア✕** 公文書偽造罪に未遂処罰規定はない。

文書偽造罪の保護法益は文書に対する社会的信用であるから，**社会的に信用されるような文書が作成される前段階をあえて処罰する必要がなく**，そのため公文書偽造罪には未遂処罰規定は設けられていない（刑法155条参照）。

**イ◯** 現金をすり取る目的でポケットの外側に手を触れれば，窃盗未遂罪が成立。

妥当である。ズボンの尻ポケットに現金が入っているのを発見し，そのポケットの外側に手を触れる行為は，**現金がすり取られる現実的危険性のある行為である**から，この時点で実行の着手が認められ，Aには窃盗未遂罪が成立する。（最決昭29・5・6）。これは，張り込みの警察官がどの時点でスリを現行犯逮捕できるかという点から考えるとわかりやすい。電車内などで，他の乗客が「背後から手を伸ばしてそのポケットの外側に触れる」などの行為を行うことは通常はあり得ない。それは，現金や財布をすり取る目的でなければ行われない行為である。そうであれば，「背後から手を伸ばしてそのポケットの外側に触れる」行為は，盗む意思が明確に表れた行為であり，現金を盗まれる具体的な危険性が認められるものとして，その時点で警察官はスリを現行犯逮捕できることになる。

**ウ✕** 火災保険金詐取目的で放火しても，保険金を請求しなければ詐欺不成立。

火災保険に加入している自宅建物に放火して全焼させても，**保険会社に保険金の請求をしなければ**，欺罔行為がないので，着手もなく，詐欺未遂罪は成立しない（大判昭7・6・15）。

**エ✕** 予備罪は予備行為によって直ちに成立するので，未遂罪は成立しない。

**予備行為が行われれば，それによって直ちに予備罪が成立する**ので，判例は，予備罪には中止未遂の観念を容れる余地がないとする（最大判昭29・1・20）。

**オ◯** 被害者が苦しむのを見て怖くなって中止した場合は，障害未遂である。

妥当である。判例は，「流血痛苦の様子を見て今さらの如く事の重大性に驚愕恐怖するとともに，自己当初の意図どおりに殺害の実行完遂ができないことを知り，これらのため殺害行為続行の意力を抑圧」されたという状況は，「犯罪の完成を妨害するに足る性質の障がいに基くもの」であって，中止犯とはならないとする（最決昭32・9・10）。

以上から，妥当なものはイとオであり，正答は**4**である。

正答 **4**

# FOCUS

未遂犯の分野では，実行の着手と中止犯の2つが主要なテーマとなっている。その中でも，中止犯からの出題が特に多い。この分野は，単純な知識問題に加えて，学説を列挙したうえでの論理問題も多く出題されていることから，理論面での理解も重要なポイントとなる。

重要ポイント **1** **未遂の意義**

・犯罪の実行に着手してこれを遂げなかった場合を**未遂**といい，刑法は法益の侵害がなくても，これを処罰している（ただし未遂処罰規定がある場合に限られる）。

・未遂処罰の根拠は法益保護の点にある。すなわち，現に法益が侵害されている場合のみならず，その危険性がある場合をも処罰しておかないと法益の保護が図れないからである（客観的未遂論）。

重要ポイント **2** **未遂の形態**

・実行行為の終了の有無によって**着手未遂**と**実行未遂**が区別され，結果発生の阻止行為の有無によって**障害未遂**と**中止未遂**が区別される。

| | | |
|---|---|---|
| ① | **着手未遂** | ・実行行為が終了しなかったために結果が生じなかった場合である。<br>・殺害目的でけん銃の引き金に手をかけたが，これを引かなかったという場合がその例。<br>・以後の行為を行わなければ（不作為），中止犯が成立するという点に特質がある。 |
| | **実行未遂** | ・実行行為は終了したが結果が発生しなかった場合をいう。<br>・中止犯が成立するには結果発生を阻止するための積極的な行為（作為）が必要である。 |
| ② | **障害未遂** | ・中止犯が成立しない場合の未遂である。<br>・結果の不発生はなんらかの障害に基づいていることから，障害（障碍・障礙）未遂と呼ばれる。<br>・刑は任意的減軽（既遂犯の刑を基準にして，これを減軽しても〈しなくても〉よい）とされる。 |
| | **中止未遂** | ・未遂犯のうち，結果不発生の原因が「自己の意思によって犯罪を中止した」ことによる場合である。<br>・刑の必要的減免という恩典がある。<br>・実行の着手があるにもかかわらず，このような恩典が与えられる理由については，政策説（「後戻りのための黄金の橋」），違法減少説，責任減少説などが主張されている。 |

・**未遂犯**が成立する時期（実行の着手時）は，構成要件該当行為の一部または構成要件に密接な行為が行われた時期で判断するのが判例である。

・殺害目的で毒入りの酒を郵送するなどの**離隔犯**の場合には，発送の時点ではなく，到達時に着手が認められる。

・未遂犯については「刑を減軽することができる」（任意的減軽）とされる。すなわち，未遂であるからといって，必ず刑が軽くなるわけではない。障害未遂の場合，法益侵害の結果は「たまたま発生しなかった」というにすぎず，法益侵害の結果発生の危険性は既遂犯の場合と変わりがない。これが，障害未遂が任意的減軽とされる理由である。

・未遂以前の段階（犯罪の準備段階）を予備といい，刑法は内乱，外患，私戦予備，放火，通貨偽造準備，強盗，殺人，身の代金目的略取等予備の8つの犯罪類型に限って処罰している（これ以外の犯罪については，予備は処罰されない。な

お，語呂合わせで「**内外の司法（私・放）通が強殺を見（身）にくる**」と覚えておけばよい）。

**重要ポイント 3 中止犯**

・刑法は，犯罪の実行に着手した後，自己の意思で結果発生を阻止した場合について，刑の必要的減免という恩典を与えている。これを**中止犯**という。

・中止犯は未遂犯の一種であり，中止未遂とも呼ばれる。したがって，中止犯となるには，未遂にとどまっていることが必要であり，結果が発生した場合には，たとえ真剣な中止行為が行われても刑の必要的減免という恩典は認められない。

・**予備の中止**……判例は，予備の中止を認めない。予備行為がなされたならば，その時点で直ちに予備罪は成立しており，中止の観念を入れる余地がないとする。これに対して，学説は，着手後に中止すれば刑の免除も可能なのに，着手前に中止した場合には処罰されるというのでは不均衡であるとして，予備の中止の観念を認めるべきと主張する。

・中止犯の刑の減免の根拠については，①政策説（刑の減免という恩典を与えて，「後戻りのための黄金の橋」を架けた），②違法減少説（中止によって行為の違法性が減少する），③責任減少説（真摯な中止行為がなされた場合に，行為者に対する責任非難が減少する）などの説が対立している。

・中止犯の成立要件は，①自己の意思により，②犯罪を中止したことである（43条）。さらに判例は，中止行為と結果不発生との間の因果関係も必要であるとしている。具体的には，以下のようになる。

| | | |
|---|---|---|
| ① | **自己の意思により（任意性の要件）** | ・中止が外部的障害によるものでないことが必要<br>→外部的障害の有無については，フランクの公式によって判断されるのが一般的である。これは，「たとえできるとしても欲しなかった」場合に任意性が認められ，「たとえ欲してもできなかった」場合に任意性が否定されるというもの。<br>→道徳的悔悟によることまでは必要でない。 |
| ② | **犯罪を中止** | ・真摯な中止行為が必要<br>→刑の必要的減免という恩典に値するだけの真摯な努力が必要である。<br>→必ずしも行為者だけで結果発生を阻止したことは必要でない。他人の助力があっても，行為者が主体的に結果発生を阻止したのであれば中止犯が成立する。 |
| ③ | **中止行為と結果不発生との間の因果関係** | ・判例はこれを必要とする<br>→刑の必要的減免という恩典を与えるためには，中止行為によって結果の不発生がもたらされたのでなければならない。 |

**No.1** 次の記述のうち，それぞれ末尾の（　　）の罪の未遂罪が成立するのはどれか。　　　　【地方上級（全国型）・平成5年度改題】

**1** 不実の請求をする目的で訴えを提起したが，発覚を恐れて，これを取り下げた。（詐欺罪）

**2** 家屋を焼損する目的で軒下に灯油をまき，新聞紙を丸め，ライターを取り出したところ，顔見知りの人間が通りかかったため，火をつけるのをやめてそのまま逃げた。（放火罪）

**3** 不同意性交等の目的で婦女をだまして乗用車に乗せ，人気のない所へ移動するため運転中，検問を発見して同女を車から降ろして走り去った。（不同意性交等罪）

**4** 他人の家に押し入り，家人を縛ったうえ，現金を奪ってポケットに入れ，家を出ようとするところへ警察官に踏み込まれ逮捕された。（強盗罪）

**5** ポーカー賭博を行うため，賭金の取決めをしカードを配り始めたところ，ドアの外で物音がしたので，直ちにカードとチップを回収した。（賭博罪）

**No.2** 実行の着手に関する記述として最も妥当なものはどれか（争いのあるときは，判例の見解による）。　　　　【裁判所事務官・令和元年度】

**1** 甲は，Aから金銭をだまし取ろうとして，返済する意思もないのに「10日後に返すから2万円貸してくれ」と言ったところ，Aは嘘だと見破ったが，甲を哀れに思い金を渡した。甲に詐欺未遂罪は成立しない。

**2** 甲は，通行人Aのポケットから財布をすり取ろうとして，ポケットの外側に手を触れたが，空であることに気付き，諦めて立ち去った。甲には窃盗未遂罪が成立する。

**3** 甲は，現に人の住居に使用する家屋を焼損する目的で，これに隣接する倉庫に火を点けたが，ほどなく家人に発見され，倉庫を焼いただけであった。甲には非現住建造物放火罪が成立する。

**4** 甲は，火災保険金をだまし取ろうとして，自宅に放火し全焼させた上で，保険会社に提出する書類を取得しようとして，火をつけられたと警察署に届け出た。甲には詐欺未遂罪が成立する。

**5** 甲は，窃盗の目的でAの家に侵入し，奥の部屋のたんすに近寄り，その引出しに手をかけたところ，Aに発見されたため，その目的を遂げなかった。甲に窃盗未遂罪は成立しない。

◆ **No.3** 未遂犯に関するア～オの記述のうち，妥当なもののみをすべて挙げているのはどれか。ただし，争いのあるものは判例の見解による。

【国家総合職・平成28年度】

ア：Aは，外国において覚醒剤を密輸船に積み込んだ上，本邦近海まで航行させ，同船から海上に投下した覚醒剤を小型船舶で回収して本邦に陸揚げするという方法で覚醒剤を輸入しようとしたが，悪天候等の理由により，投下した覚醒剤を小型船舶により発見，回収することができなかった。この場合，小型船舶の回収担当者が覚醒剤を回収することができず，また，回収の可能性にも乏しかったとしても，海上に覚醒剤が投下された時点で，覚醒剤が本邦に陸揚げされる客観的な危険性が発生したといえるから，Aには覚せい剤輸入罪の未遂罪が成立する。

イ：Aは，BおよびBの家族を殺害しようと考え，毒を混入した白砂糖をB宅に郵送し，Bがこれを受領した。その後，Bが，当該白砂糖を使って調理を行ったが，その際，異常に気付き食べなかった。この場合，当該白砂糖をBが受領した時点で，Aには殺人未遂罪が成立する。

ウ：Aは，Bを殺害しようと考え，Bの静脈内に空気を注射したが，注射した空気の量は致死量に達していなかった。この場合，Bの身体的条件等の事情いかんではBが死亡する危険が絶対にないとはいえなかったとしても，Aには殺人未遂罪は成立しない。

エ：AおよびBは，C宅で強盗をしようと相談し，AはCを襲うための包丁を，BはCを縛るための縄をそれぞれ携帯してC宅に赴き，強盗の予備をした。その後，BがC宅のドアを叩いているのを見ているうちに，Aは，自己の罪深さに気付き，一人で自宅に帰った。この場合，Aには強盗予備罪が成立するが，中止犯とはならない。

オ：Aは，Bを殺害しようと考え，Bの心臓を包丁で深く突き刺した。その後，Aは，自己の行為を心から後悔し，119番通報をするとともに，懸命な止血措置等を行ったが，Bは出血多量のため死亡した。この場合，Aがいかに真摯にBの死亡を防止する行為を行っていたとしても，Aには殺人罪の中止犯は成立しない。

**1** ア，ウ

**2** イ，ウ

**3** イ，オ

**4** ア，エ，オ

**5** イ，エ，オ

**✳**
**No.4**　**次のうち中止犯になるのはどの場合か。**　　【市役所・平成5年度】

**1**　母親を殺害しようと思って首を絞めていたが，隣で寝ていた子供が泣いて，かわいそうに思い，首を絞めるのをやめた。

**2**　家に放火したが，だれかが消してくれると思って，「火事だ」と叫んで人を呼んだ。

**3**　バットで撲殺しようとしたが，被害者の頭から血が出るのを見て怖くなって，そこでやめた。

**4**　泥棒をしようと家に侵入し，物色したが金目の物がなかったので，何も盗らずに帰った。

**5**　強盗に入ったが，相手が何のことかわからず平気な態度でいたので，不気味に思って帰った。

**♦ No.5**　**中止犯に関する次の記述のうち，妥当なのはどれか。**

【地方上級・平成2年度】

**1**　AとBは強盗を共謀のうえC宅に押し入り，Bが家人に暴行を加えたが，それを見て後悔したAは，Bに強盗を中止する旨伝えてC宅を立ち去ったが，Bはなおその財物を強取した。Aは強盗の中止未遂である。

**2**　AはC宅に放火したが，火が勢いよく立ちのぼるのを見て怖くなり，通行人に消火を頼んで立ち去った。火が通行人によって消し止められた場合，Aに中止犯が成立する。

**3**　Aは窃盗の目的で深夜C銀行に侵入し，金庫室を開けたが翌日に大金が入ることを聞いていたことを思い出し，翌日に改めて出直してくる意図で何も盗らずに立ち去った。Aに窃盗罪の中止犯が成立する。

**4**　AがBに強盗を教唆したところBがこれに応じてC宅に侵入し，家人に暴行を加えたが，その時点で後悔して犯行を中止し何も盗らずに立ち去った場合，BだけでなくAについても強盗教唆の中止犯が成立する。

**5**　Aは傷害の故意でCを殴打したところCはその場に倒れて血を流し始めたので，Aは後悔しCを急ぎ病院に運んだためにCは一命を取り留めた。Aに中止犯が成立する。

**No.6** 中止犯で，刑の必要的減免が認められている根拠については，以下の3
つの見解がある。

A説：刑の必要的減免を認めることで，「犯罪から引き返すための黄金の橋」を
渡して，結果発生を防止しようとする政策的配慮に基づく。

B説：中止犯には違法性の減少が認められる。

C説：中止犯には責任の減少が認められる。

**次のア〜エは，以上の見解に対する批判であるが，このうち，B説に対する批判
として妥当なものの組合せはどれか。**　【地方上級（全国型）・平成17年度】

ア：この説では結果発生の有無にかかわらず減免の効果を認めるべきことになる
が，現行法は，中止犯の成立を結果が発生しない場合に限定している。

イ：中止犯は，すでに法益侵害の危険性は発生しており，法益侵害の危険性とい
う点では未遂の場合と差異はない。

ウ：中止犯について刑の減免が行われることを知っている者にしか，その効果を
期待できない。

エ：制限従属性説の立場に立てば，中止者の共犯者についても刑の減免という効
果を認めることになってしまう。

**1**　ア，ウ

**2**　ア，エ

**3**　イ，ウ

**4**　イ，エ

**5**　ウ，エ

**中止犯に関する次のア～オの記述のうち，妥当なもののみをすべて挙げているものはどれか（争いのあるときは，判例の見解による）。**

【裁判所事務官・令和5年度】

ア：既遂犯が成立する場合にも，結果発生防止のため真摯な努力をしていれば，中止未遂が成立する。

イ：予備罪においても，中止犯が成立し得る。

ウ：犯罪の実行に着手した後，犯行の発覚を恐れて犯行を中止した場合でも，結果発生を防いだときには中止犯は成立する。

エ：中止犯が成立するためには，必ずしも行為者が単独で結果発生を防止する必要はない。

オ　中止犯が成立する場合，必要的に刑が減免される。

**1** ア，イ

**2** ア，オ

**3** イ，ウ

**4** ウ，エ

**5** エ，オ

**No.8** 未遂に関する次の記述のうち，判例に照らし，最も妥当なのはどれか。
【労働基準監督官・令和4年度】

**1** 窃盗罪の実行の着手は物色行為の時点で認められるため，犯人が，被害者方店舗内において，所携の懐中電灯により真暗な店内を照らしたところ，電気器具類が積んであることが分かったが，なるべく金を盗りたいので自己の左側に認めた煙草売場の方に行きかけた場合，当該煙草売場の方に行きかけた時点で同罪の実行の着手が認められることはない。

**2** 不同意性交等罪（旧強姦罪）の実行の着手は性交等の現場に至った時点で認められるため，犯人が，必死に抵抗する被害者を共犯者とともにダンプカーの運転席に引きずり込んだ上，当該ダンプカーを発進して同所より約5,000メートル離れた地点に至り，同所において被害者の反抗を抑圧して性交等に及んだ場合，被害者をダンプカーの運転席に引きずり込もうとした時点で同罪の実行の着手が認められることはない。

**3** 詐欺罪の実行の着手は財物の交付を求めるような明示的な欺罔文言が述べられた時点で認められるため，警察官を装って被害者に対して，預金を下ろして現金化する必要があるとの嘘，前日の詐欺の被害金を取り戻すためには被害者が警察に協力する必要があるとの嘘，これから間もなく警察官が被害者宅を訪問するとの嘘が述べられた場合，これらの嘘が述べられたにとどまりいまだ現金の交付を求める文言が述べられていない時点で同罪の未遂が成立する余地はない。

**4** 犯人の殺害計画が，クロロホルムを吸引させて被害者を失神させた上，その失神状態を利用して，被害者を港まで運び自動車ごと海中に転落させてでき死させるというものである場合，殺人罪の実行の着手は自動車を海中に転落させて沈めた時点で認められるため，被害者にクロロホルムを吸引させた時点で同罪の実行の着手が認められることはない。

**5** 殺人の目的で被害者の静脈内に空気を注射する行為は，静脈内に注射された空気の量が致死量以下であっても被害者の身体的条件その他の事情のいかんによっては死の結果発生の危険が絶対にないとはいえない場合には，殺人罪についてのいわゆる不能犯とはならない。

# 実戦問題の解説

## No.1 の解説　未遂罪

→ 問題はP.106 **正答1**

**1 ◎ 訴訟詐欺は，訴えを提起した時点で実行の着手となり未遂罪が成立する。**

　　　正しい。本肢の場合は，訴えを提起した時点で詐欺罪（246条）の実行の着手が認められ，未遂罪が成立する。なお，その後に訴えを取り下げても未遂罪の成立には影響はない。

　　　詐欺罪は，人を欺いて財物を交付させる罪である（246条1項）。したがって，**詐欺罪の実行の着手**が認められるためには，財産をだまし取る行為である**「欺く行為」が開始**されなければならない。そして，不実の請求目的での訴えの提起は，裁判所をだまして偽りの勝訴判決を出させ，差押えなどを通じて敗訴者から財産を交付させようとするものである（**訴訟詐欺**という）。したがって，**訴えが提起された時点で，被告が財産をだまし取られる危険性のある行為が開始された**ものとして，この時点で未遂犯の成立が認められる。

　　　なお，いったん未遂犯が成立すれば，その後に結果発生の防止行為を行っても，犯罪自体の成立は阻却されない。ただ，中止犯の要件を満たせば，刑が免除されあるいは減軽されることはありうるが，刑の免除は「犯罪は成立するが，処罰を免除する」というものであって，犯罪不成立とは異なる。

**2 ✕ 放火罪で火をつけるのをやめた場合には，未遂罪ではなく予備罪となる。**

　　　放火罪は，放火して建造物等を焼損することによって成立する（108条以下）。したがって，**放火罪の実行の着手**（未遂罪の成立）となるためには，建造物等について**焼損が生じる危険性が発生**しなければならない。

　　　本肢で，行為者が「軒下に灯油をまき，新聞紙を丸め，ライターを取り出した」としても，それだけで新聞や灯油が発火することはありえない。したがって，この状態のままで建物を焼損することは不可能である。本肢の場合には，行為者がライターで点火することが必要で，これが行われた時点で実行の着手（未遂罪）として認められる（それ以前の段階は放火予備として処罰される。113条）。

**3 ✕ 不同意性交等罪は暴行・脅迫等を開始した時点で，実行の着手が認められる。**

　　　不同意性交等罪は，暴行・脅迫や薬物を摂取させる，あるいは虐待などの行為または事由，その他これらに類する行為または事由により，**同意しない意思を形成・表明もしくは全うすることが困難な状態**にさせ，またはその状態にあることに乗じて性交等を行うことによって成立する（177条）。

　　　具体的には，上記の暴行・脅迫等の外，性交等が開始されるに際して同意しない意思を形成・表明または全うするいとまがないなど，176条1項各号に該当する事由がなければならない（177条1項）。

　　　しかし，本肢では，人気のない所へ移動するため運転中，検問を発見して同女を車から降ろして走り去ったというのであるから，176条1項各号の該当事由は存在しない。

したがって，本肢では，同罪の未遂犯は成立しない。

**4** ✕ **強盗罪はすでに既遂に達しており，未遂犯（243条）とはならない。**

強盗罪は，暴行・脅迫によって財物奪取を行うことで成立する（236条）。したがって，強盗罪の実行の着手は暴行・脅迫が開始された時点に求められる。本肢では，行為者は家人を縛っており，この要件は満たす。

問題は，現金を奪ってこれをポケットに入れた時点で既遂に達するかである。判例・通説はこれを肯定する（最判昭24・12・3）。

強盗（窃盗も同じ）は，財物に対する他人の占有を排して，これを自己（または第三者）の占有に移すことによって完成する。したがって，行為者が**財物を自己（または第三者）の事実的支配内に移した時点で強盗は既遂となる**。どのような状態に至れば，「事実的支配内に移した」と評価できるかは，物の形状等によって異なる。大きな金庫などは，トラックに積み込むなどの行為がなければ，そのように評価することはできないが，現金のような小さなものは，犯人がポケットに入れれば，それによって事実的支配内に移したと評価できる。

**5** ✕ **賭博罪は開始と同時に既遂となるので，未遂罪は成立しない。**

本肢では，すでにカードが配られているので賭博行為の開始が認定できる。そして，賭博罪（185条）は開始と同時に既遂となるので（このような犯罪を**挙動犯**という），未遂罪とはならない。

賭博罪の保護法益は「勤労によって財産を取得するという健全な経済生活の美風の維持」の点にある（最判昭25・11・22）。そして，賭博行為が開始されれば直ちに同罪は既遂となる。なぜなら，**賭博行為が開始された時点で，すでに「健全な経済生活の美風の維持」という法益は侵害されている**からである（法益が侵害されれば既遂となる。未遂犯は，法益が侵害される危険性が発生した時点で認められる犯罪類型である）。

---

**No.2の解説** 未遂犯　　　　　　　　　　　　　　→ 問題はP.106 **正答2**

**1** ✕ **欺罔行為があっても，憐憫の情から財物を交付すれば詐欺罪は未遂となる。**

本肢で，甲は，金銭をだまし取る目的で欺く行為を行っており，これは詐欺罪の実行の着手に当たる。ただ，Aは甲を哀れに思って金を渡したというのであるから，「騙されてお金を渡した」わけではなく，詐欺既遂罪は成立しない。ただし，この場合は，**実行の着手は認められるので，詐欺未遂罪が成立する**（大判大11・12・22）。

**2** ◎ **財布の窃盗目的でポケットの外側を手で触れれば実行の着手が認められる。**

正しい。財布をすり取ろうとしてポケットに手を差し伸べ，その外側に手を触れれば，その時点で**現金が盗まれる具体的危険が生じた**と認められ，窃盗罪の実行の着手が認められる（最決昭29・5・6）。

したがって，甲には窃盗未遂罪が成立する。

**3** × 現住建造物焼損目的で隣接倉庫を焼損すれば，現住建造物放火罪既遂成立。

放火行為は，周囲に延焼する危険を有し，地域全体に重大な損害をもたらすおそれがあることから，**公共危険罪**として重く処罰されている。

そのため，放火罪は着火の時点で未遂となり，公共の危険（地域社会に広く損害をもたらす危険）が発生した時点，すなわち放火物**が独立して燃焼を継続できるようになった時点で既遂となる。**

本肢で，火は媒介物である倉庫を焼いているというのであるから，独立燃焼の状態に至っており，放火罪はすでに既遂となっている（大判大7・3・15）。

**4** × 火災保険金騙取目的の放火でも，保険請求しなければ着手とはいえない。

実行の着手といえるためには，法益侵害の具体的危険が生じていなければならない。そして，**保険金騙取の場合には，保険会社に保険金を請求するのでなければ法益侵害の具体的危険が生じたとはいえない。**本肢の段階では，甲に詐欺未遂罪は成立しない（大判昭7・6・15）。

**5** × 他人の家に侵入して物色のためにタンスに近寄れば，窃盗未遂が成立する。

判例は，他人の家で金品物色のためにタンスに近寄る行為は，財物に対する事実上の支配を犯すについて密接な行為に当たるとして，実行の着手を認め，窃盗の未遂犯が成立するとする（大判昭9・10・19）。

すでに，金品が盗まれる危険が具体化しているといえるからである。

---

**No.3 の解説**　未遂犯　　　　　　　　　　→ 問題はP.107　**正答5**

未遂犯の成否については，結果発生の現実的危険性があるかどうかで考えてみよう。

**ア** × 覚醒剤を密輸船で近海まで運んで海中に投下しても輸入罪の未遂罪は不成立。

判例は，「回収担当者が覚せい剤をその実力的支配の下に置いていないばかりか，その可能性にも乏しく，**覚せい剤が陸揚げされる客観的な危険性**が発生したとはいえない」として，実行の着手があったとは解されず，覚せい剤輸入罪の未遂罪は成立しないとする（最判平20・3・4）。

**イ** ○ 殺害目的で毒入り砂糖を発送した場合，到達時が実行の着手時期となる。

妥当である。いわゆる**離隔犯**であり，判例は発送時ではなく到達時に殺人（199条）の実行の着手を認める（大判大7・11・16）。

**ウ** × 殺意をもって静脈内に空気を注射すれば，殺人未遂罪が成立する。

判例は，「被注射者の身体的条件その他の事情の如何によっては死の結果発生の危険が絶対にないとはいえない」として殺人未遂罪（203条）を認めている（最判昭37・3・23）。→テーマ2「構成要件」No.6**ア**

**エ** ○ 未遂には中止犯が認められるが，予備には中止犯は認められない。

妥当である。判例は，「**予備行為は，それが開始された時点で，すでに予備罪が既遂**に達しており，そこに中止という観念をいれる余地がない」とし

て，予備の中止という概念を否定している（最大判昭29・1・20）。

**オ**◯ **いかに真摯な結果発生防止行為をしても，結果が発生すれば中止犯は不成立。**

　　妥当である。中止犯は，未遂罪について認められるものである。結果が発生して既遂となれば，中止犯は成立しない。その場合には，情状によって刑の減軽の可能性があるにとどまる（66条）。

　　以上から，妥当なものは**イ**，**エ**，**オ**の3つであり，正答は**5**である。

---

**No.4 の解説**　中止犯　　　　　　　　　　→ 問題はP.108　**正答1**

　　中止犯とは，犯罪の実行に着手した後，自己の意思によって結果発生を阻止した場合をいう。

　　中止犯は未遂犯の一種であるが，通常の未遂（中止未遂と区別するために**障害未遂**と呼ばれる）が**刑の任意的減軽**（減軽することができるというだけで，必ず減軽しなければならないわけではない）にとどまるのに対して，**中止犯の場合は刑の必要的減免**（必ず減軽または免除のいずれかを行わなければならない）とされる点で，法が特別な恩典を与えているものである。

　　そのため，中止犯成立の要件も，このような法の特別の恩典を受けるにふさわしいものであることが必要とされている。具体的には，①なんら外部的障害がないのに自発的に犯行を中止したこと（**中止の任意性**），②結果発生を阻止するため真摯な中止行為がなされたことが必要とされている。

　　なお，中止犯も未遂犯の一種であるから，結果が発生してしまえば成立の余地はない。この場合には既遂犯となり，中止未遂とはなりえないからである。

**1**◎ **殺害を実行できたのに，自己の意思で中止すれば中止犯が成立する。**

　　正しい。行為者は，隣で寝ていた子供が泣いたために，かわいそうに思って犯行を中止したというのであるから，哀れみの情から犯行を中止したことになる。このことは，犯行について**なんら外部的障害がないのに，自発的に犯行を中止した**ことを意味する。また，それによって母親の生命も救われている（結果発生の阻止）。したがって，行為者に中止犯が成立する。

**2**✕ **放火した後に，消火に至る真摯な中止行為がなければ中止犯は成立しない。**

　　**中止犯が成立するには，刑の必要的減免という法の恩典に値するだけの真摯な中止行為が必要**である。そして，真摯な中止行為と評価されるには，必ずしも自分1人で結果発生を防止したことまでは必要でないが，少なくとも自らが主体となって結果発生を阻止したことは必要である。

　　そして，放火行為の場合には，放火者自身が防止に当たったと同視するに足りる程度の努力を払うことが必要で，「だれかが消してくれると思って，『火事だ』と叫んで人を呼んだ」だけでは**真摯な中止行為**には当たらない。したがって，中止犯は成立しない（大判昭12・6・25）。

**3**✕ **恐怖のために犯行を中止しても，任意の中止ではないので中止犯は不成立。**

任意の中止でなければ中止犯は成立しない（最決昭32・9・10）。

たとえば，被害者が頭部より出血し，苦痛にあえいでいる姿を見て恐怖にかられ，足がすくんで，それ以上何もできなかったなどという場合である。

**4 ✕ 盗る物がなかったために結果発生に至らなかった場合は中止犯ではない。**

この場合は，中止未遂ではなく**障害未遂**である。

「物色したが金目の物がなかった」とは，「盗もうとしたが，望みの財物がなかったので，結局盗むことができなかった」という意味であるから，望みの物があり，かつ盗むのが可能であるにもかかわらず自発的に中止した場合とは異なる。したがって中止犯は成立しない。

**5 ✕ 相手の態度が不気味だったために強盗を中止しても，中止犯は成立しない。**

「不気味に思って帰った」とは，相手が平気な態度でいたことから，相手が容易に反抗してくることを予想して，相手の攻撃で自らが負傷したり逮捕されるなどの危険を感じて犯行を中止した，などといった場合である。これは任意の中止行為とはいえず，中止犯は成立しない。

なお，中止犯は未遂犯の一種であるから，行為者が実行に着手していることが必要であり，強盗罪（236条）の場合には暴行・脅迫が開始されていなければならない。本問ではこの点が不明であり，それゆえ実行の着手がない場合には**予備の中止**の問題となる。

この点について，判例は，「予備行為は，それが開始された時点で，すでに予備罪が既遂に達しており，そこに中止という観念をいれる余地がない」として，予備の中止という概念を否定している点に注意（最大判昭29・1・20）。

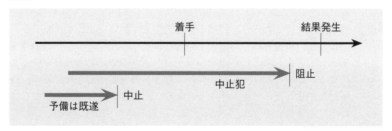

116

## No.5 の解説　中止犯

→ 問題はP.108　**正答3**

**1** ☒　共犯者とともに強盗に着手した場合，犯行を阻止しなければ中止犯は不成立。

　　強盗の結果が発生しているので，Aは強盗既遂罪の共同正犯となる。すなわち，未遂犯の一種である中止犯は成立しない。

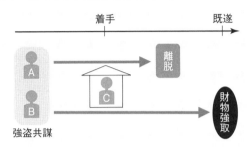

　　共同正犯の場合，各共同行為者は，いったん実行に着手した後は，たとえ途中で犯行から離脱しても，他の共犯者が結果を発生させれば既遂犯としての責任を負わなければならない。これは，離脱の意思を他の共犯者に伝えた場合でも同様である。

　　共同正犯においては，各共同者は相互に他の共犯者に因果力を与えているので，**自己の与えた因果力を取り去ってしまわなければ**（これは結果発生の阻止を意味する），**生じた結果に対して責任を負わなければならない**。したがって，共同正犯において中止未遂が成立するには，第一に，他の共犯者が結果を発生させないこと（未遂犯となること），そして第二に，**結果不発生が中止者の真摯な努力によってもたらされることが必要**である。

　◆**共同正犯における各共犯者の因果力**

　　共同正犯において，各共同者の因果力がどのように他の共同者に影響するかを，例を用いて考えてみよう。

　　一つの例として，気の弱いAがC宅の家の見取図と合鍵を持っていたので，暴力団員のBに強盗話を持ちかけたという場合を想定しよう。この場合，暴力団員Bは，見取図と合鍵が存在し，かつAが協力すると思ったからこそ意を強くして強盗を決意したはずである。つまり暴力団員Bは，Aとのかかわりなしに単独では強盗を決意しなかったと思われる。そして，いったん実行行為が開始されると，その後の犯罪の遂行はそれほど困難ではない。すでに勢いがついているので，仮に途中でAが犯行を中止しても，暴力団員Bは1人で財物を奪取できるであろう。

　　この場合，Bが1人で行う奪取行為には，Aの見取図や合鍵の提供が，依然として因果力を有している。したがって，「Aが離脱すれば，その後はBの単独犯行になる」というわけではない。Aの与えた影響は，Aの離脱後もBの行為を通じて財物強取という結果発生に寄与している。したがって，AはBの犯行を阻止するのでなければ，Bが生じさせた結果に対して責任を負わなければならない（Aが途中で離脱しても，A・Bは強盗既遂罪の共同正犯となる）。

**2✕** **放火した後に，消火に至る真摯な中止行為がなければ中止犯は成立しない。**

　　結果発生を阻止するための真摯な中止行為がないので，Aに中止犯は成立しない。→No.4選択肢**2**

**3◎** **窃盗を実行できたのに，自己の意思で中止すれば中止犯が成立する。**

　　正しい。**中止犯**の成立には，**行為者の道徳的な悔悟までは必要でない。**外部的障害がないのに自発的に結果発生を阻止すれば，それによって法益侵害の結果が回避できるからである（それは被害者および社会にとって有益である）。本肢で，Aは金庫室を開けたにもかかわらず，自らの意思でその中の金銭を盗んでいない。したがって，Aに中止犯の成立を認めてよい。

　　本肢の場合，中止の原因は「翌日に大金が入ることを思い出した」ためであるが，翌日に現金を盗んだ場合には，改めてその行為を処罰すればよい。また，Aが翌日までに悔悟して最終的に犯行を断念しないとも限らない。そういう意味で，**道徳的悔悟をあえて中止犯成立の要件とする必要はない。**

**4✕** **正犯者が任意に犯行を中止しても，教唆者に中止犯は成立しない。**

　　Bには中止犯（強盗の中止犯）が成立するが，なんら真摯な結果阻止行為を行っていないAには中止犯（強盗教唆の中止犯）は成立しない。

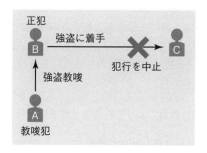

　　本肢において，正犯者たるBは家人に暴行を加えて強盗の実行に着手しているが，後悔して犯行を中止し，財物の奪取を断念している。したがって，Bには中止犯が成立する。しかし，教唆者Aはなんら結果発生を阻止するための真摯な中止行為を行っておらず，Aには中止犯は成立しない。**真摯な中止行為によって結果発生を阻止**したことに対する恩典は，それに値する行動をとった者にだけ与えるべきだからである。

**5✕** **犯罪が既遂に達すれば，中止犯（中止未遂）とはなりえない。**

　　Aは傷害の故意で傷害の結果を発生させており（204条），Aの犯行はすでに既遂に達している。中止犯は未遂犯の一種であるから，犯行が既遂に達した後には中止犯の成立は認められない。

## No.6 の解説　中止犯の法的性格

→ 問題はP.109　**正答 4**

**ア✕**　C説（**責任減少説**）に対する批判である。

　「結果発生の有無にかかわらず減免の効果を認めるべき」というのは，C説の主張である。すなわち，真摯な中止行為をした者は，それだけ非難（責任）の程度が減少する。この点が中止犯の「刑の必要的減免という恩典」の根拠であるという主張である。

　この説に対しては，「真摯な中止行為をしたことが刑の必要的減免の根拠とするのであれば，**結果が発生したかどうかにかかわらず恩典を与えるべき**という結論になるが，それは，法が結果不発生の場合だけに恩典を与えるとしていることと矛盾する」という批判が加えられている。

**イ◯**　妥当である。B説（**違法減少説**）に対する批判である。

　すなわち，**違法な状態が生じている点は未遂犯となんら変わりがない**。したがって，中止犯だけに恩典を与える根拠にはなりえないという批判である。

**ウ✕**　A説（**政策説**）に対する批判である。

　A説は，「恩典を与えることによって結果発生の阻止効果を期待できる」というのが必要的減免の根拠であるとする。ただ，そうすると，**恩典を知っている者にしか中止犯の効果が働かない**ことになる。しかし，恩典の効果は知・不知にかかわらず与えられるので，この説に対しては，根拠として不十分という批判が加えられている。

**エ◯**　妥当である。B説に対する批判である。

　**制限従属性説**は，共犯において「違法は連帯的に，責任は個別的に作用する」と考える。そうすると，違法は連帯的に作用するので，**中止者について違法性が減少すれば，他の共犯者についても連帯して違法性が減少すること**になる。そうなれば，なんら中止行為を行っていない他の共犯者にも刑の減免という恩典を与えることになるが，それは不当という批判がこの説に加えられている。

　以上から，**イ**と**エ**がB説に対する批判であり，**4**が正答となる。

**ア✕** **犯罪が既遂となれば，中止犯は成立しない。**

中止犯は未遂犯の一種であるから，犯罪が既遂となれば中止犯は成立しない。

**イ✕** **予備罪は予備行為によって直ちに成立するので，未遂犯は成立しない。**

予備行為が行われれば，それによって直ちに予備罪が成立するので，判例は，予備罪には中止未遂の観念を容れる余地がないとする（最大判昭29・1・20）。

**ウ✕** **犯行の発覚を恐れて犯行を中止した場合には，中止犯は成立しない。**

中止犯は「自己の意思により犯罪を中止したとき」に成立する（43条但書）。すなわち，**真摯な中止行為**が行われて初めて，「必ず刑を減軽または免除する」（**刑の必要的減免**）という恩典が受けられる。

犯行の発覚を恐れて犯行を中止した場合は，真摯な中止行為が行われたとはいえないので，これに該当しない。

**エ〇** **真摯な結果発生防止行為があれば，他人の手が加わっても中止犯は成立。**

妥当である。必ずしも独力で結果発生を防止した場合に限らず，真摯な結果発生防止の行為があれば，他人が助力した場合でも中止犯は成立する。法の呼びかけに応じて，**結果発生を防止するための真摯な努力がなされた**（それによって結果発生が防止できた）と評価できるからである。

**オ〇** **中止犯が成立する場合は，行為者の刑を減軽し，または免除する。**

妥当である。いわゆる**必要的減免**である（43条但書）。

以上から，妥当なものは**エ**と**オ**であり，正答は**5**である。

## No.8 の解説　未遂

→ 問題はP.111　**正答5**

**1 ✕**　窃盗目的で店舗に侵入し，金のある方へ向かえば窃盗罪の着手となる。

　　判例は，「電気器具商たる本件被害者方店舗内において，所携の懐中電燈により真暗な店内を照らしたところ，電気器具類が積んであることが判ったが，**なるべく金を盗りたいので自己の左側に認めた煙草売場の方に行きかけた**際，被害者らが帰宅した事実が認められるというのであるから，被告人に**窃盗の着手行為があった**」ものと認められるとする（最決昭40・3・9）。

**2 ✕**　不同意性交の故意で暴行を始めれば，不同意性交等罪の実行の着手となる。

　　判例は，「被告人が同女をダンプカーの**運転席に引きずり込もうとした段階においてすでに不同意性交等に至る客観的な危険性が明らかに認められる**から，その時点において**不同意性交等行為の着手**があったと解するのが相当である」とする（最決昭45・7・28）

　　女性が1人で歩いていたという状況の下で，同女をトラックの運転席に引きずり込もうとする行為は，その時点で法益侵害の現実的危険性が見て取れる。したがって，Aに不同意性交等罪（177条）の実行の着手が認められる。

**3 ✕**　特殊詐欺で即座に現金を交付する危険を著しく高める嘘は，詐欺の着手。

　　判例は，「本件嘘を真実であると誤信させることは，被害者において，間もなく被害者宅を訪問しようとしていた**被告人の求めに応じて即座に現金を交付してしまう危険性を著しく高める**ものといえる。このような事実関係の下においては，本件嘘を一連のものとして被害者に対して述べた段階において，被害者に現金の交付を求める文言を述べていないとしても，**詐欺罪の実行の着手があった**と認められる」とする（最判平30・3・22）。

**4 ✕**　殺害行為が一連の行為である場合，最初の行為開始時点で実行の着手となる。

　　判例は，「クロロホルムを吸引させて失神させた行為」は，それに続く「自動車ごと海中に転落させて溺死させる行為」に密接な行為であり，「実行犯が**最初の行為を開始した時点で既に殺人に至る客観的な危険性が明らかに認められる**から，その時点において**殺人罪の実行の着手**があったものと解するのが相当である」とする（最決平16・3・22）。

**5 ◎**　殺意をもって静脈内に空気を注射する行為は，殺人の不能犯ではない。

　　妥当である。判例は，「被注射者の身体的条件その他の事情の如何によっては**死の結果発生の危険が絶対にないとはいえない**」として殺人未遂を認めている（最判昭37・3・23）。

# 共犯

## 必修問題

**共犯に関する次の記述のうち，妥当なのはどれか。**

【市役所・平成29年度】

**1**　共同正犯が成立するためには，少なくとも**共同実行の意思**として事前に共謀していることが必要である。

**2**　正犯が窃盗をするのを容易にするために**見張り**に入ったが，正犯が強盗に着手し実行したときは，正犯と同様に強盗罪の罪責を負う。

**3**　自殺することの意味を理解できないほどの精神的な障害を負っている者に対し，自殺の方法を詳細に教え込み自殺させた場合には，殺人罪の正犯ではなく**自殺教唆罪**が成立する。

**4**　共犯者の1人が犯罪をやめ，または結果発生を防止したとしても，その効果は他の共犯者には及ばない。

**5**　従犯が成立するためには，必ず正犯の存在が必要であり，かつ正犯が処罰される場合でなければならない。

難易度　＊

## 必修問題の解説

　共犯とは，2人以上の者が協働して犯罪に関与した場合をいう。このうち，意思を通じて犯罪を共同実行した場合が共同正犯，人をそそのかして犯罪を実行させた場合が教唆，正犯の実行を容易にした場合が幇助である。共犯は，行為自体は協働ではあるものの，各共犯者が他の共犯者の行為を利用して自らの犯罪意図を実現させた点に処罰の根拠があり，その意味で，処罰はあくまでもそれぞれの共犯者が直接・間接に法益を侵害した点に求められる。

**1 ✕**　**共同正犯の共謀は犯行現場で行われてもよく，事前の共謀は必須ではない。**

　共同正犯（60条）は，複数の者が互いに意思の連絡のもとで犯罪を共同実行することによって成立する。すなわち，互いに補い合いながら，**共同の行為によって犯罪を成し遂げたと評価しうる**からこそ，実行行為の一部を分担したにすぎない場合でも，犯罪結果の全部について責任を負うことになる。

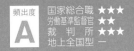

頻出度 A　国家総合職 ★★★
　　　　労働基準監督官 ★★
　　　　裁　判　所 ★★★
　　　　地上全国型 一

6 共犯

第1章

総

論

そして，このような意思の連絡は，事前に行われることは必須ではなく，犯行の現場で行われてもよい（最判昭23・12・14）。

　たとえば，仲間同士のＡＢが通行人Ｃとけんかになって，その場で共同して暴行して死に至らしめるなどの場合である（ＡＢはともに傷害致死罪の共同正犯となる）。

**2 ✕** **窃盗幇助の意思で行為した者は，正犯が強盗をしても強盗幇助とならない。**

　正犯の窃盗行為を容易にするために見張りをした者は，強盗の幇助を行う故意までは有していない。そして，**故意を有していない以上，強盗の幇助犯**（故意犯である）としての責任を問うことはできない（38条2項）。

　この場合は，強盗罪（236条1項）と窃盗罪（235条）の構成要件が重なり合う範囲で，軽い窃盗罪の責任を負うべきことになる（最判昭23・5・1）。

**3 ✕** **自殺の意味を理解しない者に自殺法を教えて自殺させれば殺人罪が成立。**

　行為者は自殺することの意味を理解できないというのであるから，自殺しようとは思っていない。したがって，**方法を教えてその通りに実行させることは，行為者の行為を利用した殺人罪**（199条）であって，自殺教唆罪（202条）ではない（最決昭27・2・21）。

**4 ◎** **共犯者の一人の中止の効果は，他の共犯者には及ばない。**

　正しい。共犯者の一人が犯行を中止して結果発生を防止した場合，その者は中止犯として**刑の減軽・免除という恩典**が与えられる（43条但書）。これは，犯罪から引き返すようにという法の呼びかけに応えたことに対する積極評価であるから，それに応じなかった者にはそのような恩典は与えられない（大判大2・11・18）。

**5 ✕** **従犯の成立には，必ずしも正犯が処罰されたことまでは必要でない。**

　従犯の成立には正犯の存在が必要であるが，その正犯が処罰されたことまでは必要でない（大判昭15・4・22）。

　たとえば，Ａの子であるＢが，Ａの金銭を盗み出すのを，Ｂの友人Ｃが幇助したという場合，子であるＢは刑を免除されて処罰されないが（244条1項，家庭内のことは家庭内で解決するのが望ましいという意図に基く），Ｃには窃盗罪（235条）の幇助犯が成立する（244条3項）。

　Ｃは正犯者Ｂの行為を介して間接的にＡの法益を侵害しており，このような行為は刑罰をもって禁止すべきものだからである。

**正答 4**

# FOCUS

　共犯は刑法学の迷路といわれるほど，理論的に複雑で難解な箇所である。試験対策は，本来であれば理論的な理解をベースにして問題に取り組むのが基本であるが，共犯の分野に関しては，過去問に必要な範囲の知識プラスα程度に収めておいたほうが効率的といえる。

### 重要ポイント 1　共犯の意義

・**共犯**とは，2人以上の者が共働的に犯罪に関与する形態をいう。
・刑法は**共同正犯**，**教唆犯**，**幇助犯**の3つを規定している。

### 重要ポイント 2　共犯の処罰根拠

・共犯はなぜ処罰されるのかという点に関して，見解の対立が見られる。以下の諸説のうち，現在は**因果的共犯論**が最も有力である。

| 責任共犯論 | ・共犯は正犯者を堕落させ，罪に陥れたから処罰されるとする見解。 |
|---|---|
| 違法共犯論 | ・共犯は，正犯者にとって違法な行為を生ぜしめたので処罰されるとする見解。 |
| 因果的共犯論 | ・共犯は正犯者を介して法益侵害を行ったので処罰されるとする見解。 |

### 重要ポイント 3　共犯の従属性

・**実行従属性**，**要素従属性**，**罪名従属性**などに分かれる。

| 実行従属性 | ・共犯の成立には正犯が実行に着手したことが必要かどうかの問題。<br>・これを必要とするのが共犯従属性説，不要とするのが共犯独立性説である。 |
|---|---|
| 要素従属性 | ・共犯が成立するには，正犯についてどのような要件が備わっていることが必要かという問題。<br>・①構成要件（TB）・違法性（R）・有責性（S）に加えて処罰条件まで備わっていることが必要とする誇張従属性説，②TB＋R＋Sが必要とする極端従属性説，③TB＋Rで足りるとする制限従属性説，④TBだけでよいとする最小限従属性説がある。③が通説である。 |
| 罪名従属性 | ・共犯の罪名は正犯のそれに従属するのか（正犯と共犯の罪名は同一でなければならないか）の問題。 |

### 重要ポイント 4　共犯の本質

・共犯は何を共同するのかという問題であり，自然的行為を共同するとする**行為共同説**と，特定の犯罪を共同するとする**犯罪共同説**の対立がある。
・行為共同説では強盗と不同意性交等（Aが強盗，Bが不同意性交等の故意で暴行・脅迫）といった異なる罪質の犯罪であっても共同正犯の成立を認めるが（ただし罪名は不一致，すなわち「Aに強盗罪，Bに不同意性交等罪が成立し，両者は共同正犯の関係にある」となる），犯罪共同説は異なる罪名での共同正犯の成立を認めないので，強盗と不同意性交等はもちろん，殺人と傷害致死の共同正犯なども認められないことになる。
・現在は，罪質が重なり合う範囲で異なる罪名での共同正犯が認められており（判例・通説），この立場は両説の中間に位置しているといえる。

## 実戦問題 ❶ 基本レベル

**No.1** 共犯に関する次の記述のうち，判例に照らし，妥当なのはどれか。

【市役所・平成6年度改題】

**1** 共犯者のうち一人が自己の意思により，犯行を中止しても，他の者の犯行を阻止せず放任し，その者が犯行の目的を遂げた場合は中止犯とはならない。

**2** 暴行，傷害を共謀した共犯者中の一人が殺人罪を犯した場合には，殺意のなかった他の共犯者にも殺人罪の共同正犯が成立する。

**3** 数人で犯罪の遂行を共謀し，共謀者の一部が共謀に係る犯罪の実行に出た場合であっても，直接実行に携わらない共謀者については，犯罪の実行の共同がないから，共同正犯は成立しない。

**4** 他人の誘惑により犯意を生じた者が犯罪を実行した場合，その誘惑者が捜査機関であるときは，実行者の行為の違法性が阻却される。

**5** 暴行について共謀に加わった者は，その結果たる傷害については責任を負わない。

**No.2** 次の事例のうち，Cが共犯の類型の中で最も重い共同正犯の罪責を負うものとして妥当なのはどれか。ただし，争いのあるものは判例の見解による。

【市役所・平成25年度】

**1** Cは，Aにピストルを与え，Aは，犯行現場にこのピストルを持参したが，最終的には自分で用意した包丁でBを刺し殺した。

**2** Cは，Aと共謀してBを殺そうとしたが，やめようと言おうと思ったそのときに，AがBを包丁で刺し殺した。

**3** Cは，Bの殺害を決意したAから殺害方法について相談された際にAを激励した。その後，AがBを包丁で刺し殺した。

**4** Cは，AがBの殺害を決意したことを知り，Aに伝えることなく，Aが逃走するための自動車を用意した。その後，AがBを包丁で刺し殺し，Aはこの自動車で現場から逃走した。

**5** Cは，AがBの殺害を決意したことを知り，Aに伝えることなく，BをAだけがいる人気のない場所まで呼び出した。その後，AがBを包丁で刺し殺した。

**◆ No.3** 教唆犯および幇助犯に関する次の記述のうち，妥当なものはどれか。

【地方上級・平成21年度】

**1** AはBに書店で窃盗するように勧めたところ，Bは窃盗の犯意が生じて書店に向かったが，書店の前で急に怖くなり窃盗をすることを断念した。この場合，Aには窃盗罪の教唆犯が成立する。

**2** AはBに，書店で窃盗をするようCをそそのかせ，と勧めた。Aの勧めに従ってBはCに書店での窃盗を教唆したところ，CはBの教唆したとおり窃盗をした。この場合，Aには窃盗罪の教唆犯は成立しない。

**3** Aは，X書店の警備が甘いことを知り，もともと書店での窃盗を企図していたBに，警備が甘いX書店で窃盗をするのがよいと勧めたところ，BはX書店で窃盗をした。この場合，Aには窃盗罪の教唆犯が成立する。

**4** Aは，Bが書店で窃盗をしてきたことを知って，Bが盗品を売るのを手助けしようと思い，盗品を扱う業者Dを紹介した。この場合，Aには窃盗罪の幇助犯が成立する。

**5** Aは，Bが書店で窃盗をしようとしているのを発見し，Bの手助けをしようと思って店主が来ないよう見張りをしていた。しかし，BはAの存在に気づかないまま窃盗を遂げた。この場合，Aには窃盗罪の幇助犯が成立する。

**◆ No.4** 共犯の錯誤に関する次の記述のうち，判例に照らし，妥当なのはどれか。

【市役所・平成9年度】

**1** AがBに対しXの家に窃盗に入るように教唆したところ，Bは何もしなかった。この場合には，Aに窃盗の教唆犯が成立する。

**2** AがBに対しXの家に窃盗に入るように教唆したところ，Bは別人のY宅をX宅と勘違いして窃盗に入った。この場合には，Aに窃盗の教唆犯が成立する。

**3** AがBに対しXの家に窃盗に入るように教唆したところ，BはX宅に侵入したが，XがBに気づいて騒いだため，懐にあったカッターナイフでXを脅して金品を強取した。この場合には，Aに強盗の教唆犯が成立する。

**4** AがBに対しXの家に窃盗に入るように教唆したところ，Bは，X宅に侵入しようとしたが失敗し，一度は窃盗をあきらめたものの，新たにY宅での窃盗を決意し，Y宅で金品を窃取した。この場合，Aの教唆とBの実行行為との間に因果関係が認められなくても，Aに窃盗の教唆犯が成立する。

**5** AがBに対しXの家に窃盗に入るように教唆したところ，BはX宅に放火した。この場合には，Aに現住建造物放火の教唆犯が成立する。

**No.5** 共犯に関する次のア～ウの記述の正誤の組合せとして最も妥当なものは
どれか（争いのあるときは，判例の見解による）。　【裁判所事務官・平成30年度】

ア：他人の犯罪に関して，物的な支援を行えば，幇助犯となる余地があるが，精
　　神的な支援を与えたにすぎない場合は，幇助犯とはならない。

イ：一定の身分が構成要件要素となっている犯罪において，当該身分を有する者
　　とそれを有しない者がその犯罪に関与した場合には，身分を有しない者も共
　　犯としての責任を負い得る。

ウ：客観的に甲と乙が共同して犯罪を実行したといえる場合には，甲が乙の関与
　　を知らなくても，甲と乙は共同正犯となり得る。

|   | ア | イ | ウ |
|---|---|---|---|
| **1** | 正 | 誤 | 正 |
| **2** | 正 | 正 | 誤 |
| **3** | 誤 | 正 | 誤 |
| **4** | 誤 | 誤 | 正 |
| **5** | 誤 | 誤 | 誤 |

共同正犯に関する次のア～エの記述のうち，妥当なもののみをすべて挙げているものはどれか（争いのあるときは，判例の見解による）。

【裁判所事務官・令和5年度】

ア：共同正犯における共謀は，共犯者が一同に会した場合でなければ成立しない。

イ：実行行為を行っていない者に共同正犯の責任を負わせるには，実行行為者に対して指揮命令をしていたことが必要である。

ウ：共同正犯が成立するためには，他の者による犯罪の実行を認識しているだけでなく，共同して犯行を実行する認識があることが必要である。

エ：共同正犯における共謀は，必ずしも事前に成立している必要はなく，行為の現場で成立するものでもよい。

**1** ア，イ

**2** ア，エ

**3** イ，ウ

**4** イ，エ

**5** ウ，エ

# 実 戦 問 題 **1** の 解 説

**No.1 の解説** 共犯

→ 問題はP.125 **正答 1**

**1◎** 共犯者とともに犯罪に着手した場合，犯行を阻止しなければ中止犯は不成立。
正しい（最判昭24・12・17）。他の者によって犯罪の結果が発生しているので，**犯行を中止した者にも既遂犯の共同正犯が成立**し，未遂犯の一種である中止犯は成立しない。→テーマ5「未遂犯」No.5選択肢**1**

**2✕** 暴行等を共謀した共犯者が殺人を犯した場合，傷害致死罪の共同正犯が成立。
他の共犯者も死の結果について共同正犯としての責任を負うが，**他の共犯者には殺人の故意がないので殺人罪は成立せず，傷害致死罪の共同正犯**が成立する（最決昭54・4・13）。
判例は，次のように述べている。すなわち，「殺人罪と傷害致死罪とは，殺意の有無という主観的な面に差異があるだけで，その余の犯罪構成要件要素はいずれも同一であるから，暴行・傷害を共謀したBら7名のうちのAが…X巡査に対し未必の殺意をもって殺人罪を犯した本件において，殺意のなかったBら6名については，殺人罪の共同正犯と傷害致死罪の共同正犯の構成要件が重なり合う限度で軽い傷害致死罪の共同正犯が成立する」（同前判例）。

**3✕** 共謀者の一部が犯罪の実行に出た場合は，他の共謀者にも共同正犯が成立。
判例は，共謀者について，その者が実行行為を分担しない場合でも共同正犯の成立を認め，発生した結果について正犯としての責任を負わせている（最判昭33・5・28，**共謀共同正犯論**）。
判例は，「共謀に参加した事実が認められる以上，直接実行行為に関与しない者でも，**他人の行為をいわば自己の手段として犯罪を行った**という意味において，その間刑責の成立に差異を生ずると解すべき理由はない。さればこの関係において実行行為に直接関与したかどうか，その分担または役割のいかんは共犯の刑責じたいの成立を左右するものではない」とする。

**4✕** 捜査機関から誘惑されたとしても，犯罪を行えば違法性は阻却されない。
たとえ誘惑者が捜査機関であっても，行為者が犯罪を実行している以上，行為の違法性は阻却されない（最決昭28・3・5）。
判例は，「他人の誘惑により犯意を生じ又はこれを強化された者が犯罪を実行した場合に，その他人である誘惑者が一私人でなく，捜査機関であるとの一事をもってその犯罪実行者の犯罪構成要件該当性又は責任性若しくは違法性を阻却し又は公訴提起の手続規定に違反し若しくは公訴権を消滅せしめるものとすることのできないこと多言を要しない」とする。
本肢は，いわゆる**おとり捜査**によって犯意を誘発された場合であって，手段のアンフェア性から行為者を処罰できないのではないかとの議論がなされている。しかし，刑法上は犯罪の成立要件に欠けるところはないので，犯罪の成立自体は認めざるをえない。手続の不当性に対する非難は，もっぱら刑事訴訟法（手続法）レベルで議論がなされている。

なお，麻薬や覚せい剤の捜査に関しては，おとり捜査が法律の明文で認められている（麻薬及び向精神薬取締法58条）。

**5**✕ **暴行の共謀に加わった者は，その結果たる傷害についても責任を負う。**

　　傷害罪（204条）は暴行罪（208条）の**結果的加重犯**とされているので，暴行の共謀に加わった者は傷害の結果についても責任を負う。

　　暴行の共謀に加わった者には暴行罪の共同正犯が成立する（**共謀共同正犯論**，大判昭11・5・28）。また，傷害は暴行の結果的加重犯とされており（最判昭25・11・9），行為者が傷害の故意を有しておらず，単に暴行の故意を有するにとどまる場合にも，傷害の結果が生じれば傷害罪が成立する。そして，各共犯者は生じた重い結果について，共同正犯としての責任を負わなければならないので（最決昭54・4・13），全員に傷害罪の共同正犯が成立することになる（**結果的加重犯の共同正犯**）。

> **◆暴行罪と傷害罪**
> 　両罪は，それぞれが暴行罪，傷害罪として暴行および傷害の故意行為を処罰するとともに，傷害罪が暴行罪の結果的加重犯，暴行罪が傷害罪の未遂犯という関係にある。そのため，暴行致傷罪あるいは傷害未遂という犯罪類型は刑法には存在しない。
> 　また，結果的加重犯は，一般に「よって人を死亡させた」などの表現が用いられており，致死罪あるいは致傷罪という罪名が用いられることが多いが，必ずしもそのような表現や罪名だけに限られるわけではない。

## No.2 の解説　共同正犯の罪責を負うもの　→ 問題はP.125　正答2

**1**✕ **実行行為以外の行為で正犯の実行行為を容易にするのは，幇助である。**

　　Bの殺害行為はAが単独で行っており，これをAとCの共同行為と評価することはできない。Cの行為は，正犯の実行行為を容易にするという意味で幇助である。

**2**◎ **共謀共同正犯では，現実に実行行為を行わなかった者も正犯の責めを負う。**

　　正しい。CとAはBを殺害することを共謀し，共同で実行しようとしている。その時点で，すでにCはBの殺害について強い因果性を与えており，いわば，「**共同の行為がすでに動き始めている**」状態にある。したがって，Cが共同正犯の責任を免れるには，自ら与えた**因果性を除去する必要**があり，具体的にはAの「共同意思に基づく殺害行為」を阻止する必要がある。Cはそのような行為を行っておらず，Cには殺人罪の共同正犯が成立する。

**3**✕ **犯行を決意している者を激励して，犯意を強める行為は幇助犯である。**

　　殺害方法について相談された際にAを激励しても，それだけでは，殺害行為は共同の行為とはいえず，Cには幇助犯が成立するにとどまる。

**4**✕ **実行者と意思の連絡がなければ，共同正犯は成立しない。**

　　Aは単独でBの殺害を実行しており，Cはその実行行為に関与していない。したがって，共同正犯は成立しない。

　　なお，Cの行為はAの実行行為を容易にしたとはいえないので，幇助犯も成立しない。

**5 ✗** 犯行を容易にしても，それだけでは共同正犯は成立しない。

　　犯行を容易にする行為は幇助であり，共同実行と評価できなければ共同正犯は成立しない。

---

**No.3 の解説** 教唆犯および幇助犯　　　　　　　　　→ 問題はP.126　**正答5**

**1 ✗** 教唆しても被教唆者が犯罪に着手しなければ，教唆犯は成立しない。

　　教唆とは，人をそそのかして「犯罪を実行させた」ことをいう（61条1項）。そして，ここに「実行させた」とは，少なくとも**正犯が実行に着手することを要する**。本肢の場合，BはAから書店で窃盗するようにそそのかされているが，「書店の前で急に怖くなり窃盗をすることを断念した」というのであるから，いまだ窃盗罪（235条）の実行に着手していない。したがって，同罪の教唆犯は成立しない。

**2 ✗** いわゆる間接教唆でも，正犯が実行に着手すれば教唆犯が成立する。

　　教唆者を教唆した者も教唆犯となる（61条2項，**間接教唆**）。そして，この場合も，**正犯が実行に着手すること**が（間接）教唆犯成立の要件となる。本肢で，正犯者Cは実際に窃盗を行っている。したがって，Aには窃盗罪の教唆犯が成立する。

**3 ✗** すでに犯意の生じた者に犯行を勧めても，教唆犯は成立しない。

　　教唆とは，人に**犯意を生ぜしめて犯罪を実行させること**である。本肢のBのように，すでに窃盗の犯意を生じている者に対して窃盗を勧める行為は，犯意を強化するという意味で幇助罪（62条1項）の成立が問題となるが，教唆犯は成立しない。

**4 ✗** 犯罪が終了した後に手助けしても，幇助犯は成立しない。

　　幇助とは，**正犯者の実行行為を容易にすること**をいう。ところが，本肢では，正犯者Bは「書店で窃盗をしてきた」というのであるから，すでに窃盗罪の実行行為は終了している。それを知って盗品を売るのを手助けしても，それは実行行為を容易にすることではない。したがって，Aに幇助罪は成立しない。

　　本肢のような行為は，盗品等に関する罪として別途処罰規定が設けられており，Aは盗品等有償処分あっせん罪（256条2項）で処罰されることになる（最決昭35・12・13）。

**5 ◎** 正犯者と意思の連絡なしに犯行を容易にしても幇助犯は成立する。

　　正しい。幇助犯の成立には，正犯者の実行行為が容易になればよく，正犯者との意思の連絡は必要でない（**片面的幇助**）。本肢で，Aが見張りを行うことは，Bの窃盗の実行行為を容易にするものであるから，Aには窃盗罪の幇助犯が成立する。

　　**共犯の錯誤**とは，共犯者の認識した犯罪事実と正犯が行った犯罪事実との間に不一致がある場合に，共犯者にどの範囲で故意犯の成立を認めうるかという問題である。

**1 ✕** 　**教唆しても被教唆者が犯罪に着手しなければ，教唆犯は成立しない。**

　　判例は，共犯が成立するには正犯が実行に着手したことが必要であるとする立場をとっており（大判明44・12・18，**共犯従属性説**），被教唆者Bが「何もしなかった」場合には，Aに教唆犯は成立しない。

　　だれも犯罪を決意した者がおらず，法益侵害の危険性がまったく存在しない段階で，教唆行為だけに着目して，この者をあえて処罰する必要性は認められないからである。

**2 ◎** 　**正犯者が間違って隣家で住居侵入窃盗をしても，住居侵入窃盗教唆が成立。**

　　正しい。教唆者Aの意図は「X宅」への住居侵入・窃盗であるが，生じた結果は「Y宅」への住居侵入・窃盗であり，両者の間には不一致がある。しかし，判例は，教唆者の意図と結果とが同一構成要件の中で一致（符合）している限り，教唆者の故意の範囲で実際に発生した結果について教唆犯が成立するとする立場（**法定的符合説**）をとっている。そして，この立場からは，教唆者の意図と生じた結果が**構成要件的に一致（符合）しているか否か**が問題となるだけで，**客体（X宅とY宅）の不一致は問題とならない。**

　　本肢の場合，教唆者の意図は住居侵入・窃盗であり，生じた結果もこれと同じである。したがって，両者は構成要件的に一致（符合）しているので，Aに住居侵入・窃盗の教唆犯が成立することになる（大判大9・3・16）。

**3 ✕** 　**住居侵入窃盗教唆で，隣の家に住居侵入強盗すれば住居侵入窃盗教唆が成立。**

　　判例の立場（法定的符合説）によれば，両罪の構成要件が重なり合う範囲で故意犯の成立が認められるので，Aに窃盗罪の教唆犯が成立する。

**4 ✕** 　**教唆行為と正犯者の行為との間に因果関係がなければ教唆犯は成立しない。**

　　判例は，教唆行為と被教唆者の実行行為との間に因果関係が認められなければ教唆犯は成立しないとする（最判昭25・7・11）。

　　両者の間に因果関係が認められなければ，Aの教唆行為に基づいて，その法益侵害の結果が発生したとすることはできない。そうであれば，結果についてAに責任を負わせることは許されない。

**5 ☒** 窃盗の教唆に対して正犯者が放火した場合，放火罪の教唆犯は成立しない。

　　Aに現住建造物放火罪（108条）の教唆犯は成立しない。

　　Aの教唆した窃盗罪は財産を保護法益とするものであり，一方，放火罪は**公共危険罪**として不特定・多数人の生命・身体・財産の安全を保護法益とするものであって，両者はその罪質を異にし，構成要件的に重なり合う関係にない。それゆえ，Aに生じた結果について故意犯は成立せず，Aに現住建造物放火罪の教唆犯は成立しない。

---

### No.5 の解説　共犯

→ 問題はP.127　**正答3**

**ア ☒** 幇助犯の成立には，正犯の犯行を物理的ないし心理的に促進すれば足りる。

　　判例は，「正犯の実行行為を幇助したといいうるには，幇助者の行為が，それ自体，**正犯を精神的に力づけ，その犯罪の意図を維持ないし強化すること**に役立ったことを要する」とする（東京高判平2・2・21）。

　　幇助とは，実行行為以外の行為で正犯の行為を容易にすることであるが，ここで容易にするとは，必ずしも道具を調達するなどの物的支援に限られず，精神的支援であってもよい。たとえば，それによって正犯が犯意を強固にするなどの場合も「容易にする」といえる。

**イ ○** 非身分者も身分者と共同することで法益を侵害できるので共犯が成立する。

　　正しい。**一定の身分が構成要件要素となっている犯罪**とは，たとえば公務員に成立する賄賂罪（197条1項等）のようなものをいう。そして，公務員が非公務員と共謀して業者にわいろを要求した場合には，非公務員にもわいろ要求罪の共同正犯が成立する。

　　**非公務員も公務員と共同することで，公務に対する国民の信頼という汚職の罪の法益を侵害できる**からである。

**ウ ☒** 相互に意思の連絡を欠く片面的共同正犯なるものは，共同正犯ではない。

　　共同正犯は，複数の者が互いに協力しつつ共同して犯罪を実行することによって成立する。そして，共同の行為と評価できることから，実行行為の一部しか実行していなくても，結果の全部について全員が責任を負うことになる（いわゆる「**一部実行全部責任の原則**」）。ここで共同の行為と評価しうるには，相互に意思の連絡が必要で，これを欠く場合には共同正犯は成立しない（大判大11・2・5）。

　　以上から，ア―誤，イ―正，ウ―誤であり，正答は**3**である。

**ア×** **共謀共同正犯における共謀は，順次行われる場合でもよい。**

　　判例は，「数人の共謀共同正犯が成立するためには，その数人が同一場所に会し，かつその数人間に一個の共謀の成立することを必要とするものでなく，同一の犯罪について，甲と乙が共謀し，次で乙と丙が共謀するというようにして，**数人の間に順次共謀が行われた場合は，これらの者のすべての間に当該犯行の共謀が行われた**と解するを相当とする」とする（最大判昭33・5・28）。

**イ×** **未実行者が共同正犯となるには，実行者に指揮命令をしていたことは不要。**

　　指揮命令までは必要でなく，「共同意思の下に一体となって互いに他人の行為を利用し，各自の意思を実行に移すことを内容とする謀議をなし，よって犯罪を実行した」（前掲判例）事実が認められればよいので，指揮命令までは不要である。

**ウ○** **共同正犯の成立には，共同して犯行を実行する認識があることが必要。**

　　妥当である（最判昭43・3・21）。

**エ○** **共同正犯における共謀は，行為の現場で成立するものでもよい。**

　　妥当である。判例は，「事前に共謀の事実がなくても共犯者がその相手方と意思の連絡の下に犯行に及んだ場合には共同正犯となる」とする（最判昭24・7・16）。

　　以上から，妥当なものは**ウ**と**エ**であり，正答は**5**である。

## 実戦問題 ❷　応用レベル

**No.7** 共犯に関する次の記述のうち，判例に照らし，最も妥当なのはどれか。

【労働基準監督官・令和3年度】

**1** 12歳の養女を連れて巡礼中のXが，日頃から自分の言動に逆らう素振りを見せる度に，たばこの火を押しつけるなどの暴行を加えて，自己の意のままに従わせていた同女に窃盗を行わせた場合，Xの行為は，是非の弁別ある同女に命じて窃盗をさせたものであり，窃盗の教唆に当たるものの，間接正犯には当たらない。

**2** 共犯者数名と住居に侵入して強盗に及ぶことを共謀したXが，共犯者の一部が住居に侵入した後強盗に着手する前に，見張り役の共犯者において既に住居内に侵入していた共犯者に電話で「犯行をやめた方がよい，先に帰る」などと一方的に伝えただけで，現場付近の自動車内で待機していたXにおいて格別それ以後の犯行を防止する措置を講ずることなく，待機していた現場付近から当該見張り役らと共に離脱した場合，当初の共謀関係が解消したとはいえない。

**3** 大麻密輸入の計画者から，その実行担当者になって欲しい旨頼まれたXが，大麻を入手したい欲求にかられ，執行猶予中の身であるためこれを断ったものの，知人に対し事情を明かして協力を求め，同人を自己の代わりに計画者に引き合わせるとともに，密輸入した大麻の一部をもらい受ける約束の下にその資金の一部を計画者に提供した場合，Xのこれらの行為は大麻密輸入の実行行為ではなく，有形的幇助にすぎないから，大麻密輸入の謀議を遂げたものとは認められない。

**4** 飲食店の店長Aから一方的に電話を切られたことなどにより憤激したXが，友人Bに同行を求め，Aを殺害することもやむなしとの意思の下で，Bに「やられたらナイフを使え」と指示し，二人で当該飲食店に出向いたところ，予想外にいきなりAから暴行を受けたBが，自己の生命身体を防衛する意思でとっさに包丁でAを殺害した場合，Bに過剰防衛が成立するときは，Xについても当然に過剰防衛が成立する。

**5** 急迫不正の侵害に対し，複数人が共同して防衛行為としての暴行に及び，侵害が終了した後に，なおも一部の者が暴行を続けた場合において，侵害終了後に暴行を加えていない者については，侵害現在時における暴行について防衛行為としての相当性が認められ，侵害終了後の暴行について共謀が認められないという事実関係があったとしても，侵害現在時と侵害終了後の行為を一体として評価し，侵害終了後に暴行を続けた者と同様，傷害罪が成立し，これが過剰防衛に当たる。

** 共犯に関する次のア〜エの記述のうち，適当なもののみをすべて挙げているものはどれか（争いのあるときは，判例の見解による）。

【裁判所事務官・平成28年度】

ア：甲が，Xの殺害について，乙と共謀したところ，その後，乙が，Xの殺害について，丙と順次に共謀し，丙がXを殺害した。この場合，甲が，乙・丙間の共謀の事実を認識していないときであっても，甲には，Xに対する殺人罪の共同正犯が成立する。

イ：甲および乙が，Xを殺害することを共謀し，Xに対して，同時に1発ずつけん銃を発射したところ，そのうちの1発がXの頭部に命中し，それによりXは死亡したが，Xの頭部に命中した銃弾がいずれのけん銃から発射されたものであるか判明しなかった。この場合，甲および乙には，殺人未遂罪の共同正犯が成立する。

ウ：甲および乙は，Xに暴行を加えることを共謀し，それに基づいて暴行を加えたが，甲は，暴行を加えるうちに，Xに対する殺意が生じ，Xを殺害した。この場合，乙には，殺人の故意がなかったのであるから，傷害致死罪の共同正犯が成立する。

エ：甲は，Xの腕時計を預かり保管していたが，Xからの委託を受けていない乙と共謀して，自分たちの遊興費に充てるため，その腕時計を売却した。この場合，乙は，占有者たる身分を有していないから，占有離脱物横領罪の共同正犯が成立する。

**1** ア，ウ
**2** ア，エ
**3** イ，ウ
**4** イ，エ
**5** ウ，エ

**No.9** 共犯の成否に関するア～オの記述のうち，妥当なもののみをすべて挙げているのはどれか。ただし，争いのあるものは判例の見解による。

【国家総合職・平成25年度】

ア：Aは，Bを殺害しようと企て，Cに対して事情を話したうえで青酸ソーダを入手するように依頼した。Cは，これを承諾し，青酸ソーダを入手し，Aに手渡した。ところが，Aは，Cから譲り受けた青酸ソーダを使用することなく，Bに睡眠薬を服用させたうえ，Bを絞殺した。この場合，AはCから譲り受けた青酸ソーダを殺害に使用しなかったので，Cには，殺人既遂罪の幇助犯は成立せず，また，殺人予備罪は自らが殺人を犯す目的を有していることが必要であるので，殺人予備罪の共同正犯も成立しない。

イ：賭博の常習者であるAが，非常習者であるBの賭博行為を幇助した場合，Aには，単純賭博罪の幇助犯ではなく，常習賭博罪の幇助犯が成立する。

ウ：AおよびBは，強盗を共謀し，凶器を携帯して被害者宅に侵入し，家人を包丁で脅迫し，現金を奪取し，被害者宅を出た。そうしたところ，家人が「泥棒，泥棒」と連呼しながら追いかけてきたことから，AとBは別々の方向に逃げた。Aは，その場から逃げ切ったが，Bは，被害者宅から約100メートル離れたところで，偶然その場を通りかかった警察官に発見され，逮捕されそうになったため，包丁で警察官に切り付け，警察官を死亡するに至らしめた。この場合，Aには強盗致死罪の共同正犯が成立する。

エ：AがBに対して殺人を教唆したところ，Bはすでに殺人を決意しており，Aの教唆によってその決意を強められて殺人を犯した場合，Aには，殺人罪の教唆犯ではなく幇助犯が成立する。

オ：Aは，日頃からBに対して激しい暴行・脅迫を加えていたところ，Bに多額の生命保険を掛けたうえで自殺させ，保険金を取得しようと考えた。そこで，Aは，Aを極度に畏怖して服従していたBに対し，車を運転させ，車ごと海中に飛び込むことを命じた。Bは，自殺するつもりはなかったが，車ごと海に飛び込んだ後に車から脱出してAの前から姿を隠す以外に助かる方法はないと思い，車ごと海に飛び込んで生き残る可能性にかけ，Aに命じられるままに，深夜に真冬の海中に車ごと飛び込み，車から脱出して助かった。この場合，Bは，自らの意思で海中に飛び込んだのであるから，Aには，自殺教唆罪が成立し，殺人未遂罪は成立しない。

**1** ア，エ      **2** イ，オ

**3** ウ，エ      **4** ア，ウ，オ

**5** イ，ウ，エ

【国家総合職・令和元年度】

**1**　AとBは，甲に暴行・傷害を加えることを共謀し，一緒になって甲に暴行して
いたところ，Bは，甲から反撃されて激高し，とっさに甲に殺意を抱き，持って
いた小刀で甲を刺し殺した。この場合，AとBには殺人罪の共同正犯が成立する
が，殺意のなかったAには，殺人罪と傷害致死罪の構成要件の重なり合う限度で
軽い傷害致死罪の刑が科される。

**2**　業務上他人の金員を預かり占有していたAは，当該金員の預かり業務を行って
おらず，かつ，占有もしていないBと共謀し，Aが預かっていた金員を費消し
た。この場合，AとBには刑法第65条第1項により業務上横領罪の共同正犯が成
立するが，Bには同条第2項により横領罪の刑が科される。

**3**　AとBは，甲に暴行・傷害を加えることを共謀し，一緒になって，1時間以上
にわたり甲に暴行していたが，Aは，途中で甲がかわいそうになり，まだ甲に対
して暴行を続けようとしているBに対し，「私は帰る。」と言っただけで立ち去っ
た。その後もBは単独で甲に暴行を加え続け，Aが立ち去った後にBが単独で行
った暴行が原因で甲は死亡した。この場合，甲の死亡という結果はBのみの暴行
によって生じたものであるから，Aは傷害致死罪の共同正犯の罪責を負わない。

**4**　Aは，甲を殺害するため，Bに毒物の入手を依頼したところ，Bは，毒物の使
途を認識した上でこれを了承し，毒物を入手してAに手渡した。しかし，結局A
はその毒物を使用しなかった。この場合，Aは殺人の実行行為に着手していない
から，Bは何らの罪責も負わない。

**5**　AはBに対して甲の家に入って窃盗をすることを唆したところ，これを受け
て，Bは，甲の家に入って窃盗をすることを決意したが，間違えて甲の家の隣の
乙の家に入って窃盗をした。この場合，Aが唆したのは甲方に対する住居侵入・
窃盗であって，乙方に対する住居侵入・窃盗については故意が認められないか
ら，Aは住居侵入教唆および窃盗教唆のいずれの罪責も負わない。

**No.11** 教唆犯または帮助犯に関する次のア～エの記述の正誤の組合せとして最も適当なものはどれか（争いのあるときは，判例の見解による）。

【裁判所事務官・平成28年度】

ア：Aは，Bが窃盗を行っている間，見張りをしたが，BはAが見張りをしていることを知らなかった。この場合，Aには窃盗罪の帮助犯が成立する。

イ：刑法61条は，教唆犯について「正犯の刑を科する」と規定しているが，これは，正犯に成立する法定刑ではなく，正犯に対して実際に言い渡された刑を基準にするので，正犯より重い刑を言い渡すことはできないという趣旨である。

ウ：AはBに対し，甲宅への住居侵入，窃盗を教唆したところ，Bは誤って乙宅に侵入して金品を物色した。そして，物音に気付いた乙がBを捕まえようとしたので，Bは乙に暴行を加えて全治2週間の傷害を負わせた。この場合，Aには乙宅への住居侵入罪および強盗致傷罪の教唆犯が成立する。

エ：AおよびBは，公務員甲を唆して虚偽公文書を作成させる共謀をしたが，その後，BはAと相談することなく，公務員でない乙を唆して公文書を偽造させた。この場合，Aには公文書偽造罪の教唆犯が成立する。

|   | ア | イ | ウ | エ |
|---|---|---|---|---|
| **1** | 正 | 正 | 誤 | 正 |
| **2** | 正 | 誤 | 誤 | 誤 |
| **3** | 誤 | 正 | 正 | 誤 |
| **4** | 誤 | 誤 | 正 | 誤 |
| **5** | 正 | 誤 | 誤 | 正 |

# 実戦問題❷の解説

## No.7 の解説　共犯

**1** ✕ **意思が抑圧されている者を利用して犯行させる場合も間接正犯が成立する。**

　　本肢の場合，Xは自己の平素の言動に畏怖し意思を抑圧されている12歳の養女を利用して窃盗を行わせている。養女は，Xの指示に逆らえばXからどんな仕打ちを受けるかわからないとの恐怖の念からやむなくXの指示に従っており，本肢で主体となって窃盗を行ったのは養女ではなくXといえる。すなわち，Xは自己の犯罪（窃盗）の道具として養女を利用したのであり，養女に是非善悪の判断能力があるとしても，正犯となるのは養女ではなくXのほうである（最決昭58・9・21）。

　　判例も，「Xの日頃の言動に畏怖し**意思を抑圧されている同女を利用して窃盗を行った**と認められるのであるから，たとえ同女が是非善悪の判断能力を有する者であったとしても，Xについては**窃盗の間接正犯が成立する**」とする。

**2** ◎ **共謀での強盗実行を予定してた現場を立ち去っても，共犯関係の離脱は否定。**

　　妥当である。判例は，「当初の共謀関係が解消したということはできず，**その後の共犯者らの強盗も当初の共謀に基づいて行われた**ものと認めるのが相当である」として，Xには**住居侵入のみならず強盗致傷についても共同正犯が成立する**とする（最決平21・6・30）。

**3** ✕ **主体的に実行を計画しているなどの事情があれば，共謀共同正犯が成立する。**

　　判例は，本肢のような事情の下に行動したXの行為は，幇助犯ではなく，謀議を遂げた**共謀共同正犯**であるとする（最決昭57・7・16）。

**4** ✕ **共犯者の1人に過剰防衛が成立しても，他の共犯者に過剰防衛は成立しない。**

　　判例は，「共同正犯が成立する場合における**過剰防衛の成否は，共同正犯者の各人につきそれぞれその要件を満たすかどうかを検討して決するべき**であって，共同正犯者の1人について過剰防衛が成立したとしても，その結果当然に他の共同正犯者についても過剰防衛が成立することになるものではない」とする（最決平4・6・5，フィリピンパブ事件）。

**5** ✕ **侵害行為終了後の暴行に共謀がなければ，前と一体としての評価はできない。**

　　複数人が共同して防衛行為を行っている場合，各共同者は「共同して防衛行為を行う」ことについては意思の連絡があるものの，「相手がひるんだ場合には共同して追撃行為を行おう」とは思っていないはずである。

　　つまり，**各共同者は追撃行為については共同実行の意思を有していない**ので，侵害終了後の暴行については，共同意思から離脱の問題ではなく，新たな共謀が成立したかどうかの問題となる。

　　そこで判例は，「反撃行為については正当防衛が成立し，追撃行為については新たに暴行の共謀が成立したとは認められないのであるから，反撃行為と追撃行為とを一連一体のものとして総合評価する余地はない」として，侵害終了後に暴行を加えていない者については，傷害罪は成立しないとする

（最判平 6・12・6）。

## No.8 の解説　共犯

→ 問題はP.136　**正答 1**

**ア ○** **共謀が順次に行われた場合であっても，共謀共同正犯は成立する。**

　　適当である。判例は，「数人の共謀共同正犯が成立するためには，その数人が同一場所に会し，かつその数人間に一個の共謀の成立することを必要とするものでなく，同一の犯罪について，甲と乙が共謀し，次いで乙と丙が共謀するというようにして，数人の間に**順次共謀**が行われた場合は，これらの者のすべての間に当該犯行の共謀が行われたと解するを相当とする」とする（最大判昭33・5・28）。

**イ ×** **共謀に基づいて行われた行為から結果が発生すれば，全員が共同正犯となる。**

　　共謀に基づいて犯罪が実行された場合，**共謀者のうちの誰の行為から結果が発生したかは問題ではない**。誰かの行為によって結果が発生すれば，全員が共謀共同正犯としての責任を負う。

**ウ ○** **暴行等を共謀した共犯者が殺人を犯した場合，傷害致死罪の共同正犯が成立。**

　　適当である（最決昭54・4・13）。→No.1選択肢**2**

**エ ×** **身分犯に非身分者が加功した場合には，身分犯の共同正犯が成立する。**

　　判例は，「犯人の身分によって構成すべき犯罪行為に加功したときは，身分のない者であっても，共犯とする」と規定する**65条1項の共犯**には，狭義の共犯である**教唆犯・幇助犯だけでなく共同正犯も含まれる**とする（大判大4・3・2）。

　　そして，横領罪（252条）は，委託を受けて物を占有する者が主体であるから，本条にいう「犯人の身分によって構成すべき犯罪」である（大判明44・5・16）。したがって，その犯罪に「委託を受けていない」つまり身分のない者が共謀して委託物を売却すれば，横領罪（委託物横領罪）の共同正犯が成立する。

　　以上から，適当なものは**ア**と**ウ**であり，**1**が正答となる。

**ア×**　殺人予備の依頼に応じても，正犯者が着手しなければ予備の共同正犯となる。

　　判例は，殺人の目的を有する者から，これに使用する毒物の入手を依頼され，その使途を認識しながら毒物を入手して依頼者に手交した者は，その毒物による殺人が予備に終わった場合に，**殺人予備罪の共同正犯としての責任を負う**とする（最決昭37・11・8）。したがって，本肢では，Ｃに殺人予備罪の共同正犯が成立する。

**イ○**　賭博常習者が非常習者の賭博を幇助すれば，常習賭博罪の従犯が成立する。

　　妥当である。常習賭博罪（186条１項）における**「常習性」は加減的（不真正）身分**である（大判大２・３・18）。すなわち，たとえば公務員だけが収賄罪（197条１項）を実行できるというように「身分を有することが犯行の要件」となっている構成的（真性）身分ではなく，誰もが実行できるが，その**身分（ここでは常習性という身分）を有する者が行うと適用罪名が変わってくる加減的（不真正）身分**である。もう少し詳しくいうと，賭博行為は誰でも実行可能だが，その場合，非常習者であれば単純賭博罪（185条）が成立し，常習者であれば常習賭博罪（186条１項）という別の罪名が成立する。つまり，「常習者」という身分を有するかどうかで，同じく賭博行為を行っても，適用罪名が違ってくるわけである。このような犯罪を加減的（不真正）身分犯という。これに対し，収賄罪は，公務員でなければ，およそ犯すことができない。この犯罪が成立するためには，公務員であることが絶対条件になっている。つまり，賭博罪のように，「単純」「常習」という身分による区別が存在しない。身分を有しなければ，そもそも犯罪が成立しないわけである。これが構成的（真性）身分犯である。そして，加減的（不真正）身分については65条２項が「身分によって特に刑の軽重があるときは，身分のない者には通常の刑を科する」（すなわち，身分のある者には身分のある者の刑を，ない者には通常の刑を科す）と規定していることから，賭博常習者であるＡが非常習者の賭博行為を幇助した場合には，**賭博常習者Ａには常習賭博罪**（186条１項）**の従犯の刑が，非常習者Ｂには単純賭博罪**（185条）**の正犯の刑が科される**ことになる。

**ウ○**　強盗の共謀者は，他の共謀者の強盗の機会における行為にも責任を負う。

　　妥当である。判例は，Ｂの「傷害致死行為は強盗の機会において為されたものといわなければならないのであって，強盗について共謀した共犯者等はその一人が**強盗の機会において為した行為については他の共犯者も責任を負うべき**」とする（最判昭26・3・27）。

**エ○**　すでに犯意の生じた者に働きかけて犯意を強めても，教唆犯は成立しない。

　　妥当である（大判大６・５・25）。**教唆**とは，犯意のない者に犯意を生じさせて，それを実行させる行為であるから，すでに殺人を決意している者に教唆してその決意を強める行為は幇助犯である。

**オ ✕** 極度の畏怖状態の被害者に命じて車ごと海中に転落させる行為は殺人である。

　　　判例は,「被告人は,その命令に応じて車ごと海中に飛び込む以外の行為を選択することができない精神状態に陥っていた被害者に対して,港の岸壁上から車ごと海中に転落するように命じ,被害者をして,自らを死亡させる現実的危険性の高い行為に及ばせたものであるから,このような被告人の行為は殺人罪の実行行為に当たる」とする(最決昭16・1・20)。

　　　以上から,妥当なものはイ,ウ,エの3つであり,正答は**5**である。

---

### No.10 の解説　共犯

→ 問題はP.138　**正答2**

**1 ✕** 共謀者の一人が殺害した場合,殺意のない者には傷害致死罪の共同正犯成立。

　　　判例は,「殺人罪と傷害致死罪とは,殺意の有無という主観的な面に差異があるだけで,その余の犯罪構成要件要素はいずれも同一であるから,暴行・傷害を共謀した被告人のうちの一人が未必の故意をもって殺人罪を犯した場合は,殺意のなかった者については,殺人罪の共同正犯と傷害致死罪の**共同正犯の構成要件が重なり合う限度で軽い傷害致死罪の共同正犯が成立**する」とする(最決昭54・4・13)。

**2 ◎** 業務上横領罪の共同正犯で,非身分者には単純横領罪の刑が科される。

　　　正しい。判例は,「業務上横領罪は横領罪の犯人が業務上物を占有する場合において,とくに重い刑を科することを規定したものであるから,業務上物の占有者たる身分のない共同正犯者に対しては通常の横領罪の刑を科すべきものである」とする(最判昭32・11・19)。

**3 ✕** 共犯者の一人が犯行現場から立ち去っても,結果全部について責任を負う。

　　　本肢は,共犯者の一人Aが,Bと共同で暴行を行っている現場で,被害者がかわいそうになり,単に「私は帰る。」と言っただけで立ち去ったが,残ったBによって被害者が暴行死させられたという場合,Aは死の結果について責任を負うかという問題である。

　　　本肢で,AはBと共同で暴行を行っており,それによって被害者はもはや反攻できない状態に陥っていると思われる。したがって,**Aが立ち去ってもその影響は残っており,Bは容易に暴行を続けることができる**。そのため,Aはそれによる死の結果についても責任を負わなければならない(最判平元・6・26)。

**4 ✕** 依頼に応じて予備行為をしても,正犯者が未着手なら予備の共同正犯となる。

　　　判例は,殺人予備の幇助犯ではなく,**殺人予備の共同正犯**が成立するとする(最決昭37・11・8)。したがって,乙は殺人予備の規定(201条)で処罰されることになる。

　　　Bが幇助犯となるか,それとも正犯となるかは,殺人罪(199条)と殺人予備罪(201条)のいずれを基準に正犯性を判断するかで結論を異にする。仮に殺人罪を基準に正犯性を判断すれば,Bは自らは他人を殺害する意思を

有しておらず，単にＡの殺人行為を幇助する故意しか有していないので，殺人予備の幇助犯と評価されることになる。これに対して，殺人予備罪を基準に正犯性を判断すれば，ＢはＡと意思を通じて殺人の予備行為を行ったのであるから，殺人予備罪の共同正犯と評価されることになる。判例は，後者の立場に立つ。

予備罪という比較的軽い罪の幇助犯を処罰すべきかについては，学説に議論がある。しかし本肢のように，**Ａの殺人行為を容易にするために，調達が難しい猛毒の青酸ソーダを入手してＡに手渡したＢの行為は，やはり処罰の必要性が認められる**。そのため判例は，可罰性に議論のある「予備の幇助」を避けて，「予備の共同正犯」によってＢを処罰したものと思われる。

**5 ✕** **住居侵入窃盗教唆で，隣の家に住居侵入窃盗すれば住居侵入窃盗教唆が成立。**

判例は，「教唆行為において指示した犯罪の被害者と，本犯たるＢのなした犯罪の被害者とが異る一事を以て，直ちに被告人ＡにＢの犯罪について何等の責任なきものと速断することを得ない」としており（最判昭25・7・11），単に侵入する家を間違えたにすぎず，教唆した内容通りの行為を正犯者が行っている本肢の場合には，教唆者には住居侵入，窃盗の教唆犯が成立することになる。

## No.11 の解説　教唆犯または幇助犯　　　　　→ 問題はP.139　**正答 5**

**ア ◯** **正犯者と意思の連絡なしに正犯の行為を容易にすれば，幇助犯が成立する。**

正しい。いわゆる**片面的幇助**であるが，幇助は正犯の実行行為を容易にすればよく，正犯者との**意思の連絡は幇助犯成立の要件ではない**（大判大14・1・22）。

**イ ✕** **教唆犯の刑は，正犯の構成要件の法定刑の範囲で言い渡される。**

**教唆犯**について「正犯の刑を科する」とは，正犯に対して実際に言い渡された刑を基準にするのではなく，**正犯に成立する法定刑の範囲で言い渡される**という意味である（大判明44・12・18）。

正犯よりも，その犯行をそそのかした**教唆犯のほうが悪質で，正犯よりも非難の程度が強いという場合もある**ことがその理由である。

**ウ ✕** **住居侵入窃盗教唆で，隣の家に住居侵入強盗すれば住居侵入窃盗教唆が成立。**

教唆者には，住居侵入と窃盗の範囲で教唆犯が成立する（最判昭25・7・11）。

**エ ◯** **虚偽公文書作成教唆を共謀しても，結果が公文書偽造ならその教唆犯が成立。**

正しい。Ａが認識した事実は「公務員甲を唆して虚偽公文書を作成させること」であるが，実際に発生した結果は「公務員でない乙を唆して公文書を偽造させた」である。したがって，認識と結果の不一致として事実の錯誤となる。

そして，判例は，「虚偽公文書作成罪（156条）と公文書偽造罪（155条）は，その罪質を同じくするもので，法定刑も同じである」。そして，「Ａらは

最初その目的を達する手段として虚偽公文書作成の罪を教唆することを共謀したが，結局共謀者の一人たるBが公文書偽造教唆の手段を選び，これによって遂に目的を達したものである。つまり，**B**の乙に対する**公文書偽造の教唆行為**は，AとBの**虚偽公文書作成教唆の共謀と全然無関係に行われたものと言うことはできず**，共謀に基づいてたまたまその具体的手段を変更したに過ぎないのであるから，両者の間には相当因果関係があるものと認められる。そうであれば，Aは事実上公文書偽造教唆に直接に関与しなかったとしても，なおその結果に対する責任を負わなければならない」として，Aには**公文書偽造罪の教唆犯が成立する**とした（最判昭23・10・23）。

以上から，**ア**—正，**イ**—誤，**ウ**—誤，**エ**—正となり，**5**が正答となる。

**\*\*\***
**No.12** 共同正犯に関するア～エの記述のうち，判例に照らし，妥当なもののみを挙げているのはどれか。
【国家総合職・令和5年度】

ア：AおよびBは，共謀の上，甲に対し，顔面を拳で複数回殴り，右手を石で殴るなどの暴行を加え，甲に右手親指骨折の傷害を負わせた。たまたま，暴行現場を通りかかったCは，甲がAおよびBの暴行により抵抗や逃亡が困難となっている状態を利用して更に暴行を加えようと考え，AおよびBと共謀の上，甲の頭部および背部を角材で複数回殴る暴行を加え，頭部および背部打撲の傷害を負わせた。この場合，Cには，甲の右手親指骨折の傷害についても，AおよびBとの共同正犯が成立する。

イ：Aは，甲から現金をだまし取ろうと考え，甲に電話をかけて虚偽の事実を告げて現金100万円をAが管理する空き室に送付するよう申し向けたが，甲は，送付前にAの電話が詐欺であることに気付いて警察に通報し，警察の指導の下，現金が入っていない荷物を当該空き室に送付した。Bは，甲による通報後に，Aとの間で当該詐欺の共謀を遂げ，甲が警察に通報した事実を認識せずに，当該空き室において，甲から送付された当該荷物を受け取った。この場合，Bには詐欺未遂罪の共同正犯が成立する。

ウ：AおよびBは，飲食店で口論となった甲に制裁を加える目的で，甲をB方に連行した上，両名で，甲の顔面，背部等を竹刀や木刀で複数回殴るなどの暴行を加えた（第1暴行）。その後，Aは，「俺は帰る。」と言っただけで，現場をそのままにして立ち去った。Bは，Aが立ち去った後，再び，甲の顔面を木刀で突くなどの暴行を加え（第2暴行），甲は死亡した。この場合，甲の死因がBの第2暴行によって生じたと認められるときでも，Aには傷害致死罪の共同正犯が成立する。

エ：Aは，B，CおよびDと共に，甲方への住居侵入・強盗を計画し，犯行前日に甲方付近の下見を行い，4人の間で，Bを見張り役とし，CおよびDが先に甲方に侵入し，内部から入口の鍵を開けて侵入口を確保した上で，待機しているAも甲方に侵入し，共に強盗に及ぶという共謀を遂げた。犯行当日，CおよびDが計画どおり甲方に侵入した後，強盗に着手する前に，Bは，付近に人が集まってきたのを見て犯行の発覚を恐れ，CおよびDに対し，電話で「人が集まっている。早くやめて出てきた方がいい。」「先に帰る。」と一方的に告げ，Aが待機する車に乗り込み，甲方に侵入することなく，Aと共に現場付近から立ち去った。CおよびDは，AおよびBが立ち去ったことを認識したが，甲方において強盗を遂げた。この場合，Aには，住居侵入罪の共同正犯が成立するが，強盗罪の共同正犯は成立しない。

**1** ア，イ　　**2** ア，エ　　**3** イ，ウ　　**4** イ，エ　　**5** ウ，エ

## 実 戦 問 題 **3** の 解説

**ア✕** 先行の傷害行為に途中から加担しても，傷害罪の承継的共同正犯は不成立。

　　本肢は，**承継的共同正犯**に関する初の最高裁の判断である。

　　判例は，本肢の事案で，「被告人Cは，**共謀加担前にAらが既に生じさせ
ていた傷害結果については，被告人Cの共謀およびそれに基づく行為がこれ
と因果関係を有することはないから**，傷害罪の共同正犯としての責任を負う
ことはなく，共謀加担後の傷害を引き起こすに足りる暴行によって甲らの傷
害の発生に寄与したことについてのみ，傷害罪の共同正犯として責任を負
う」とする（最決平24・11・6）。

**イ○** 騙されたふり作戦中に途中で特殊詐欺に加わった受け子にも共同正犯成立。

　　妥当である。判例は，「被告人は，本件詐欺につき，共犯者による欺罔行
為がされた後，だまされたふり作戦が開始されたことを認識せずに，共犯者
らと共謀の上，詐欺を完遂する上で欺罔行為と一体のものとして予定されて
いた受領行為に関与している。そうすると，**だまされたふり作戦の開始いか
んにかかわらず**，被告人は，その加功前の欺罔行為の点も含めた詐欺につ
き，**詐欺未遂罪の共同正犯としての責任を負う**」とする（最決平29・12・
11）。

**ウ○** 暴行を途中離脱しても，残存者の暴行で被害者死亡なら傷害致死の共同正犯。

　　妥当である。判例は，「被告人Aが帰った時点では，Bにおいてなお制裁
を加えるおそれが消滅していなかったのに，Aにおいて**格別これを防止する
措置を講ずることなく，成り行きに任せて現場を去ったに過ぎない**のである
から，Bとの間の当初の共犯関係が右の時点で解消したということはでき
ず，その後のBの暴行も右の共謀に基づくものと認めるのが相当である」と
して，Aに**傷害致死罪の共同正犯の成立**を認めている（最決平元・6・26）。

**エ✕** 共謀での強盗を予定していた現場を立ち去っても，共犯関係の離脱は否定。

　　判例は，「被告人Aが離脱したのは強盗行為に着手する前であり，たとえ
被告人も見張り役の電話内容を認識した上で離脱し，**残された共犯者らが被
告人の離脱をその後知るに至ったという事情があったとしても，当初の共謀
関係が解消したということはできず**，その後の共犯者らの強盗も当初の共謀
に基づいて行なわれたものと認めるのが相当である」として，Aには住居侵
入のみならず**強盗致傷についても共同正犯が成立する**とする（最決平21・
6・30）。

　　以上から，妥当なものは**イ**と**ウ**であり，正答は**3**である。

# 罪数・その他

## 必修問題

次の用語とそれに対する説明を正しく組み合わせたものを挙げているのは
どれか。　　　　　　　　　　　　　　　　【裁判所事務官・平成17年度】

【用語】

A：**法条競合**

B：**観念的競合**

C：**牽連犯**

D：**集合犯**

E：**接続犯**

【説明】

ア：構成要件の性質上，複数の同種の行為が反復されることを予定してい
る犯罪

イ：犯罪の手段または結果である行為が他の罪名に触れる場合

ウ：1個の行為が同時に2個以上の罪名に触れる場合

エ：数個の同種の行為が，同一の法益侵害に向けられ，時間的・場所的に
近接して行われるため，全体を包括的に観察して一罪と認められるも
の

オ：本来数罪となるべきものがそれぞれ別の罪と**科刑上一罪**の関係に立つ
ことにより，数罪全体が一罪となること

カ：ある行為が数個の刑罰法規に触れるように見えるが，刑罰法規相互間
に特殊な関係があることを根拠として，そのうちの一つの刑罰法規だ
けが適用され，1個の犯罪が成立する場合

**1**　A—ア，B—ウ，C—オ

**2**　A—カ，B—ウ，D—ア

**3**　A—カ，D—エ，E—オ

**4**　B—ウ，C—イ，E—カ

**5**　C—イ，D—ア，E—オ

難易度　＊

頻出度 | 国家総合職 ★
C | 労働基準監督官 ★★★
　 | 裁 判 所 ★
　 | 地上全国型 －

7 罪数・その他

第1章

総

論

## 必修問題の解説

　罪数に関して，刑法は，行為者が2回以上構成要件に該当する行為を行った場合でも，そのすべてについて各犯罪の法定刑を合算するという方法をとっていない。たとえば，各地で寸借詐欺を5回働いたという場合，「長期10年の懲役×5回＝最長50年の懲役」などとはしていない。そこには，法定刑を合理的な範囲にとどめておくという考慮が働いている。そして，罪数とは，ここにいう「合理的な範囲」とは何かを確定するものである。

　A～Eは罪数に関するものである。本問に登場した罪数の関係は次のようになっている。

| 一罪 | 単純一罪 | 行為が1個 | 1個の行為で1個の罪を犯した場合である。 |
| --- | --- | --- | --- |
| | | 行為が数個 | 集合犯がその例。たとえば，集合犯である常習賭博罪（186条1項）は，数回の賭博行為を行っても一罪にしかならない。 |
| | 評価上一罪 | 包括一罪 | 接続犯がその例。たとえば，一晩の間に数回にわたって米俵を運び出す場合のように，全体を包括的に観察して1個の窃盗罪と評価されるような場合である。 |
| | | 法条競合 | 数個の刑罰法規に触れるように見えるが，特殊な関係のために一罪しか成立しない場合をいう。たとえば，包丁で人を刺殺し，その際に衣服を毀損したとしても，殺人罪のみが成立し，器物損壊罪は成立しないなど。 |
| 数罪 | 科刑上一罪 | 観念的競合 | 1個の爆弾を投げて（行為は1個），数人を殺害する（数個の殺人罪が成立）など，1個の行為が同時に2個以上の罪名に触れる場合である。 |
| | | 牽連犯 | 甲宅で窃盗するためには，甲宅に住居侵入せざるをえないなど，複数の罪が類型的に手段・結果の関係にある場合をいう。 |
| | 併合罪 | | 確定裁判を経ていない数罪をいう。 |

　以上から，A―カ，B―ウ，C―イ，D―ア，E―エとなり，**2**が正答となる。なお，オはかすがい現象のことである。

　そのほかの概念は，以下のとおりである。

　**評価上一罪**とは，形式的には複数の犯罪が成立するように見えるが，**法的な評価としては一罪とされる場合**である。上表の接続犯の例でも明らかなように，一晩の間に数回にわたって米俵を運び出したとしても，これを「長期10年の懲役（窃盗罪）×回数」として刑を宣告する必要はない。1個の犯罪と見て，「10年以下の懲役」で処罰すれば十分である。

　**科刑上一罪**とは，複数の犯罪が成立するが，**刑を科す手続きのうえでは一罪として扱われる場合**である。たとえば，住居侵入・窃盗の場合に，住居侵入はあくまで

手段にすぎないので，これを加算して，通常の窃盗の場合よりも重く，13年以下の懲役で処罰する必要はない。重いほうの窃盗罪の「10年以下の懲役」で処罰すれば十分である。

　**併合罪**は数罪であるが，それぞれの罪の刑が単純に合算されるわけではなく，それぞれの罪について定めた刑の長期の合計を超えない範囲で，その**最も重い罪について定めた刑の長期にその2分の1を加えたものを長期として，その範囲で刑が言い渡される**（47条）。

正答 **2**

# FOCUS

　この分野は刑法の中でもマイナーな箇所であるが，罪数や執行猶予などを中心に，しばしば出題されている。問題によっては細かな部分まで問われることもあるが，ポイントとなる判例や条文について一応の理解ができていれば，大半の問題は対処が可能である。この分野では，ポイントを絞り込んで手を広げないことが重要である。

## ─ POINT ─

### 重要ポイント **1** 罪数の種類

・**罪数**は構成要件を基準に定められ（通説），次のように分類することができる。

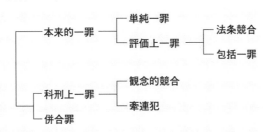

### 重要ポイント **2** 本来的一罪

| 法条競合 | ・１個の行為が数個の構成要件に該当するように見えるが，各罰条相互の論理的関係から，実際は１個の構成要件だけに該当するものとされる場合をいう。<br>（例）暴行を手段として財物を奪取した場合の暴行罪と強盗罪→強盗罪一罪が成立。 |
|---|---|
| 包括一罪 | ・特定の構成要件に該当する数個の行為が行われた場合に，それら数個の行為を包括して一罪と評価しうる場合をいう。<br>（例）賄賂を要求（要求罪）→約束（約束罪）→受領（収受罪）という行為が行われた場合，これら３つの行為について，包括して１個の賄賂罪が成立。 |

### 重要ポイント **3** 数罪

| 種　類 | 意　義 | 処　断 |
|---|---|---|
| 観念的競合 | ・１個の行為が２個以上の罪名に触れる場合。 | 最も重い刑で処断 |
| 牽連犯 | ・犯罪の手段もしくは結果である行為が他の罪名に触れる場合。<br>・たまたま手段結果の関係にあるだけでは足りず，類型的に手段結果の関係にあることが必要。 | |
| 併合罪 | ・確定裁判を経ていない数罪をいう。<br>・ある罪について禁錮以上の刑に処する旨の確定裁判があったときは，その罪とその裁判が確定する前に犯した罪とが併合罪となる。 | 長期に２分の１を加えたものを長期とする等 |

・**牽連犯**において「類型的に手段結果の関係にある」とは，たとえば住居侵入と窃盗のように，通常用いられる手段である，あるいは通常行われるべき行為であるという関係が必要で，たまたま手段・結果の関係にあるような場合を含まない。

**No.1** 刑の減軽免除に関する記述ア～エのうち，妥当なもののみをすべて挙げているのはどれか。　　　　　　　　　　　　【労働基準監督官・平成17年度】

ア：急迫不正の侵害に対して，自己または他人の権利を防衛するため，やむをえず行った行為は正当防衛として，処罰の対象とならないが，防衛の限度を超えた行為は，情状により刑を減軽することはできるが，免除することはできない。

イ：自己または他人の生命，身体，自由または財産に対する現在の危難を避けるため，やむをえず行った行為は，業務上特別の義務のある者を除き，これによって生じた害が避けようとした害の程度を超えなかった場合に限り，処罰の対象とはならない。

ウ：心神喪失者の行為は，処罰の対象とならない。これに対して，心神耗弱者の行為については，処罰の対象となり，刑を減軽することも免除することもできない。

エ：犯罪の実行に着手してこれを遂げなかった者は，その刑を減軽することができる。ただし，自己の意思により犯罪を中止したときは，その刑を減軽し，または免除する。

**1** ア，イ

**2** ア，ウ

**3** ア，エ

**4** イ，ウ

**5** イ，エ

**No.2** 罪数に関する記述として妥当なのはどれか。

【労働基準監督官・平成17年度】

**1** 併合罪のうち1個の罪について死刑に処するときは，罰金，科料および没収を除き，他の刑を科さない。

**2** 併合罪のうち1個の罪について無期の懲役または禁錮に処するときは，罰金，科料および没収を除き，他の刑を科さない。

**3** 1個の行為が2個以上の罪名に触れるときは，いわゆる牽連犯として，その最も重い刑により処断される。

**4** 犯罪の手段または結果である行為が他の罪名に触れるときは，いわゆる観念的競合としてそれらの刑を合算した刑により処断される。

**5** 併合罪のうちの2個以上の罪について有期の懲役または禁錮に処するときは，その最も重い罪について定めた刑の長期に，その最も軽い刑について定めた刑の長期を加えたものを長期とする。

# 実戦問題 **1** の 解説

→ 問題はP.152 **正答5**

## No.1 の解説　刑の減軽免除

**ア✕** **正当防衛は不可罰，過剰防衛は刑の任意的減軽または免除である。**

　　前半は**正当防衛**，後半は**過剰防衛**である。そして，過剰防衛については，「情状により，その刑を減軽し，又は免除することができる」とされている（36条2項）。

　　これは，とっさに不正な攻撃を受けて，身を守るために無我夢中で反撃するような場合，結果として過剰な反撃が行われることもあるので，それについて非難できないとして刑の免除の余地を残したものである（**責任減少説**，最判平4・6・5参照）。

**イ○** **緊急避難を不処罰とする規定は業務上特別の義務のある者には適用されない。**

　　妥当である。いわゆる緊急避難であるが（37条1項），刑法は，消防士のように業務上特別義務がある者については緊急避難の規定は適用しないとしている（同条2項）。→テーマ3「違法阻却事由」No.4選択肢**5**

**ウ✕** **心神喪失者の行為は処罰されず，心神耗弱者の行為は刑が減軽される。**

　　心神喪失者は**責任無能力者**であり，犯罪の成立要件の一つである責任の要件を欠くので，犯罪は成立せず，処罰の対象とはならない。これに対して，心神耗弱者は**限定責任能力者**であり，責任能力はあるが，それが限定的なものにとどまるので，「その刑を減軽する」とされている（39条2項）。

**エ○** **未遂犯は刑を減軽でき(任意的)，中止犯は必要的に刑を減軽または免除する。**

　　妥当である（43条但書）。中止の状況や，法益侵害の程度など，さまざまなファクターを考慮して，それに合わせた対処ができるように，減軽と免除の双方が認められている。

　　以上から，妥当なものは**イ**と**エ**であり，**5**が正答となる。

**1 ✕**　死刑では没収は科すことができるが，罰金，科料は併科できない。

　　**没収**は，たとえば犯行に使われた銃を犯人（またはその相続人）に返さないことで，これが再び使用されないようにする，あるいは，殺害の報酬が犯人（またはその相続人）に渡らないようにして，犯罪が割に合わないことを示すなどの目的で行われる。したがって，**死刑とはその目的を異にしており，併せて科すことができる**（46条1項但書）。しかし，罰金や科料は犯人に対する制裁の目的で科されるので，死刑の場合には併科しても意味がなく，併科は行われない。

**2 ◎**　罰金や科料は無期の懲役または禁錮と併科できる。

　　正しい（46条2項）。罰金や科料は経済的な制裁を科す財産刑であるから，無期の懲役または禁錮と併科できる。

**3 ✕**　1個の行為が2個以上の罪名に触れるときは，観念的競合となる。

　　これは牽連犯ではなく，観念的競合である（54条1項前段）。**牽連犯**とは，複数の犯罪が類型的に手段・結果の関係にある場合をいう（54条1項後段）。

**4 ✕**　犯罪の手段または結果である行為が他の罪名に触れるときは牽連犯となる。

　　「犯罪の手段または結果である行為が他の罪名に触れる」場合とは，観念的競合ではなく牽連犯である。また，観念的競合・牽連犯のいずれについても，合算した刑ではなく，その最も重い刑により処断される（54条1項）。

**5 ✕**　併合罪では，最も重い罪の刑の長期に2分の1を加えたものを長期とする。

　　それぞれの罪について定めた刑の長期の合計を超えない範囲で，その最も重い罪について定めた刑の長期にその2分の1を加えたものを長期とする（47条）。

## 実 戦 問 題 ❷ 　 応 用 レ ベ ル

**No.3** **＊＊**　刑が必ず減軽または免除されるものの組合せとして，妥当なのはどれか。

【地方上級（全国型）・平成13年度】

**ア**：Bがいきなり素手で殴りかかってきたので，Aはとっさに近くにあった斧で
　　反撃したところ，Bは出血多量で死亡した。

**イ**：Aは希少植物を採取したが，その植物の採取が法律上禁止されていることを
　　知らなかった。

**ウ**：AはBをいさかいの末に殺害したが，Aには精神的な障害があり犯行当時心
　　神耗弱の状態にあった。

**エ**：Aは別れた恋人を殺してしまったが，いずればれてしまうと思い，事件が発
　　覚する前に自ら警察署に出頭した。

**オ**：AはBの家に放火しようと思い，油をしみ込ませた新聞紙に火をつけたが，
　　急にBがかわいそうになり，新聞紙の火を消した。

**1**　ア，ウ

**2**　ア，エ

**3**　イ，エ

**4**　イ，オ

**5**　ウ，オ

**❖ No.4** 併合罪，観念的競合および牽連犯等に関するア〜オの記述のうち，妥当なもののみをすべて挙げているのはどれか。　【労働基準監督官・平成19年度】

ア：併合罪とは，ある犯罪の手段としてなされた他の行為，またはある犯罪の結果として行われた他の行為が，別個の構成要件に該当する場合をいい，住居侵入罪と窃盗罪・殺人罪の各罪，私文書偽造罪と詐欺罪などが代表的なものである。

イ：観念的競合とは1つの行為が2個以上の罪名に触れる場合をいい，ひき逃げにおける道路交通法上の救護義務違反の罪と報告義務違反の罪は観念的競合となる。

ウ：酒に酔って無免許で運転をした場合，道路交通法上の酒酔い運転の罪と無免許運転の罪とは併合罪となるが，酒酔い運転中の交通事故により人を死亡させた場合，道路交通法上の酒酔い運転の罪と刑法上の自動車運転過失致死罪とは観念的競合となる。

エ：牽連犯とは，確定裁判を経ていない2個以上の罪であり，科刑の点で特別の扱いがなされるが，殺人罪と死体遺棄罪，監禁罪と傷害罪がその例である。

オ：偽造通貨を行使して財物を詐取した場合には，偽貨の行使には通常詐欺的事態が伴うこと等の理由により，詐欺罪は偽造通貨行使罪に吸収され，偽造通貨行使罪のみが成立する。

**1**　ア，イ

**2**　ア，ウ

**3**　イ，オ

**4**　ウ，エ

**5**　エ，オ

**No.5** 罪数に関する次の記述のうち，判例に照らし，妥当なのはどれか。

【地方上級・平成9年度】

**1** 酒に酔った状態で自動車を運転中，過失によって人を死亡させた行為は，社会的見解上1個のものと見るべきであり，道路交通法の酒酔い運転罪と自動車運転過失致死罪との観念的競合となる。

**2** 他人の住居に侵入して人を殺した場合，他人の住居に侵入して財物を窃取した場合は，それぞれ，住居侵入罪と殺人罪，住居侵入罪と窃盗罪との併合罪となる。

**3** 公務執行妨害罪（3年以下の懲役または禁錮）と傷害罪（10年以下の懲役または30万円以下の罰金もしくは科料）との観念的競合の場合，重い刑である傷害罪により処断されることとなるので，罰金刑が科されることがある。

**4** ある者が，殺人罪，放火罪，暴行罪，毀棄罪を順次行った場合，そのうちの暴行罪のみについて罰金刑の確定裁判があったときは，殺人罪，放火罪，暴行罪について併合罪の関係となる。

**5** 刀剣不法所持罪は継続犯であり，不法所持の終了時が犯罪の終了時であるから，不法所持の継続中に他の罪について確定裁判があっても，その罪と不法所持罪とは，併合罪となるものではない。

**1** 一定の期間内に，ある程度限定された場所で，共通の動機から繰り返し犯意を生じ，主として同態様の暴行を反復累行し，その結果，個別の機会の暴行と傷害の発生，拡大ないし悪化との対応関係を個々に特定することはできないものの，結局は一人の被害者の身体に一定の傷害を負わせた場合，その全体を一体のものと評価し，包括して一罪と解することができる。

**2** 恐喝の手段として監禁が行われた場合，恐喝と監禁の両罪は，犯罪の通常の形態として手段または結果の関係にあるものと認められるのが当然であるから，牽連犯の関係にある。

**3** 刑法54条１項前段の規定は，一個の行為が同時に数個の犯罪構成要件に該当して数個の犯罪が競合する場合において，これを処断上の一罪として刑を科する趣旨のものであるところ，当該規定にいう一個の行為といえるかについて，法的評価を離れ構成要件的観点を捨象した自然的観察の下で判断することは許されない。

**4** 併合罪関係にある複数の罪のうちの一個の罪について死刑または無期刑を選択する際には，その結果科されないこととなる刑に係る罪を，これをも含めて処罰する趣旨で考慮してはならず，当該一個の罪のみで死刑または無期刑が相当とされる場合でなければそれらの刑を選択することはできない。

**5** けん銃を発射した者が，捜査機関に発覚する前に自己の犯罪事実を捜査機関に申告したとしても，その際に使用したけん銃に関して虚偽の事実を述べた場合には，刑法42条１項の自首は成立しない。

（参考）刑法
（自首等）
第42条（第２項略）
1 罪を犯した者が捜査機関に発覚する前に自首したときは，その刑を減軽することができる。

（一個の行為が二個以上の罪名に触れる場合等の処理）
第54条（第２項略）
1 一個の行為が二個以上の罪名に触れ，又は犯罪の手段若しくは結果である行為が他の罪名に触れるときは，その最も重い刑により処断する。

# 実戦問題 **2** の解説

**No.3 の解説**　刑の必要的軽減・免除　　　→ 問題はP.155　**正答5**

**ア** ✕　**過剰防衛であり，刑の任意的減軽または免除が行われる（36条2項）。**

　　　Aにとって，Bがいきなり殴りかかってきたことは，急迫不正の侵害に当たる。したがって，AがBに反撃しても，それが相当な範囲のものであれば，Aに正当防衛が成立する。しかし，Bの侵害が素手によるものであるのに対し，Aは斧で反撃しBを死亡させている。すなわち，Aの反撃は防衛の程度を超えている。したがって，Aの行為は過剰防衛となる（36条2項）。

　　　そして，Aの行為は正当防衛とならないので犯罪が成立する。しかし，**過剰防衛**では，突然の攻撃に驚いて無我夢中で過剰に反撃してしまう場合も考えられるので，**裁判所の判断で刑の減軽または免除ができる**とされている。

**イ** ✕　**法律の錯誤であり，刑の任意的減軽が認められている（38条3項）。**

　　　Aは，自己の行為が法律で禁止の対象とされていることを知らないまま，法律に触れる行為を行っている。これは**法律の錯誤**である。そして，法律の錯誤では行為者に犯罪が成立する。なぜなら，「法律を知らなかった」ことで罪が許されるとすれば，無知な者の行為はことごとく罪にならないという不都合を生じてしまうからである。ただ，法律がその行為を禁止していると知らなかったことに相当の理由がある場合も考えられるので，**具体的な事情いかんでは刑を減軽することも認められている。**

**ウ** 〇　**心神耗弱者の行為は，刑の必要的減軽事由とされる（39条2項）。**

　　　**心神耗弱者**は，自分の意思や行動について罪を犯さないようにコントロールする能力が不十分なので，その分，**行為者に対する非難の程度を弱めざるをえない**というのがその理由である。

**エ** ✕　**自首は，刑の任意的減軽事由である（42条1項）。**

　　　Aは犯罪を行ったが，その犯罪事実が捜査機関に発覚する前に，自発的に自己の犯罪事実を申告している。したがって，これは自首に当たる。この場合，すでに犯行は行われているが，**犯人の事後的な改悛（かいしゅん）の姿勢をくむなどの理由により，刑を減軽することが認められている。**

**オ** 〇　**中止犯は，刑の必要的減軽または免除の事由である（43条但書）。**

　　　Aは放火目的で油をしみ込ませた新聞紙に火をつけており，これは放火罪の着手に当たる。しかし，なんら外部的障害がないのに，自らの意思で火を消し止めているので，Aに中止犯が成立する。そして，中止犯は，行為者が**結果の発生を主体的に阻止したことを評価して，法はこれに刑の必要的減軽または免除という特別の恩典を与えている。**

　　　以上から，刑が必ず減軽され，または免除されるのは**ウ**と**オ**であり，**5**が正答となる。

**ア✕** 犯罪の手段または結果である行為が他の罪名に触れるときは牽連犯である。

　　妥当でない。本肢は併合罪ではなく，牽連犯のことである。

　　　　　　　　　　　　　　　　　　　　　　　　　→必修問題解説の表

　　なお，本肢の例は，いずれも牽連犯である（住居侵入罪と窃盗罪について，大判明45・5・23，住居侵入罪と殺人罪について，大判明43・6・17，私文書偽造罪と詐欺罪について，大判明42・1・22）。

**イ◯** ひき逃げにおける救護義務違反の罪と報告義務違反の罪は観念的競合となる。

　　妥当である。前半については，54条1項。後半については，判例は，これら「二つの義務は，いずれも交通事故の際『直ちに』履行されるべきものとされており，運転者等が右二つの義務に違反して逃げ去るなどした場合は，社会生活上，しばしば，ひき逃げというひとつの社会的出来事として認められている」として，両罪は観念的競合になるとする（最判昭51・9・22）。

**ウ✕** 酒酔い運転の罪と自動車運転過失致死罪とは併合罪の関係に立つ。

　　妥当でない。両者が逆である。すなわち，酒酔い運転の罪と無免許運転の罪とは観念的競合であり，酒酔い運転の罪と刑法上の自動車運転過失致死罪とは併合罪の関係に立つ。

　　**観念的競合**とは1個の行為が数個の罪名に触れる場合をいい，その最も重い刑によって処断される（54条1項）。行為者の行為は1個だけなので，これを複数の罪で処罰するのは1個の行為を二重に処罰することになるとの配慮からである。そして判例は，「1個の行為」とは**「自然的観察のもとで，行為者の動態が社会的見解上1個のものとの評価を受ける場合をいう」**とする。そのため，本肢のような場合はこれに当たらないことになる。

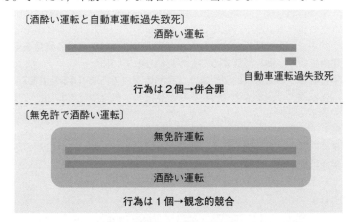

　　もともと自動車を運転する行為は，時間的継続と場所的移動を伴うものである。したがって，運転継続中のある時点とある場所で人身事故を発生させ

る行為は，社会的に見て1個の行為とは評価できない。判例のいう1個の行為とは，1回の発砲で2人を死傷させるなど，基本的には1個の動態から複数の犯罪結果が生じる場合のことである。

**エ✕** 確定裁判を経ていない2個以上の罪は併合罪とされる。

妥当でない。これは併合罪のことである。→必修問題解説の表

なお，本肢の例は，いずれも併合罪である（殺人罪と死体遺棄罪について，大判明44・7・6，監禁罪と傷害罪について，最決昭43・9・17）。

**オ◯** 偽造通貨を行使して財物を詐取した場合は偽造通貨行使罪のみが成立する。

妥当である。本肢にもあるように，偽貨の行使には通常詐欺的事態が伴うことから，偽造通貨行使罪の要件や刑罰はそのような関係を考慮したうえで，詐欺行為を含めて定立されていると見るのが妥当である。

以上から，妥当なものはイとオであり，**3**が正答となる。

---

**No.5の解説** 罪数　　　　　　　　　　→ 問題はP.157 **正答5**

**1✕** 酒酔い運転の罪と自動車運転過失致死罪とは併合罪の関係に立つ。

酒酔い運転の罪と自動車運転過失致死罪とは，観念的競合ではなく併合罪の関係となる（最判昭49・5・29）。→No.4**ウ**

**2✕** 類型的に手段・結果の関係にある場合は牽連犯となる。

A罪がB罪の手段として行われる場合のように，**複数の犯罪の一方が他方の手段あるいは結果の関係にある場合**には，犯罪は複数成立しているにもかかわらず，科刑上は一罪として扱われる。このような場合を牽連犯という。客観的に見て，B罪を犯すためにはA罪を犯さざるをえないので，両罪のうち重いほうで処罰すれば足りるという考慮からである。

本肢の場合，家の中にいる者を殺害したり，**家の中の財物を盗むにはその家に侵入せざるをえず，その意味で，一方が他方の手段として普通に用いられるという関係にある**。したがって，住居侵入罪と殺人および窃盗は，客観的・類型的に手段・結果の関係に立つので，両者ともに**牽連犯**とされている（大判明43・6・17，大判明45・5・23）。

**3✕** 観念的競合では，長期も短期も，それぞれ重いほうが選択される。

したがって，罰金刑が科されることはない。

観念的競合は「その最も重い刑により処断」されるが（54条1項前段），その意味は，①数罪中最も重い刑を定める法条によって処断するというだけでなく，②他の法条の最下限の刑より軽く処断することはできないということも意味する（最判昭28・4・14）。

本肢で両罪を比較した場合，重い刑を定める法条は傷害罪のほうであるが，下限は公務執行妨害罪のほうが重い。

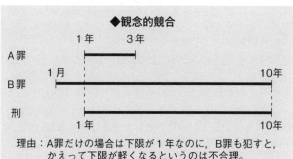

◆観念的競合

```
                1年      3年
A罪            ├────────┤

        1月                              10年
B罪    ├──────────────────────────────────┤

刑
        1年                              10年
```

理由：A罪だけの場合は下限が1年なのに，B罪も犯すと，
　　　かえって下限が軽くなるというのは不合理。

**4 ✕** 同時審判の可能性があるときは，一括して処断される併合罪となる。

　　ある者が，それぞれ別個の犯罪となる複数の罪を順次行った場合でも，同時審判の可能性があるときは，それらの罪は一括して処断される。これを**併合罪**といい，「**確定裁判を経ていない2個以上の罪**」がこれに当たる（45条前段）。そして複数の罪が併合罪の関係に立つと，たとえば有期懲役の場合であれば，期間は重い罪の長期の1.5倍以内とされるなど，被告人にとっては有利な取扱いがなされる。

　　ただし，このような有利な取扱いは，「禁錮以上の刑に処する確定裁判」によって遮断される（45条後段）。禁錮以上の判決が確定した場合，犯人はそこで罪の重さや刑罰の意義を自覚すべきであり，それにもかかわらず，その後に再度犯罪を行ったときは，そのような有利な取扱いは行わないという趣旨である。

　　ただ，このような遮断が行われるのは，明文が規定するように「禁錮以上の刑に処する確定裁判」があった場合であって，罰金刑の確定によっては遮断されない。これは，罰金以下の刑を科す確定判決が中間になされたかどうかの確認がかなり煩雑であることから，その負担を回避するという実務的要請に基づくものである。それゆえ本肢の場合，毀棄罪も含めて4罪が併合罪の関係に立つことになる。

**5 ◎** 不法所持継続中に他の罪の確定裁判があっても，その罪と併合罪にならない。

　　正しい（最決昭35・2・9）。たとえば，次のような場合である。

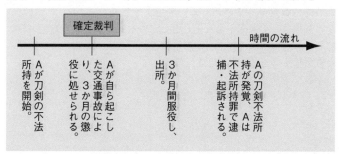

確定裁判

時間の流れ

Aが刀剣の不法所持を開始。

Aが自ら起こした交通事故により，3か月の懲役に処せられる。

3か月間服役し，出所。

Aの刀剣不法所持が発覚，Aは不法所持罪で逮捕・起訴される。

　図の例でいうと，業務上過失致傷罪（211条）と刀剣不法所持罪とは併合罪とはならない。Aは確定裁判を通じて，再び罪を犯さないことを決意すべきであり，それにもかかわらず，判決確定後も依然として不法所持（犯行）を続けているAの行為を併合罪として扱い，有利な計らいをする必要はないからである。

## No.6 の解説　罪数や刑罰　　　　→ 問題はP.158　**正答 1**

**１ ◎　一定期間内に反復累行された暴行で種々の傷害を負わせた場合は包括一罪。**

　正しい。判例は，「ある程度限定された場所で，共通の動機から繰り返し犯意を生じ，主として同態様の暴行を反復累行し，その結果，個別の機会の暴行と傷害の発生，拡大ないし悪化との対応関係を個々に特定することはできないものの，結局は一人の被害者の身体に一定の傷害を負わせたというものであり，そのような事情に鑑みると，それぞれ，その**全体を一体のものと評価し，包括して一罪**と解することができる」とする（最決平26・3・17）。

　要するに，複数の暴行が加えられたから，その数だけの刑罰（暴行・傷害）をすべて足し算するのではなく，全体として一罪として処罰すれば足りるということである。

**２ ✕　恐喝の手段として監禁が行われても，両罪は牽連犯の関係にはない。**

　判例は，「**恐喝の手段として監禁が行われた場合**であっても，両罪は，犯罪の**通常の形態として手段又は結果の関係にあるものとは認められず**，牽連犯の関係にはない」とする（最判平17・4・14）。

　牽連犯は，判例が述べるとおり「犯罪の通常の形態として手段または結果の関係にあるもの」をいう。

　そこで，たとえば住居侵入（130条）・窃盗（235条）を例に挙げると，人の家から物を盗もうとする場合，住居侵入をせざるをえないが，これを併合罪とすると両者が加重されるので（47条），どうしても刑が重くなってしまう。しかし，住居侵入はあくまでも手段にすぎないので（住居侵入しなければ家から物を盗めない），重いほうの罪で処罰すればよいというのが牽連犯である。

　しかし，住居侵入・窃盗と異なり，「監禁を手段として恐喝が行われるのが通常の形態」とはいえない。この場合は，併合罪として加重処罰するのが妥当というのが判例の見解である。

**３ ✕　観念的競合の1個の行為とは自然的観察のもとで1個と評価を受ける場合。**

　判例は，「1個の行為」とは「自然的観察のもとで，行為者の動態が社会的見解上1個のものとの評価を受ける場合をいう」とする（最大判昭49・5・29）。→No.4 **ウ**

**４ ✕　複数の罪をあわせて評価して死刑または無期刑を選択することも許される。**

　判例は，「刑法46条は，併合罪関係にある複数の罪のうち1個の罪につい

て死刑又は無期刑に処するときは，一定の軽い刑を除き，他の刑を科さない旨を規定しているところ，これは，**1個の罪について死刑又は無期刑に処するときに，その結果科されないこととなる刑に係る罪を不問に付する趣旨ではなく**，その刑を死刑又は無期刑に吸収させ，これらによってその罪をも処罰する趣旨のものと解される。したがって，併合罪関係にある複数の罪のうちの1個の罪について死刑又は無期刑を選択する際には，その結果**科されないこととなる刑に係る罪を，これをも含めて処罰する趣旨で，考慮できる**というべきであり，当該1個の罪のみで死刑又は無期刑が相当とされる場合でなければそれらの刑を選択できないというものではない」とする（最決平19・3・22）。

**5**✕　捜査機関への申告内容に虚偽が含まれていても，自首の成立を妨げない。

　判例は，「被告人は，捜査機関に**発覚する前に自己の犯罪事実を捜査機関に申告した**のであるから，その際に使用したけん銃について虚偽の事実を述べるなどしたことが認められるとしても，刑法42条1項の自首の成立を妨げない」とする（最決平13・2・9）。

# 第2章

# 各　論

# 試験別出題傾向と対策

| 頻出度 | 試験名 / テーマ | 国家総合職 | | | | | 国家専門職<br>（労働基準監督官） | | | | | 裁判所<br>（裁判所事務官） | | | | |
|---|---|---|---|---|---|---|---|---|---|---|---|---|---|---|---|---|
| | 年度 | 21–23 | 24–26 | 27–29 | 30–2 | 3–5 | 21–23 | 24–26 | 27–29 | 30–2 | 3–5 | 21–23 | 24–26 | 27–29 | 30–2 | 3–5 |
| | 出題数 | 4 | 3 | 5 | 5 | 3 | 3 | 6 | 5 | 5 | 5 | 16 | 15 | 15 | 15 | 14 |
| A | 8 個人的法益(1) | 1 | | | 2 | 1 | 2 | 2 | 2 | | 1 | 4 | 3 | 4 | 3 | 4 |
| A | 9 個人的法益(2) | 1 | 2 | 1 | 1 | 1 | 1 | 1 | 1 | 1 | | 5 | 4 | 4 | 6 | 6 |
| A | 10 個人的法益(3) | 1 | | 1 | 1 | 1 | | 3 | | 2 | 1 | 3 | 4 | 3 | 4 | 4 |
| B | 11 社会的法益 | 1 | | 2 | 1 | | | | 1 | 1 | | 3 | 2 | 3 | 2 | |
| B | 12 国家的法益 | | 1 | 1 | | | 2 | 1 | 2 | | 1 | 2 | 1 | | | |

　各論には多くの罪名が存在するが，そのすべてが出題の対象とされているわけではない。出題は特定の罪名に限られており，まったく出題されない罪名も多数存在する。したがって，各論の学習に入る際には，最初に出題される罪名の特定が重要になる。この作業は，主に過去問を通して行うが，さらに，新たな判例が登場したり，法改正により新たな罪名が追加されたような場合にも出題の可能性が高いので要注意である。

● 国家総合職

　近年は，名誉毀損罪や財産犯など，個人的法益からの出題が大半を占めている。ここ数年の傾向を見ると，問題はすべて主要論点の頻出判例を素材とした問題で占められており，同じ判例が繰り返し出題される傾向も見て取れる。それに加えて，近年，社会的に注目された判例が素材としていくつか含まれているのが特徴である。概して長文の問題が多いことから，各肢問の問題点を素早く的確に把握するようなポイントの整理が必要となろう。

● 国家専門職（労働基準監督官）

　出題は特定の罪名に限られているが，できるだけ幅広い知識を試そうという趣旨であろうか，特定の罪名の問題に加えて，たとえば，「人格的法益に対する罪」などといった，幅広い知識を問う問題も時折出題される。また，労働基準監督官は司法警察職員でもあるため，職務に関連する犯罪である公務執行妨害罪や文書偽造罪，犯人蔵匿・証拠隠滅罪といった罪名からの出題も目立っている。各論のメインテーマである財産犯と合わせて，これらの分野の判例についても，主要なものに関しては一通り知識を整理しておきたい。

| 地方上級 (全国型) | | | | | |
|---|---|---|---|---|---|
| 21-23 | 24-26 | 27-29 | 30-2 | 3-5 | |
| 3 | 3 | 3 | 4 | 4 | |
| 2 | 1 | 1 | 4 | 1 | テーマ8 |
| | | 2 | | 2 | テーマ9 |
| | 1 | | | | テーマ10 |
| | | | | 1 | テーマ11 |
| 1 | 1 | | | | テーマ12 |

● 裁判所（裁判所事務官）

　各論でも傾向は大きく変化しており，解きやすい問題が大幅に増加している。学説の対立部分での複雑な論理問題はほぼ姿を消し，一般的な知識で解ける基礎的な問題が大半を占めるようになっている。特に顕著なのは，「解き方を工夫すれば，少ない知識で正答を出せる」という問題が増えてきている点である。以前の傾向であった「刑法の深い理解を求める」ことから，近年は「知識がなくても機転を利かせて答えにたどり着く」ことが重視されているようにも見える。最低限の知識は必要であるが，ひととおりの基礎的な知識で解けるようになっているので，解き方を工夫するようにしたい。

● 地方上級（全国型）

　各論からの出題数は総論に比べて相対的に少ないが，その中では個人的法益と財産犯からの出題が多い。問題の中心は，条文と判例の知識問題である。出題箇所は広範にわたるが，出題されるポイントは限られている。したがって，過去に出題のあった罪名を中心に，ある程度その数を絞り込んだうえで知識を整理しておこう。

第2章

各論

# 個人的法益（1）

## 必修問題

　　刑法130条の建造物等侵入罪に関する次の記述のうち，判例に照らし，妥当なものはどれか。　　　　　　　　　　　　　　　　【地方上級・令和元年度】

**1**　構造上駅舎の一部で鉄道利用客のための通路として使用されており，また，駅の財産管理権を有する駅長が現に駅構内への出入りを制限しまたは禁止する権限を行使している駅出入口階段付近は，鉄道営業法にいう「鉄道地」に当たるが，刑法130条にいう「人の看守する…建造物」には当たらない。

**2**　管理権者があらかじめ立入り拒否の意思を積極的に明示していない場合には，建造物の性質，使用目的，管理状況，管理権者の態度，立入りの目的等から見て，当該立入行為を管理権者が容認していないと合理的に判断されるときでも，本罪は成立しない。

**3**　現金自動預払機利用客のカードの**暗証番号等を盗撮する目的**で，現金自動預払機が設置された銀行支店出張所に営業中に立ち入ることは，同所の管理権者である銀行支店長の意思に反することが明らかであり，その立入りの外観が一般の現金自動預払機利用客のそれと特に異なるものでなくても，本罪が成立する。

**4**　強盗の意図を隠して「こんばんは」とあいさつし，家人が「おはいり」と答えたのに応じて住居に入った場合には，立入りについて家人の承諾があるので，本罪は成立しない。

**5**　分譲マンションの玄関ホール内のドアを開けて上層階まで上がり，チラシ等の投函が禁止されていることを認識しながら，各住戸のドアポストに政治ビラを投函する行為は，憲法21条1項で保障される**表現の自由**の行使であるから，違法性が阻却され，本罪は成立しない。

難易度　＊＊

## 必修問題の 解説

　刑法各論では，その犯罪が何を保護法益としているかを理解することが重要である。出題の素材となる犯罪は特定のものに限られており，その数は限られている。したがって，さほど時間も要しないはずであるから，それぞれの犯罪で何が保護法益とされているかは必ずチェックしておきたい。

　住居侵入罪（130条）の保護法益は，だれを住居等に立ち入らせ，あるいは立ち

**入らせないかを決定する自由**である（最判昭58・4・8）。

　そこで，この観点から本問を考えてみよう。

**1** ✕ 構造上駅舎の一部である通路や階段などは，建造物侵入罪の客体となる。

　これも，だれを立ち入らせ，あるいは立ち入らせないかを決定する自由の侵害という点から考えてみよう。

　判例は，本件の事案で，駅の階段下には「**駅長の許可なく駅用地内にて物品の販売，配布，宣伝，演説等の行為を目的として立入る事を禁止致します**」と明示されており，たとえ駅の営業時間中は階段付近が一般公衆に開放され事実上人の出入りが自由であるとしても，その場所は，刑法130条にいう「**人の看守する…建造物**」に当たるとする（最判昭59・12・18）。

**2** ✕ 管理権者が立入り容認していないと判断されるときは，建造物侵入罪が成立。

　判例は，「刑法130条前段にいう『**侵入し**』とは，他人の看守する建造物等に管理権者の意思に反して立ち入ることをいうと解すべきであるから，管理権者が予め立入り拒否の意思を積極的に明示していない場合であっても，該建造物の性質，使用目的，管理状況，管理権者の態度，立入りの目的などからみて，**現に行われた立入り行為を管理権者が容認していないと合理的に判断される**ときは，他に犯罪の成立を阻却すべき事情が認められない以上，同条の罪の成立を免れない」とする（最判昭58・4・8）。

**3** ◎ 銀行に暗証番号を盗撮する目的で立ち入る行為は，建造物侵入罪が成立。

　正しい。判例は，本件のような立入りが「同所の**管理権者である銀行支店長の意思に反するものであることは明らか**であるから，その立入りの外観が一般の現金自動預払機利用客のそれと特に異なるものでなくても，建造物侵入罪が成立する」とする（最決平19・7・2）。

**4** ✕ 住居への立入りの承諾が真意に基づくものでなければ，住居侵入罪が成立。

　判例は，「強盗の意図を隠して『今晩は』と挨拶し，家人が『おはいり』と答えたのに応じて住居にはいった場合には，外見上家人の承諾があったように見えても，**真実においてはその承諾を欠くものであること**は，言うまでもない」として，住居侵入罪の成立を認める（最大判昭24・7・22）。

**5** ✕ 管理組合の意思に反して建物の共用部分に立ち入れば，住居侵入罪が成立。

　判例は，表現の自由といえども，マンションへの無断立入りまで許容されるわけではなく，130条前段の罪が成立するとする（最判平21・11・30）。

正答 **3**

# FOCUS

　生命・身体・自由等，財産罪以外の個人的法益の分野は，名誉毀損罪などの特定の罪名に出題が集中する傾向があり，それ以外の罪名からの出題はほとんど見られない。そのため，罪名の特定とそれら罪名中の出題箇所の分析が重要なポイントとなる。

### 重要ポイント **1** 個人的法益

・「個人の尊重」を最高の価値ととらえる近代国家においては，**個人的法益**が刑法における法益の中心をなす。

・個人的法益には，生命・身体の安全（殺人，傷害，堕胎，遺棄），自由・私生活の平穏（逮捕・監禁，脅迫，略取・誘拐，人身売買，住居侵入等），名誉・信用（名誉毀損・侮辱，信用毀損・業務妨害），財産権などがある。

### 重要ポイント **2** 暴行罪・傷害罪

・**傷害**は**暴行**の結果的加重犯，傷害の未遂は暴行という関係にある（それゆえ傷害未遂罪という罪名の犯罪は存在しない）。

・暴行罪における「暴行」は，人の身体への接触を要しないので，狭い室内で脅かすために日本刀の抜き身を振り回す行為も暴行罪における暴行にあたる。

・暴行とは，人の身体に対する不法な攻撃方法の一切をいい，その性質上，障害の結果を惹起することを要しない。

・暴行の故意で死の結果が生じた場合には，暴行→傷害（結果的加重犯）→傷害致死（結果的加重犯）となり，行為者は傷害致死罪で処断される。

・傷害罪は他人の身体の生理的機能を毀損するもので，その手段が何であるかを問わない。したがって，暴行によらずに病毒を他人に感染させる場合にも成立する。

・2人以上で暴行を加えて人を傷害した場合において，それぞれの暴行による傷害の軽重を知ることができず，またはその傷害を生じさせた者を知ることができないときは，共同して実行したものでなくても共犯の例によるとされ，各行為者は傷害の結果に対する自らの関与を否定するのでなければ，生じた結果についての責任を負わされる（同時傷害の特例，207条）。

・2人以上の者の暴行が，時や場所を異にする場合でも，同時傷害の特例の規定の適用がある。

・刑法207条の同時傷害の特例は，傷害罪の場合だけでなく，傷害致死罪の場合にも適用される。すなわち，2人以上の者が共謀しないで他人に暴行を加え，傷害致死の結果を生ぜしめたが，死に至らしめた者を知ることができない場合，共同暴行者はいずれも傷害致死の責任を負う。

・隣人への嫌がらせで，大音量のラジオを連日流し続けることにより，精神的ストレスを与えて睡眠障害に陥らせたような場合には，傷害罪が成立する。

### 重要ポイント **3** 住居侵入罪

・**住居侵入罪**は，正当な理由なく，人の住居，人の看取する邸宅・建造物・艦船に侵入することによって成立する。

・保護法益については，これを事実上の住居の平穏とする平穏説と，住居にだれを立ち入らせ，だれの滞留を許すかを決める自由であるとする新住居権説の対立がある。判例は後者の立場に立つが（最判昭58・4・8），前者も有力に主張されている。

**重要ポイント 4 不同意性交等罪・不同意わいせつ罪（令和5年改正）**

・不同意性交等罪とは，被害者が抵抗できない状態，すなわち同意しない意思を形成，表明あるいはまっとうすることが困難な状態で性交等を行うことで成立する犯罪である。

・不同意わいせつ罪も，被害者が上記と同様の状態でわいせつな行為を行うことで成立する。

・上司と部下の関係のように，「経済的または社会的関係上の地位に基づく影響力によって受ける不利益を憂慮させること，またはそれを憂慮していること」に乗じて性交等またはわいせつな行為を行った場合も，「被害者が抵抗できない状態」にあるとして，不同意性交等罪・不同意わいせつ罪が成立する。

・不同意性交等罪にいう性交等とは，性交の外，肛門性交，口腔性交，膣もしくは肛門に身体の一部もしくは物を挿入する行為であって，わいせつなものをいう。

・婚姻関係にある者の間であっても，不同意性交等罪もしくは不同意わいせつ罪は成立する。

・16歳未満の者に対し，性交等もしくはわいせつな行為をした場合は，被害者が同意している場合でも，不同意性交等罪・不同意わいせつ罪が成立する。これは，性交等に対する判断力が十分でない者を保護する趣旨である。

・16歳未満の者が13歳以上（つまり13歳〜15歳の者）である場合には，加害者が5年以上年長である場合に不同意性交等罪・不同意わいせつ罪が成立する。これは，たとえば同級生同士で交際している者が法の対象行為を行ったような場合を除外する趣旨である。

・強盗罪を犯した者が不同意性交等罪を犯したときだけでなく，不同意性交等罪を犯した者が強盗罪を犯したときにも，強盗・不同意性交等罪（241条1項）が成立する。

**重要ポイント 5 名誉毀損罪**

・名誉毀損罪は，公然と事実を摘示し，人の名誉を毀損することで成立する。摘示された事実が真実か否かを問わない。

・名誉毀損罪の保護法益は，人に対する社会一般の評価である。

・摘示される事実は，単なる人の意見や判断ではなく，いわゆる真実の証明に適するような具体的事実でなければならない。

・事実の摘示によって，具体的に人の社会的評価が低下したことは必要でない。人の社会的評価が害される危険性を生じさせれば，それで本罪が成立する。

・公然とは，事実の摘示が不特定または多数人の認識しうる状態でなされることをいう。たとえ数名に告げただけであっても，それらの者から不特定または多数人に伝播する可能性がある場合には，本罪が成立する。

・死者の名誉毀損は，虚偽の事実を摘示した場合でなければ成立しない。

◆ **No.1** 刑法上の暴行の意義に関する次の記述のうち，妥当なのはどれか。

【市役所・平成9年度】

**1** 強要罪における暴行は，人に義務のないことを行わせ，または権利の行使を妨害することであるから，人に対して加えられることを要するが，必ずしも人の身体に対するものであることを要しない。

**2** 暴行罪における暴行は，不法な有形力が人の身体に対して加えられることであり，少なくとも人の身体に直接触れるものであることを要する。

**3** 特別公務員暴行陵虐罪における暴行とは，被害者に向けられた有形力の行使であり，直接被害者の身体に向けられたもので，かつ，人の反抗を抑圧しうるものであることを要する。

**4** 事後強盗罪における暴行は，窃盗犯人が財物を得てこれを取り返されることを防ぎ，逮捕を免れ，または罪跡を隠滅するために行うものであるから，強盗罪における暴行と異なり，相手方の反抗を抑圧しうるものであることを要しない。

**5** 公務執行妨害罪における暴行は，公務員の職務の執行を妨害しうる程度のものであることを要するから，公務員の身体に対して直接加えられることを要する。

**No.2** 人の身体に対する罪に関する次のア～エの記述のうち，妥当なもののみをすべて挙げているものはどれか（争いのあるときは，判例の見解による）。

【裁判所事務官・令和元年度】

ア：甲は，丁寧に手入れがなされていた乙の長髪を，同人が寝ている間に無断で切って短くした。甲には傷害罪が成立しうる。

イ：甲は，路上でトラブルとなった乙の顔面を1回殴ったところ，乙は，その暴行によりバランスを崩し，足下にあった石につまずいて路上に転倒し，頭部を強く打ち付けて怪我をし，これにより死亡した。甲が乙の死亡結果を全く予見していなくとも，甲には傷害致死罪が成立しうる。

ウ：甲は，自らが性病であることを秘して乙と性的行為を行い，乙に病毒を感染させた。甲には傷害罪が成立しうる。

エ：甲は，乙を暴行，脅迫するなどしたところ，乙は精神疾患の一種である外傷後ストレス障害（PTSD）を発症した。精神的障害は傷害に含まれないため，甲には傷害罪が成立しない。

**1** ア，イ

**2** ア，ウ

**3** イ，ウ

**4** イ，エ

**5** ウ，エ

**No.3** 　自殺関与罪と同意殺人罪の成否に関する記述として，妥当なものはどれか。ただし，争いのあるものは判例の見解による。　　【地方上級・平成27年度】

**1**　「一緒に死ぬ」と言っておきながら，わざと自分は死ななかった場合，自殺関与罪が成立する。

**2**　「一緒に死ぬ」と言って心中を図ったが，自分は死ねなかった場合，自殺関与罪が成立する。

**3**　「死にたい」という友人に毒を渡したところ，友人が毒を飲んで自殺した。この場合，同意殺人罪が成立する。

**4**　互いの了承の下で刃物を使ってケンカして相手が死亡した。この場合，同意殺人罪が成立する。

**5**　脅迫したところ，それを苦にした相手が自殺した。この場合，同意殺人罪が成立する。

**No.4** 　名誉毀損罪について述べた次の記述のうち，妥当なものを一つ選べ。ただし争いがある場合は判例による。　　【市役所・平成28年度】

**1**　AはBの行為を公然と取り上げてBの名誉を傷つける発言をしたが，そのBの行為が法律に違反していたとしても，名誉毀損罪の構成要件に該当する。

**2**　Aは株主総会でBと口論になり「この前科者が」と連呼したが，聞いていたのが株主60名と会社役員のみだった場合には，名誉毀損罪の構成要件には該当しない。

**3**　Aは自宅の庭に放火したのがBだと思い込み，自宅においてBの弟や町会議員，およびB宅においてその妻子に，聞かれるままにBが放火魔だと言ったが，これは質問に対する答えなので名誉毀損罪の構成要件には該当しない。

**4**　Aは町内会の構成役員らに不満を持ち，会報にて「選挙で不正をして一週間警察で過ごした人など役員になって欲しくない」とする記事を書いたが，具体性がないために名誉毀損罪の構成要件には該当しない。

**5**　死者に対して名誉を毀損する発言をした場合，その真偽にかかわらず名誉毀損罪の構成要件に該当する。

**No.5** 名誉毀損罪に関する次の記述のうち，妥当なものはどれか。ただし，争いがある場合は，判例の見解による。 【地方上級・令和3年度】

**1** Xは，A社の出入口付近で，「A社の社長は無能だ」と叫んだ。この場合は，具体的事実を摘示していないので，Xに名誉毀損罪は成立しない。

**2** Xは，Bとその母，妻が居合わせたB宅玄関内で，Bを罵った。この場合でも，公然性があるので，Xに名誉毀損罪が成立する。

**3** Xは，Cに対する嫌がらせとして，Cに逮捕歴がある旨をCの不特定多数の同僚たちに伝えた。この場合，逮捕歴が事実であれば，Xに名誉段損罪は成立しない。

**4** Xは，クラスメイトのDが薬物使用の罪を犯していると言いふらしたが，Dが真面目なのでクラスメイトは誰も信じなかった。この場合，Xに名誉毀損罪は成立しない。

**5** Xは，近頃亡くなった医師Eが無資格であったとして，Eが勤務していた病院でその旨を言いふらした。この場合，無資格の旨が虚偽であることをXが確実に知っていても，Eが死亡している以上，Xに名誉毀損罪は成立しない。

# 実戦問題 1 の解説

→ 問題はP.172 **正答1**

| No.1 の解説 | 刑法上の暴行の意義 |
|---|---|

刑法上, 暴行が犯罪構成要素となっている犯罪類型は数多いが, それらの暴行概念は一様ではなく, 保護法益や罪質に応じてそれぞれ異なるものとなっている。

| 分　類 | 意　義 | 犯　罪 |
|---|---|---|
| 最広義の暴行 | ・人あるいは物に対する不法な有形力の行使のすべてをいう。 | ・内乱罪（77条）<br>・騒乱罪（106条）<br>・多衆不解散罪（107条） |
| 広義の暴行 | ・人に向けられた不法な有形力の行使をいう。<br>→物に対して加えられた有形力でも, それが人の身体に物理的に強い影響を与えるものであれば, ここにいう暴行に当たる（間接暴行）。 | ・公務執行妨害罪（95条1項）<br>・職務強要罪（同2項）<br>・加重逃走罪（98条）<br>・逃走援助罪（100条）<br>・特別公務員暴行陵虐罪（195条）<br>・強要罪（223条1項） |
| 狭義の暴行 | ・人の身体に対して加えられる不法な有形力の行使をいう。<br>→物に対する暴行を介しての, いわゆる間接暴行は含まない。<br>→必ずしもその有形力が人に命中する必要はない。 | ・暴行罪（208条） |
| 最狭義の暴行 | ・相手方の反抗を抑圧する程度の強度の不法な有形力の行使をいう。 | ・不同意わいせつ罪（176条1項1号）<br>・不同意性交等罪（177条1項）<br>・強盗罪（236条）<br>・事後強盗罪（238条） |

**1** ◎ 強要罪の暴行は人に対するものであれば, その身体に対することを要しない。

正しい。**強要罪**（223条1項）は, 暴行・脅迫によって義務のない行為を強制され, あるいは権利行使を妨害されるなどの行為を禁止するもので, 個人の意思決定の自由とその意思を実現するための行動の自由を保護法益とする。したがって, その手段たる**暴行も, それによって義務のないことを行わせ, または権利の行使を思いとどまらせる程度の影響を相手方に与えるものであれば足りる**。そのため, 必ずしも人の身体に対するものであることを要せず, たとえば, 家に押しかけてガラスを割るなどの行為もこれに含まれる。

**2** ✕ 暴行罪の暴行は, 人の身辺を脅かすものであれば足りる。

**暴行罪**（208条）**における暴行は, 不法な有形力が直接人の身体に向けて加えられれば足り**, それが人の身体に直接触れることまでは必要でない。

たとえば, 人に向かって石を投げたが, わずかにその石が外れたという場

合でも暴行罪が成立する。

**3 ✕** **特別公務員暴行陵虐罪の暴行とは，人や物への暴行により人を脅かすもの。**

　　**特別公務員暴行陵虐罪**（195条）**における暴行**は，直接被害者の身体に向けられることを要せず，また人の反抗を抑圧しうるものである必要もない。

　　特別公務員暴行陵虐罪は，たとえば警察官が取調べ中の被疑者に暴行を加えるなど，刑事司法作用に携わる者の加虐行為を禁止しようとするものである。同罪は，刑事司法作用の手続的な公正さと，それに対する国民の信頼を保護法益とする。したがって，同罪における暴行は**人（被疑者・被告人等）に向けられた不法な有形力の行使**であれば足り，必ずしも直接被害者の身体に向けられることを要しない。たとえば，その着衣を引き裂くなど，物に対する暴行でもよい（間接暴行という）。

　　また，このような暴行であれば，必ずしも相手方の反抗を抑圧するに足りる程度のものである必要はない。このような有形力であっても，保護法益を侵害する危険性は十分に肯定しうるからである。

**4 ✕** **事後強盗罪の暴行は，相手方の反抗を抑圧しうるものであることを要する。**

　　**事後強盗罪における暴行**は，強盗罪における暴行と同様に，**相手方の反抗を抑圧するに足りるもの**であることを要する。

　　事後強盗罪は，窃盗犯人が逮捕を免れる等のために暴行・脅迫を加えることによって成立する（238条）。その要件を満たすと，窃盗犯人は強盗として取り扱われ，窃盗罪（235条）に比して格段に重い法定刑が適用される（窃盗が10年以下の懲役〈下限は1月，12条1項〉または50万円以下の罰金であるのに対し，強盗は5年以上の懲役〈上限は20年，同項〉である）。そのため，事後強盗における暴行もこの重い法定刑に見合うだけのものであることが必要で，強盗と同様に「相手方の犯行を抑圧するに足りる程度」の強度なものであることが必要とされる。

　　たとえば，追跡者に追いつかれ，腕をつかまれたので，「それを振りほどいた」などといった程度の暴行では，反抗を抑圧する程度の暴行には至っていないので，事後強盗罪にいう暴行には当たらないとされる。

**5 ✕** **公務執行妨害罪の暴行は，公務員の身体に直接加えられることを要しない。**

　　**公務執行妨害罪**（95条1項）**における暴行**は，必ずしも公務員の身体に対して直接加えられることを要しない。

　　公務執行妨害罪の保護法益は，公務員の身体の安全ではなく公務の円滑な遂行の点にある。したがって，同罪における暴行は**公務の円滑な遂行を妨害する程度のもの**であれば足り，必ずしも公務員の身体に対して直接加えられることを要しない。

　　たとえば，差押えの対象となる書類を公務員の面前で破り捨てるような行為も，公務の円滑な遂行を阻害する行為として，同罪にいう暴行に当たる。

## No.2 の解説　人の身体に対する罪
→ 問題はP.172　**正答3**

**ア×**　頭髪を切る行為は，人の生理的機能を害する行為ではなく暴行罪が成立。

　　傷害罪にいう**傷害とは，人の生理的機能を害すること**をいう。したがっ
て，頭髪を切る行為は，人の生理的機能を害するものではないので，傷害罪
は成立せず，暴行罪が成立するにとどまる（大判明45・6・20）。

**イ◯**　暴行の被害者が死亡した場合には，死の予見がなくても傷害致死罪が成立。

　　妥当である。本肢のように路上で暴行を加える行為は，被害者が転倒して
路面に頭部を打ちつけ，死亡する危険を有するもので，死亡との間の因果関
係を肯定できる。

　　そして，経験則上，暴行から進んで傷害の結果や，さらに死の結果が生じ
ることもあることを考慮して，法は，そのような危険な行為を防止するため
に，たとえ予見がなくても，生じた重い結果について責任を負わせている
（**結果的加重犯**という）。

　　以上から，甲に傷害致死罪（205条）が成立する。

**ウ◯**　性病であることを秘して性的行為を行い，病毒を感染させれば傷害罪成立。

　　妥当である。判例は，「**傷害罪は他人の身体の生理的機能を毀損するもの**
である以上，その手段が何であるかを問はないのであり，本件のごとく暴行
によらずに病毒を他人に感染させる場合にも成立する」として，「性病を感
染させる懸念あることを認識して性的行為に及び他人に病毒を感染させた以
上，当然傷害罪は成立する」とする（最判昭27・6・6）。

**エ×**　暴行・脅迫で被害者がPTSDを発症すれば，行為者に傷害罪が成立する。

　　判例は，被害者には，加害者による「暴行，脅迫により，精神疾患の一種
である外傷後ストレス障害（PTSD）の発症が認められたというのである。
**このような精神的機能の障害を惹起した場合も刑法にいう傷害に当たる**と解
するのが相当である」として，甲に傷害罪（本肢事案では暴行・脅迫が監禁
行為の中で行われたことから221条の監禁致傷罪）の成立を認めている（最
決平24・7・24）。

　　以上から，妥当なものは**イ**と**ウ**であり，**3**が正答となる。

## No.3 の解説　自殺関与罪と同意殺人罪
→ 問題はP.173　**正答2**

**1×**　心中の意思がないのに，心中すると誤信させて自殺させれば殺人罪が成立。

　　判例は，「被害者は被告人の欺罔の結果**被告人の追死を予期して死を決意**
したものであり，その決意は**真意に添わない重大な瑕疵ある意思**であること
が明らかである。そしてこのように被告人に追死の意思がないに拘らず被害
者を欺罔し被告人の追死を誤信させて自殺させた被告人の所為は**通常の殺人
罪**に該当する」とする（最判昭33・11・21）。

**2◎**　心中を図った者の一人が死亡し，他が生き残った場合は自殺関与罪成立。

正しい。生き残った者は，死亡した者の自殺に，「一緒に死ぬ」と思わせる方法で教唆や幇助に当たる行為を行っているのであるから，**自殺関与罪**（202条前段）が成立する（大判大4・4・20）。

**3 ✕ 自殺を意図している者に毒を渡し，その毒で自殺すれば自殺関与罪が成立。**

　　**同意殺人罪**は，人から嘱託を受け，もしくはその承諾を得てその人を「殺す」場合に成立する（202条後段）。本肢では，行為者は「嘱託・承諾のもとに殺す」行為を行っておらず，同罪は成立しない。

　　本肢の場合，友人は自ら自殺しており，行為者はそれを幇助したのであるから，**自殺関与罪**（自殺幇助罪）が成立する。

**4 ✕ 同意殺人罪が成立するには，殺害についての被害者の同意が必要である。**

　　同意すなわち被害者の嘱託や承諾がなければ，同意殺人罪は成立しない（202条後段）。本肢では，刃物を使ってケンカすることについては了承があるが，**被害者は殺害についてまで同意しているわけではない**。したがって，同意殺人罪は成立せず，傷害致死罪（205条）ないし殺人罪（199条）が成立する。

**5 ✕ 自殺を予見しながら脅迫し，相手が自殺すれば自殺教唆罪が成立する。**

　　単に脅迫したところ，それを苦にした相手が自殺したという場合には，脅迫罪（222条1項）のみが成立する。

　　一方，相手が自殺するであろうことを予見しながら，暴行や脅迫を繰り返した結果，相手が自殺したという場合は，自殺の決意が自殺者の自由意思によるというときは**自殺教唆罪**（202条前段）が成立する（広島高判昭29・6・30）。

　　いずれにせよ，本肢では殺害に対する被害者の同意がないので，同意殺人罪は成立しない。

---

**No.4 の解説**　名誉毀損罪　　　　　　　　　→ 問題はP.173　**正答 1**

　　**名誉毀損罪**は，公然と事実を摘示し，人の名誉を毀損することによって成立する。摘示された事実が真実か否かを問わない（230条1項）。**たとえ真実であっても，人はむやみにプライバシーを暴き立てられないという法的な利益を有している**からである。

　　たとえば，刑務所を出所後，更生して新たな職を得，また家庭も持って社会のルールを遵守しつつ堅実な生活を営んでいたところ，突然過去の「前科」が暴き立てられたという場合を考えてみよう。この場合，状況次第では，「職を失う，子供が学校にいられない，家庭が崩壊する，転居を余儀なくされる」などの深刻な事態さえ生じかねない。名誉の侵害は，ときとして極めて重大なダメージを被害者に与えるおそれがある。名誉毀損罪は，そのような事態が生じることを阻止して，人のプライバシーを守り，安定した社会生活を営むことができるようにすることを目的とする。

**1 ◎ 法律に違反する事実であっても，名誉毀損罪の保護の対象となる。**

正しい。たとえ法律に違反したとしても，むやみにその社会的評価を低下させることは許されない。したがって，**法律違反者にも名誉毀損罪の保護は及び**，公然とその事実を摘示すれば，名誉毀損罪の構成要件に該当する（大判昭8・9・6）。

**2✕ 数十名の株主の前で事実を摘示すれば名誉毀損罪の「公然性」が認められる。**

名誉毀損罪は，公然と事実を摘示して人の名誉を毀損することによって成立する（230条1項）。そして，ここで**「公然」とは不特定または多数人が認識しうる状態**であれば足りる。

本肢では，株主が60名の株主総会というのであるから，そのような会社は株主が親族などに限定される閉鎖的な会社ではなく，この場合の株主総会は不特定人の集まりといえる。したがって，そこで前科者という事実を摘示すれば，名誉毀損罪の構成要件に該当する。

**3✕ 町会議員らに事実を摘示すれば，名誉毀損罪の「公然性」が認められる。**

名誉毀損罪の要件である事実の摘示の「公然性」とは，不特定または多数人が認識しうる状態であるから，たとえ聞かれるままに答えたとしても，Bが放火魔だという事実を町会議員やBの親族に摘示すれば，不特定多数人が視聴しうる状態で事実を摘示し，Bの名誉を毀損したとして，判例は名誉毀損罪の成立を認める（最判昭34・5・7）。

**4✕ 「不正で一週間警察で過ごした」は，名誉毀損罪にいう事実の摘示に当たる。**

「選挙で不正をして一週間警察で過ごした」という記事は，**人の社会的評価を低下させるもの**であるから，名誉毀損罪にいう事実の摘示に当たる。したがって，Aの行為は名誉毀損罪の構成要件に該当する。

**5✕ 死者の名誉毀損では，摘示事実が虚偽の場合にのみ処罰の対象となる。**

対象を虚偽の場合に限定するのは，**死者に対する歴史的評価を可能にする**ためである（230条2項）。

## No.5の解説 名誉毀損罪 → 問題はP.174 **正答1**

**1◎ 「無能だ」と叫ぶ行為は，名誉毀損罪にいう事実の摘示には当たらない。**

妥当である。名誉毀損罪は，**「公然と事実を摘示し，人の名誉を毀損」**することによって成立する（230条1項）。そして，ここにいう摘示事実について，判例は，「事実とは，単なる人の意見や判断ではなく，いわゆる**真実の証明に適するような具体的事実**でなければならない」とする（東京高判昭33・7・15）。すなわち，単に社会的地位を軽蔑するような抽象的判断を表示したにすぎず，その社会的地位を害するに足るような具体的事実を告知したものでなければ，名誉毀損罪の構成要件としての「事実の摘示」があったとはいえない。

本肢のように，単に「無能だ」と叫ぶ行為は，これにあたらない（231条の侮辱罪が成立しうるにすぎない）。

**2** ✕ 相手とその身内だけがいる前で相手を罵っても，名誉毀損罪は成立しない。

　判例は，XのBに対する発言が，Bのほかに同人の母および妻の2人だけが居合わせたBの自宅玄関内で行われたときは，刑法230条1項（または231条の侮辱罪）にいう「公然」なされたものということはできないとする（最決昭34・12・25）。

　**名誉毀損罪の保護法益は，「人に対する社会一般の評価」である**（大判昭8・9・6）。そして，この評価が害された（名誉毀損罪が成立する）といえるためには，**事実の摘示が不特定または多数人の認識しうる状態でなされなければならない。**単に，相手とその身内だけがいる前で相手を罵っても，その事実が噂などとして広がる可能性はなく（**伝播性**がないという），公然性が認められないので名誉毀損罪は成立しない。

**3** ✕ 摘示される事実が真実であっても，名誉毀損罪は成立する。

　たとえ事実が真実であっても，**むやみに社会的評価を低下させられるいわれはないからである**（大判昭7・7・11）。

**4** ✕ 摘示された事実を誰も信用しなかったとしても，名誉毀損罪は成立する。

　名誉毀損罪は，公然と事実を摘示すれば，それによって成立する（大判昭13・2・28）。人の社会的評価が低下したか否かを問わない。社会的評価の低下は検証が困難で，これを要求することは同罪を無意味なものにしかねないからである。したがって，**人の社会的評価が害される危険性を生じさせれば，それで本罪が成立する。**

**5** ✕ 死者の名誉毀損は，虚偽の事実を摘示した場合でなければ成立しない。

　230条2項は，「死者の名誉を毀損した者は，**虚偽の事実を摘示**することによってした場合でなければ，罰しない。」としている。したがって，Xが，医師Eが有資格者である（無資格の旨が虚偽である）ことを確実に知っていれば，Xは虚偽の事実を故意に摘示したことになるので，Xに名誉毀損罪が成立する。

## 実戦問題 **2**　応用レベル

**★★**
**No.6** 刑法における監禁罪に関する次の記述のうち，妥当なものはどれか。た
だし，争いがあるものについては判例の見解による。　【地方上級・平成30年度】

**1** 刑法における監禁とは，人を一定の場所から脱出できなくさせることで，場所
的移動の自由を奪うものであるから，被害者を門柱にロープで直接縛りつけた場
合は，逮捕ではなく監禁に当たる。

**2** 監禁されたことを理解する意思能力がない乳幼児は，たとえ任意に歩行する行
動能力があったとしても，監禁罪の保護に値する対象ではない。

**3** 監禁罪の成立において，監禁する場所は高速で走るバイクの荷台の上など，必
ずしも壁に囲まれている必要はない。

**4** 被害者を深夜海上沖合に停泊している船舶に閉じ込めた場合，被害者が泳いで
自力で脱出できるのであれば，それが著しく困難であっても監禁罪は成立しな
い。

**5** 入院中の母親のもとへ連れて行くと被害者をだまし，その者の望まない場所へ
連れて行った場合，被害者が監禁されていることを認識していなければ監禁罪は
成立しない。

**★★**
**No.7** 自由に対する罪に関するア～オの記述のうち，判例に照らし，妥当なも
ののみをすべて挙げているのはどれか。　【国家総合職・平成30年度】

ア：Aは，現金自動預払機利用客のカードの暗証番号等を盗撮する目的で，同機
が設置された銀行支店出張所に営業中に立ち入った。この場合，Aの立入り
は同所の管理権者である銀行支店長の意思に反するものであることは明らか
であるから，その立入りの外観が一般の同機利用客のそれと特に異なるもの
でなくても，Aに建造物侵入罪が成立する。

イ：Aは，別居中の妻Bが養育している子Cを連れ去ることを企て，保育園から
Bの母Dに連れられて帰宅しようとしていたCを抱きかかえて，付近に駐車
中の乗用車にCを同乗させた上，Dの制止を振り切って同車を発進させてC
を連れ去り，自分の支配下に置いた。この場合，AはCの共同親権者である
から，Aの行為は未成年者略取罪の構成要件には該当せず，Aに同罪は成立
しない。

ウ：飲食店を経営するAは，同店で働いていたBが逃げ出したので，Bをその意
思に反して連れ戻すため，Bを入院中のBの母親のところに連れて行くと誤
信させ，Bをタクシーに同乗させてAの自宅に直行した。この場合，刑法
220条にいう監禁は偽計によって被害者の錯誤を利用してなされる場合も含
むと解されるから，Aに監禁罪が成立する。

エ：Aは，Bに対する不同意性交を企て，帰宅途中のBに「家まで乗せて行って

やる」と言って，Bを自分の運転する原動機付自転車の荷台に乗せ，時速40
キロメートルで疾走し，Bが「降ろしてくれ，車を止めてくれ」と言ったの
を無視してそのまま1キロメートル以上走り続けたところで，Bは荷台から
飛び降りて逃げた。この場合，原動機付自転車は自動車のように外囲いがな
く人の通行する往来に解放されているのであるから，Aに監禁罪は成立しな
い。

オ：Aは，銀行幹部Bらから身の代金を交付させる目的で，同銀行の頭取Cを略
取した。この場合，銀行幹部Bらは，刑法225条の2にいう「近親者その他
略取され又は誘拐された者の安否を憂慮する者」には当たらず，Aに身の代
金目的略取罪は成立しない。

**1**　ア，ウ　　**2**　ア，エ　　**3**　イ，ウ

**4**　イ，オ　　**5**　エ，オ

**No.8** 人格的法益に対する罪に関する次の記述のうち，判例に照らし，最も妥
当なのはどれか。　　　　　　　　　　　　　　　【労働基準監督官・令和3年度改題】

**1**　就寝中の被害者にわいせつな行為をした者が，覚せいした同人から着衣をつか
まれるなどされてわいせつな行為を行う意思を喪失した後に，その場から逃走す
るため，同人を引きずるなどした暴行は，当該不同意わいせつ行為に随伴するも
のであり，これによって同人に傷害を負わせた場合には，不同意わいせつ等致傷
罪が成立する。

**2**　二つの派の抗争が熾烈になっている時期に，一方の派の中心人物宅に，現実に
出火もないのに，「出火御見舞申上げます，火の元に御用心」，「出火御見舞申上
げます，火の用心に御注意」という趣旨の文面のはがきを発送しこれを配達させ
たとしても，当該行為は人を畏怖させるに足る性質のものとまではいえないの
で，脅迫罪は成立しない。

**3**　分譲マンションの各住戸のドアポストにビラ等を投かんする目的で，同マンシ
ョンの集合ポストと掲示板が設置された玄関ホールの奥にあるドアを開けるなど
して7階から3階までの廊下等の共用部分に立ち入った行為は，そのような目的
での立入りを禁じたはり紙が玄関ホールの掲示板にちょう付されていた等の状況
があったとしても，同マンションの管理組合の管理権を侵害するとまではいえな
いため，住居侵入罪は成立しない。

**4**　東京都が都道である通路に動く歩道を設置するため，通路上に起居する路上生
活者に対して自主的に退去するよう説得して退去させた後，通路上の段ボール小
屋を撤去することなどを内容とする環境整備工事は，これらの者が段ボール小屋
の撤去によって財産的不利益を被るため，威力業務妨害罪としての要保護性を失

わせる法的瑕疵を有する。

**5** 　母の監護下にある2歳の子を別居中の父が有形力を用いて連れ去った略取行為は，子の監護養育上それが現に必要とされるような特段の事情が認められず，行為態様が粗暴で強引なものであるなどの事情の下であっても，父が子の共同親権者である場合には，違法性が阻却され，未成年者略取罪は成立しない。

**No.9** **\*\* 名誉毀損罪に関するア～オの記述のうち，判例に照らし，妥当なもののみをすべて挙げているのはどれか。** 【国家総合職・令和5年度】

ア：名誉毀損罪が成立するためには，「人の名誉を毀損した」（刑法230条1項）ことが必要であるが，同罪の保護法益である人の外部的名誉が具体的に侵害されたことまでは要しない。

イ：刑法230条1項の「公然と」とは，摘示された事実を不特定または多数の人が認識し得る状態をいうが，摘示の直接の相手方が特定かつ少数の人であっても，その者らを通じて不特定または多数の人に伝播する可能性があれば公然性が認められ得る。

ウ：月刊誌の編集者であるAは，多数の信徒を有する宗教団体の会長Bにつき，「Bは，自分と関係のあった女性を議員として国会に送り込んでいる」旨の記事を月刊誌に掲載して頒布した。同記事は，一宗教団体内部におけるBの私的な行状を内容とするものにすぎず，かかるBの行状は，刑法230条の2の1項の「公共の利害に関する事実」には該当し得ない。

エ：刑法230条の2の「真実であることの証明」に失敗した場合でも，行為者がその事実を真実であると誤信し，その誤信したことについて，確実な資料，根拠に照らし，相当の理由があるときは，同法35条の正当行為として違法性が阻却され，名誉毀損罪は成立しない。

オ：インターネットの個人利用者による表現行為については，被害者が加害者に対してインターネット上で反論することが容易であることや発信された情報の信頼性が一般的に低いと受け止められていることから，確実な資料，根拠に照らして相当の理由がなかったとしても，インターネット上で情報を発信する際に個人利用者に対して要求される水準を満たす調査を行った上で事実を真実であると誤信した場合には，名誉毀損罪は成立しない。

**1**　ア，イ
**2**　ア，オ
**3**　ウ，エ
**4**　ア，イ，エ
**5**　イ，ウ，オ

# 実戦問題 ❷ の 解説

　　　　**監禁罪の保護法益は，人の身体活動の自由**である。

　　　　なお，この法益は逮捕罪（監禁罪と同じく220条）も同様であるが，両者の違いは，人を間接的（場所的）に拘束するか（監禁罪），それとも直接的に拘束するか（逮捕罪）の点にある。

**1 ✕**　**被害者を門柱に直接縛りつける行為は，監禁罪ではなく逮捕罪である。**

　　　　前半は正しい。判例は，刑法220条にいう「監禁」とは，人を一定の区域場所から脱出できないようにしてその自由を拘束することをいうとする（最決昭33・3・19）。

　　　　ただ，上述したように，監禁は人を間接的（場所的）に拘束して，その身体活動の自由を奪うことであり，**柱に縛りつけて直接的に身体活動の自由を奪うのは監禁罪ではなく逮捕罪**である（大阪高判昭26・10・26，ただし，いずれも同じ220条で法定刑も同じである）。

**2 ✕**　**場所的移動の自由を奪えば，監禁の意味を理解しない乳幼児にも同罪成立。**

　　　　乳幼児であっても，場所的な身体活動の自由（行動の自由）は法的保護に値する。必ずしも監禁の意味を理解している必要はなく，**自力で這ったり壁を支えに歩き回るなどの行動の自由が制限されれば，乳幼児についても監禁罪は成立する**（京都地判昭45・10・12）。

**3 ◎**　**囲いのない場所であっても，行動の自由が制限されれば監禁罪は成立する。**

　　　　正しい。**監禁罪は，人の身体活動の自由（行動の自由）が制限されているか否かという点から考える必要がある。**

　　　　したがって，女性を姦淫する目的でバイクの荷台に乗車させて千メートルあまり疾走した行為は監禁罪に当たるとするのが判例である（最決昭38・4・18）。

**4 ✕**　**脱出が著しく困難な場所に閉じ込める行為は監禁罪にいう監禁に当たる。**

　　　　人の身体活動の自由を著しく困難にすれば，それで監禁罪が成立する。たとえ身体活動が絶対的に不可能でなくても，それを著しく抑制することは，処罰に値する行為だからである。

　　　　判例は，被害者女性を海上の沖合に停泊中の漁船内に閉じ込めた行為について，「上陸しようとすれば岸まで泳ぐより外に方法はないのみならず，時刻は深夜の事でもあり，しかも当時強姦による恐怖の念がなお継続していた」という事情の下で，**女性が当該漁船から脱出することは著しく困難**であり，このような行為は，刑法にいわゆる「不法に人を監禁した」ものと解するのが相当であるとする（最判昭24・12・20）。

**5 ✕**　**監禁は，偽計によって被害者の錯誤を利用してなされる場合をも含む。**

　　　　行きたい所へ行けないというのは行動の自由の制限にほかならない。

　　　　本肢の事案は，入院中の母親のもとへ連れて行くと被害者をだまし，売春させる目的で別の場所に連れて行ったというものである。判例は，「刑法220

条の『監禁』とは，人を一定の区域場所から脱出できないようにしてその自由を拘束することをいい，その方法は，必ずしも暴行又は脅迫による場合のみに限らず，**偽計によって被害者の錯誤を利用する場合をも含む**」として，行為者に監禁罪が成立するとする（最決昭33・3・19）。

---

**No.7 の解説** 自由に対する罪 → 問題はP.181 **正答 1**

**ア○** 銀行に暗証番号を盗撮する目的で立ち入る行為は，建造物侵入罪が成立。

妥当である。判例は，本件のような立入りが「同所の**管理権者である銀行支店長の意思に反するものであることは明らか**であるから，その立入りの外観が一般の現金自動預払機利用客のそれと特に異なるものでなくても，建造物侵入罪が成立する」とする（最決平19・7・2）。→必修問題選択肢**3**

**イ×** 母の監護下にある2歳の子を，父が有形力を用いて連れ去れば略取罪成立。

判例は，父が，離婚係争中の母が監護養育中の子を奪取して自分の手元に置こうとした行為について，**監護養育上それが現に必要とされるような特段の事情は認められない**ことや，子が自分の生活環境についての判断・選択の能力が備わっていない2歳の幼児であること，その年齢上，常時監護養育が必要とされるのに略取後の監護養育について確たる見通しがあったとも認め難いことなどから，**違法性が阻却されるべき事情は認められない**として，父に**未成年者略取罪（224条）が成立**するとする（最決平17・12・6）。

**ウ○** 監禁は，偽計によって被害者の錯誤を利用してなされる場合をも含む。

妥当である。判例は，「刑法220条の『**監禁**』とは，人を一定の区域場所から脱出できないようにしてその自由を拘束することをいい，その方法は，必ずしも暴行又は脅迫による場合のみに限らず，**偽計によって被害者の錯誤を利用する場合をも含む**」として，行為者に監禁罪が成立するとする（最決昭33・3・19）。→No.6選択肢**5**

**エ×** 囲いのない場所であっても，行動の自由が制限されれば監禁罪は成立する。

女性を姦淫する目的でバイクの荷台に乗車させて千メートルあまり疾走した行為は監禁罪に当たるとするのが判例である（最決昭38・4・18）。

→No.6選択肢**3**

**オ×** 社長を誘拐して会社幹部に身代金を要求すれば身代金目的略取罪が成立。

身の代金目的略取誘拐罪（225条の2）は，被拐取者の「安否を憂慮する者」の憂慮に乗じて財物を交付させる目的で略取誘拐することで成立する。

近親者についてはこれに当たることは条文が明示するが，本件では会社の幹部がこれに含まれるかが問題となった。

判例は，「被拐取者の近親でなくとも，**被拐取者の安否を親身になって憂慮するのが社会通念上当然とみられる特別な関係にある者はこれに含まれる**」としたうえで，「社長が拐取された場合における**会社幹部らは，被拐取者の安否を親身になって憂慮するのが社会通念上当然とみられる特別な関係**

にある者に当たる」として，行為者に拐取罪の成立を認めた（最決昭62・3・24）。

以上から，妥当なものは**ア**と**ウ**であり，正答は**1**である。

**1 ☒** **わいせつ行為の意思喪失後，逃走する際に負傷させても致傷罪が成立。**

　　本肢で，行為者は，わいせつ行為自体またはその手段たる暴行・脅迫行為によって被害者を負傷させているわけではなく，わいせつ行為の意思喪失後，逃走する際に，行為者の着衣をつかんだ被害者を引きずって負傷させている。そのような場合にも不同意わいせつ等致傷罪（刑法181条1項）が成立するのか，それとも不同意わいせつ罪（同法176条1項）と傷害罪（同法204条）の併合罪（同法45条）になるのか。

　　この点は，両罪の処断刑が大きく異なることから問題となる（前者なら無期または3年以上の懲役，後者で有期懲役を選択するなら6か月以上22年6か月以下の懲役）。

　　判例は，「わいせつな行為を行う意思を喪失した後に，その場から逃走するため，被害者に対して暴行を加えたものであるが，被告人のこのような暴行は，準強制**わいせつ行為に随伴するものといえる**から，これによって生じた被害者の傷害について不同意わいせつ等致傷罪が成立する」と判示した（最決平20・1・22）。つまり，前者の立場をとったものである。

**2 ◎** **放火を予告するような内容のはがきを送りつける行為は，脅迫罪が成立。**

　　妥当である。村内の2派の抗争が熾烈になって，両派の緊張が高まっている時期に，あたかも放火を予告するような内容のはがきを送りつけることは，**客観的に見て相手方が恐怖心を感じるような危害の通告にあたる**。したがって，行為者に脅迫罪が成立する（最判昭35・3・18）。

**3 ☒** **管理組合の意思に反して建物の共用部分に立ち入れば，住居侵入罪が成立。**

　　判例は，表現の自由といえども，マンションへの無断立入りまで許容されるわけではなく，130条前段の罪が成立するとする（最判平21・11・30）。

**4 ☒** **都による路上生活者の段ボール小屋撤去を妨害すれば業務妨害罪が成立。**

　　公務のうち，強制力を行使する権力的公務は業務妨害罪（233条～234条の2）にいう「業務」には当たらないが（それは95条1項の公務執行妨害罪の対象），ここで強制力を行使する権力的公務とは，たとえば捜査機関による逮捕のように，それ自体として有形力を行使するような公務のことをいう。本肢事案の都職員の公務は，この点から見て，公務執行妨害罪の対象となる「公務」ではなく，**業務妨害罪にいう「業務」にあたる**。

　　次に，本肢の「段ボール小屋の撤去によって財産的不利益を被る」ことが，「威力業務妨害罪としての要保護性を失わせる法的瑕疵を有する」かの点について，判例は，路上生活者は「通路を不法に占拠していた者であっ

て，これらの者が**段ボール小屋の撤去によって被る財産的不利益はごくわずか**であり，居住上の不利益についても，行政的に一応の対策が立てられていた上，事前の周知活動により，路上生活者が本件工事の着手によって不意打ちを受けることがないよう配慮されていた」として，「**道路管理者である東京都が本件工事により段ボール小屋を撤去したことは，やむを得ない事情に基づくものであって，業務妨害罪としての要保護性を失わせるような法的瑕疵があったとは認められない**」とする（最決平14・9・30）。

**5×** 母の監護下にある2歳の子を，父が有形力を用いて連れ去れば略取罪成立。

判例は，父が，離婚係争中の母が看護養育中の子を奪取して自分の手元に置こうとした行為について，監護養育上それが現に必要とされるような特段の事情は認められないことや，子が自分の生活環境についての判断・選択の能力が備わっていない2歳の幼児であること，その**年齢上，常時監護養育が必要とされるのに略取後の監護養育について確たる見通しがあったとも認め難い**ことなどから，違法性が阻却されるべき事情は認められないとして，父に未成年者略取罪（224条）が成立するとする（最決平17・12・6）。

### No.9 の解説　名誉毀損
→ 問題はP.183 **正答 1**

**ア○** 名誉毀損罪の成立には，人の外部的名誉の具体的侵害までは不要である。

妥当である。「人の外部的名誉が具体的に侵害されたこと」の証明は困難なので，これを要求すると人の名誉を守れないという事態を招きかねないからである（大判昭13・2・28）。

**イ○** 摘示の相手方が特定・少数人でも，伝播可能性があれば本罪が成立する。

妥当である。判例は，**伝播可能性があれば公然性が認められる**として名誉毀損罪の成立を認める（最判昭34・5・7）。たとえ摘示の直接の相手方が特定かつ少数の人であっても，その者らを通じて不特定または多数の人に伝播する可能性があれば，名誉の害される危険性は顕著だからである。

**ウ×** 私人の私生活上の行状も，公共の利害に関する事実にあたる場合がある。

判例は，「私人の私生活上の行状であっても，そのたずさわる**社会的活動の性質およびこれを通じて社会に及ぼす影響力の程度などのいかん**によっては，その社会的活動に対する批判ないし評価の一資料として，刑法230条の2の1項にいう『公共の利害に関する事実』にあたる場合がある」とする。そして，本肢の事案の場合はこれに該当するとする（最判昭56・4・16，月刊ペン事件）。

**エ×** 事実の真実性の錯誤に相当の理由があれば，故意を欠き本罪は成立しない。

本肢は，「違法性が阻却され」ではなく，「犯罪の故意がなく」が正しい。判例は，「刑法230条の2の規定は，人格権としての個人の名誉の保護と，憲法21条による正当な言論の保障との調和をはかったものというべきであり，これら両者間の調和と均衡を考慮するならば，たとい刑法230条の2の

1項にいう事実が真実であることの証明がない場合でも，行為者がその事実を真実であると誤信し，その**誤信したことについて，確実な資料，根拠に照らし相当の理由があるときは，犯罪の故意がなく，名誉毀損の罪は成立しない**」とする（最大判昭44・6・25）。

**オ ✕** **ネットに誤情報が多いことは，本罪の要件を緩める理由にはならない。**

　本肢の事案で，第一審は，ネット上の名誉毀損的表現について，ネットの情報は誤情報が多く信用性に乏しいことや，被害者はネット上で反論が容易なことなどから，名誉毀損罪の要件も一般の表現行為の場合とは異なる基準を用いるべきとして，被告人を無罪とした。

　これに対して，最高裁は，「インターネットの個人利用者による表現行為の場合においても，他の場合と同様に，行為者が摘示した事実を真実であると誤信したことについて，確実な資料，根拠に照らして相当の理由があると認められるときに限り，名誉毀損罪は成立しないものと解するのが相当であって，**より緩やかな要件で同罪の成立を否定すべきものとは解されない**」として，名誉毀損罪の成立を認めた（最決平22・3・15）。

　以上から，妥当なものは**ア**と**イ**であり，正答は**1**である。

### ◆令和4年の刑法の一部改正について（拘禁刑の創設）

　令和4年6月13日に刑法の一部を改正する法律が成立し，これにより，現在の懲役刑・禁錮刑が廃止され，拘禁刑に一本化される。同改正法は，令和7年からの施行が予定されており，本章で扱った不同意性交等罪・不同意わいせつ罪等（令和5年改正）においては，一足早く，条文上は懲役刑から拘禁刑への変更が行われている（176条1項柱書，177条1項，182条，ただし，附則3条により，懲役刑から拘禁刑に移行するのは，令和4年改正法が施行されてからとされる）。

　この拘禁刑への変更は，同改正の法律案要綱に「拘禁刑に処せられた者には，改善更生を図るため，必要な作業を行わせ，又は必要な指導を行うことができるものとする」とあるように，懲役刑で実施されている刑務作業（禁錮刑では刑務作業の義務はないが，大半の受刑者が希望して刑務作業を行っている）一辺倒ではなく，改善更生のために，それぞれの受刑者に合わせたプログラムを組めるようになる点に特質がある。

　具体的には，たとえば性犯罪者に刑務作業を行わせても必ずしも再犯防止に結びつくとは限らないが，必要な教育を行うことで，刑期を終えて社会に復帰したあとの再犯防止に役立つことが期待される。このことは，特に薬物事犯などで効果をもたらすものと期待されている。

　なお，拘禁刑に処せられるのは，改正法が施行されたあとの犯罪についてであり，施行前にすでに懲役または禁錮に服している者には，これらの刑がそのまま執行される。

　今回の改正により，令和7年度の試験からは，懲役・禁錮を拘禁刑に読み替える必要があるが，試験対策としては，とりあえず本改正の趣旨を把握しておけば十分である。

第2章

各

論

# 個人的法益（2）

## 必修問題

　窃盗罪に関する次のア～エの記述のうち，妥当なもののみをすべて挙げているものはどれか（争いのあるときは，判例の見解による）。

【裁判所事務官・平成30年度】

**ア**：甲は，乙を困らせてやろうと考え，乙宅に駐輪してあった自転車を持ち去って自宅の物置に隠した。甲には窃盗罪が成立する。

**イ**：甲は，散歩中にたまたま他人所有の無施錠の自転車を見つけたため，使用後は適当な場所で乗り捨てるつもりで，その自転車に乗って走り去った。甲の行為は，自転車の一時使用にすぎないから，窃盗罪は成立しない。

**ウ**：甲は，乙から委託を受け，施錠された状態のアタッシュケースを預かり保管していたが，内容物を自分のものにしようと考え，乙の許可なく解錠してケース内の金品を持ち去った。甲には窃盗罪が成立する。

**エ**：甲は，乙宅のタンスの奥から偶然乙の指輪を発見し，これを自分のものにしようと考えて自宅に持ち帰った。乙が指輪の所在を失念していた場合であっても，甲には窃盗罪が成立する。

**1**　ア，イ
**2**　ア，エ
**3**　イ，ウ
**4**　イ，エ
**5**　ウ，エ

難易度　＊

## 必修問題の解説

　窃盗・強盗はなじみのある犯罪であるにもかかわらず，意外に複雑で処罰の可否や罪名などの判断がつきにくい。問題を何度も繰り返して，これらの判断基準を感覚として身につけていくことが重要である。

**ア×**　**自分のものにするのではなく困らせるつもりで持ち去れば窃盗罪は不成立。**
　窃盗罪は，「他人の財物を窃取」することによって成立する（235条）。この場合，**窃取とは他人の占有を侵害すること**をいう（最決平元・7・7）。

| 頻出度 | 国家総合職 | ★★★ |
|--------|-----------|------|
| **A** | 労働基準監督官 | ★★★ |
| | 裁　判　所 | ★★★ |
| | 地上全国型 | ★★ |

**9 個人的法益(2)**

第2章

各

論

本肢で，甲は自転車に対する乙の占有を侵害しているが，その目的は乙を困らせるためであり，自分のものにするためではない。これは**物を隠す行為**つまり隠匿であって窃取ではない。

窃盗罪では，窃取する（占有を侵害する）という犯罪の構成要件を満たす意思（**構成要件的故意**）に加えて，主観的要素として「**権利者を排除して他人の物を自己の所有物として，その経済的用法に従い，これを利用若しくは処分する意思**」が必要とされている。これを**不法領得の意思という**（大判大4・5・21）。これは，①**毀棄・隠匿と窃盗を区別する**，②**使用窃盗を不可罰とする**，という2つの機能から必要とされているものである。

本肢では，甲に不法領得の意思はなく，甲に窃盗罪は成立しない。

**イ✕** 自転車を乗り捨てる意図でも，完全に自己の支配下に置けば窃盗罪が成立。

他人の本を短時間借りて，その後に元に戻しておくなどの行為を**使用窃盗**という。この場合も，行為の態様としては「他人の占有の侵害」に当たるので窃盗罪の構成要件に該当することになるが，このような行為をあえて窃盗罪として処罰する必要はない。そこで，判例は，窃盗罪の成立に不法領得の意思が必要として，**使用窃盗を不可罰としている**（大判大9・2・4）。

ただ，使用後に返還する意思があれば，それで使用窃盗をすべて不可罰とすると，本肢のような場合に不都合を生じる。そこで判例は，不法領得の意思自体は必要としながらも，実質的には「窃盗罪としての処罰に値するか」という観点から不法領得の意思の存否を判断している（最決昭55・10・30）。

本肢の場合は，他人の自転車を乗り捨てるつもりで自己の完全な支配下に置いており，処罰に値する違法性があるので窃盗罪が成立する。

**ウ◯** 他人から寄託された物の中身を抜き取れば，窃盗罪が成立する。

妥当である。預かって保管していた物の全体を領得すれば横領罪であるが，解錠してケース内の金品を持ち去れば窃盗罪である。　→No.8 選択肢**3**

**エ◯** 被害者が存在を失念しても，事実的支配下の物を領得すれば窃盗罪成立。

妥当である。**窃盗罪は，他人の事実的支配下にある物を領得すれば，それで成立する。**その物の所在を認識していたかどうかを問わない。

たとえ他人がその存在を失念していても，勝手に持ち去る行為は窃盗罪である。

以上から，妥当なものはウとエであり，**5**が正答となる。

**正答 5**

# FOCUS

財産犯は刑法各論の中心分野であり，出題数は他の分野に比して群を抜いて多い。本項は，財産犯の中の窃盗・強盗の両罪を扱う。この両罪は，素材となる論点が多いため論理問題が出題されることが多く，また判例の集積も豊富で，判例を素材とした問題が多く出題されている。したがって，論点と判例の両面で十分に対策を講じておくことが要請される。

# ━ POINT ━

**重要ポイント 1** **財産罪の分類**

・**財産罪**については次のような分類がなされている。

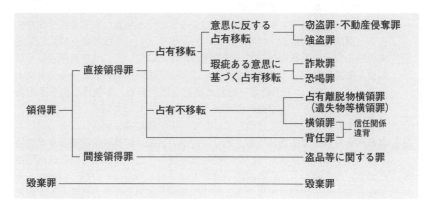

**重要ポイント 2** **財産罪の客体**

・**財産罪の客体**は財物と財産上の利益である。

| 客 体 | 犯罪類型 |
|---|---|
| 財物のみ | 窃盗・不動産侵奪・横領・占有離脱物横領・盗品等に関する罪・毀棄 |
| 財産上の利益のみ | 背任 |
| 財物と財産上の利益 | 強盗・詐欺・恐喝（1項が財物，2項が財産上の利益） |

・財物とは有体物（固体・液体・気体）のほかに，電気などの物理的に管理可能なものを含む（物理的管理可能性説，大判明36・5・21）。

・法禁物（法がその所持を禁止している物，たとえば麻薬や覚せい剤等）も財物に含まれる（判例・通説）。したがってこれを窃取すれば窃盗罪が成立し，また詐取すれば詐欺罪が成立する。

**重要ポイント 3** **不法領得の意思**

・**窃盗罪**と**横領罪**の2つで問題となる。

・窃盗罪における**不法領得の意思**には，①自ら所有者として振る舞う意思，②物の経済的（本来的）用法に従って利用・処分する意思の2つがあり，それぞれについて，その要否が争われている。①は使用窃盗の不可罰性，②は毀棄・隠匿との区別に関して問題となる。

## 実戦問題 **1**　基本レベル

*
◆ **No.1**　財産罪の客体である「財物」に関する次のア～オの記述のうち，妥当なもののみをすべて挙げているのはどれか。ただし，争いがある場合は，判例の見解による。　　　　　　　　　　　　　　【地方上級（全国型）・令和3年度】

ア：恋人からもらったラブレターには，持ち主の主観的，感情的な価値があるので，財物性が認められる。

イ：人の身体から切り取られた毛髪には，財物性が認められる。

ウ：消印済みの収入印紙には，金銭的価値がないので，財物性は認められない。

エ：会社の機密資料のコピーには，財物性は認められない。

オ：違法な密造酒は，私人による所持が禁じられているので，財物性は認められない。

**1**　ア，イ
**2**　ア，エ
**3**　イ，ウ
**4**　ウ，オ
**5**　エ，オ

*
◆ **No.2**　次のア～オの記述について，窃盗罪の成立が認められるもののみをすべて挙げているものはどれか（争いのあるときは，判例の見解による）。

【裁判所事務官・平成28年度】

ア：Xが，Yを殺害して，その場を逃走した後，偶然その場を通りかかった甲が，Yが死亡しているのを認識した上で，Yのポケットに入っていた財布を自分のものにしようと考え，これを取り出して持ち去った。

イ：甲は，銀行の手違いで，X名義の口座に入金されるべきところを，誤って自己名義の口座に1万円が入金されたことを知りながら，これを自分のものにしようと考えて，ATMを利用して，その1万円を引き出した。

ウ：甲は，スーパーマーケットでアルバイトをしていたが，店長Xが外出している間に，商品棚から，スナック菓子1個を取り出して，自分のバッグに入れ，アルバイト終了後，店外へ持ち出した。

エ：郵便配達人である甲は，Xから現金10万円入りの普通郵便物を渡されてYに届けるよう依頼されたが，自己の用途に充てるため，その郵便物をYに渡さずにそのまま自分のポケットに入れた。

オ：甲は，旅館の脱衣所で，他の宿泊者が遺失し，放置した腕時計を発見し，自分のものにしようと考えて，脱衣所から持ち去った。

**1**　ア，ウ，オ　　　**2**　イ，ウ，エ　　　**3**　ア，イ，エ
**4**　イ，ウ，オ　　　**5**　イ，エ，オ

**\***
**No.3** 　強盗の罪に関する記述として最も妥当なものはどれか（争いのあるとき
は，判例の見解による）。　　　　　　　　　　【裁判所事務官・令和元年度】

**1**　強盗罪における暴行は，相手方を畏怖させる程度のもので足りる。

**2**　強盗罪の成立においては，不法領得の意思は要求されない。

**3**　窃盗の犯人が，逮捕を免れるために相手方にナイフで切り付ける暴行を加え，
怪我を負わせた場合について，強盗致傷罪は成立しない。

**4**　強盗致傷罪における致傷の結果は，強盗の機会に行われた行為から生じたもの
で足りる。

**5**　相手方から財物を奪うために同人を殺害したが，同人の持ち物から財物を発見
できず，何らの財物も奪わなかった場合，強盗殺人未遂罪が成立する。

**\***
♦ **No.4** 　強盗罪に関する次の記述のうち，妥当なものはどれか。

【市役所・平成26年度】

**1**　他人に暴行または脅迫を加えて財物を奪った場合，それが強盗罪となるのか脅
迫罪となるのかは，その加えられた「暴行または脅迫」の程度が被害者の反抗を
抑圧するに足りるものであったか否かを具体的事案における被害者の主観によっ
て判断する。

**2**　Aは，窃盗をしようと企て，夜間通行中の女性に自動車で接近し，ハンドバッ
グをひったくろうとしたが，被害者が離さなかったためそのまま引きずり，結果
的に当該ハンドバッグを奪取した場合，Aには窃盗罪ではなく強盗罪が成立する。

**3**　Aが，ある家屋に強盗に入り金品を奪った際，被害者の傍らに寝ていた子ども
2人を殺害した場合，当該子ども2人の殺害を強盗の本来の目的としていたわけ
ではないので，Aには強盗殺人罪が成立しない。

**4**　Aが，強盗により奪取した物を翌日運搬しているときに警察官に発見され，そ
の際，逮捕を免れるために暴行を加え傷害を負わせたときは，強盗の継続中にな
された暴行とみなして，Aには強盗致傷罪が成立する。

**5**　Aが，一度強盗殺人行為を終えた後に新たな決意を生じて別の機会に他人を殺
害した場合，この2つの行為が時間的に近接し，後の殺人が最初の強盗殺人の隠
蔽手段として行われたものであれば，Aには強盗殺人罪が成立する。

**No.5** 事後強盗罪に関する次のア～エの記述のうち，適当なもののみをすべて
挙げているのはどれか（争いのあるときは，判例の見解による）。

【裁判所事務官・平成22年度】

ア：他人の留守宅に入って窃盗に及んだ後も天井裏に潜んでいた窃盗の犯人が，
　　窃盗の犯行の約3時間後に同宅に駆けつけた警察官に逮捕されることを免れ
　　るため，持っていたナイフでその警察官の顔面等を切りつけた場合には，窃
　　盗の機会の継続中に行われた暴行により傷害を負わせたものとして事後強盗
　　致傷罪が成立する。

イ：窃盗の犯人が，金品を物色している最中に，被害者に発見されたため，改め
　　て財物を強取する目的で被害者に対して包丁を突きつけて反抗をあきらめさ
　　せたうえ，財物を強取した集合，事後強盗罪が成立する。

ウ：事後強盗罪の手段としての暴行または脅迫は相手の反抗を抑圧するに足りる
　　程度のものであることが必要である。

エ：窃盗未遂の犯人が，逮捕を免れ，または罪跡を隠滅するために，暴行または
　　脅迫を加えた場合，事後強盗既遂罪が成立する。

**1** ア，ウ

**2** ア，エ

**3** イ，ウ

**4** イ，エ

**5** ウ，エ

盗品等に関する罪に関する次の記述のうち，最も適当なものはどれか（争いのあるときは，判例の見解による）。　　　　【裁判所事務官・平成17年度】

**1**　盗品等に関する罪は，被害者の被害財物に対して有する回復請求権の実現を困難にする行為を処罰の対象としているから，窃盗の被害者を相手方として盗品の有償の処分のあっせんをした場合は，盗品等処分あっせん罪が成立することはない。

**2**　Aが，友人Bから，Bがその実母から盗んだ指輪を有償で譲り受けた場合は，親族間の犯罪に関する特例によりBの窃盗罪の刑が免除され，これによってその指輪の盗品等としての性質が失われることになるから，Aに盗品等有償譲受罪が成立することはない。

**3**　Aが，友人Bから，Bが電器店から盗み出した電器製品の運搬を頼まれ，その事情を知りながらBと協力して電器製品を運搬した場合は，Bにとってこの運搬行為は不可罰的事後行為であり，Bに盗品等運搬罪が成立しないから，これを共同して行ったAについても盗品等運搬罪が成立することはない。

**4**　Aが，友人Bから頼まれて指輪の保管を開始した後，その指輪は実はBが万引したものであることを知ったが，その後も法律上返還を拒否する理由がないにもかかわらず，Bのためにその保管を続けた場合は，Aに盗品等保管罪が成立する。

**5**　Aが，友人Bに強盗を教唆して，Aの実父の所有する腕時計を実父から強取させ，その後Bからその腕時計を有償で譲り受けた場合は，Aに強盗の教唆罪および盗品等有償譲受罪が成立するが，親族等の間の犯罪に関する特例により盗品等有償譲受罪の刑は免除される。

# 実戦問題 **1** の 解説

→ 問題はP.193

## No.1 の解説  財産罪の客体である財物

→ 問題はP.193 **正答1**

**ア○** 主観的，感情的な価値があるにすぎないものでも，財物性は認められる。

　　妥当である。財産的な価値ではなく，持ち主の**主観的，感情的な価値があ**るにすぎないものであっても，それを盗まれないことについて，**社会観念上刑法的な保護の必要がある**と解されるものについては，財物性が認められる。

**イ○** 人の身体から切り取られた毛髪も，価値が認められる限り財物性は肯定。

　　妥当である。たとえば，小児がん患者のためのかつらを作る目的で切り取られた毛髪（いわゆるヘアドネーション）には，社会観念上，**刑法的な保護に値する財物性**が認められる，などである。

**ウ×** 消印済みの収入印紙にも，財物性は認められる。

　　たとえば，他人の手に渡って悪用されないことについての消極的な価値が認められるとか，希少価値があるためにマニアの間で高値で取引きされているなど，**客観的もしくは主観的な価値が認められる**限り，消印済みの収入印紙であっても財物性は認められる。

　　判例では，公正証書原本に貼用された消印済みの収入印紙を剥離し領得する行為を窃盗罪に当たるとしたものがある（大判明44・8・15）。

**エ×** 会社の機密資料のコピーには，財物性が認められる。

　　**客観的な財産的価値**が認められるからである（東京地判昭40・6・26参照）。

**オ×** 違法な密造酒も，私人の所持は禁じられているが，財物性は認められる。

　　判例は，「法律上正当にこれを所持する権限を有するかどうかを問わず，たとえ刑法上その所持を禁止されている場合でも，現実にこれを所持している事実がある以上，社会の法的秩序を維持する必要からして，**物の所持という事実上の状態それ自体が独立の法益として保護せられ**，みだりに不正の手段によってこれを侵すことは許されない」として，禁制品に対する財物性を認める（最判昭24・2・15）。

　　以上から，妥当なものは**ア**と**イ**であり，正答は**1**である。

## No.2 の解説  窃盗罪

→ 問題はP.193 **正答4**

**ア×** 殺害犯人以外の者が死者から財物を奪えば，占有離脱物横領罪が成立する。

　　いわゆる「**死者の占有**」（212頁）の問題であるが，殺害犯人とは無関係の第三者との関係では，「死者には占有の意思も財物に対する事実的支配も認められない」として，通説は死者の占有を否定し，**第三者**（本肢の甲）との**関係では占有離脱物横領罪**が成立するとする（大判大13・3・28参照）。

**イ○** 自己の口座への誤振込金を，それと知ってATMで引き出せば窃盗罪成立。

　　妥当である。判例は，「誤った振込みについては，受取人において，これ

第2章

各論

を振込依頼人等に返還しなければならず，誤った振込金額相当分を最終的に自己のものとすべき実質的な権利はない」（最決平15・3・12）。そこで，**ATMを利用してこの誤振込金額を引き出せば，銀行の占有を侵害したもの**として（誤振込金を預かっているので銀行に事実的支配がある），行為者に窃盗罪が成立する（東京高判平6・9・12）

**ウ◯** **アルバイト店員が隙を見て商品を店外に持ち出す行為は窃盗罪となる。**

　妥当である。**スーパーマーケットの商品の占有は店側にある。**したがって，アルバイト店員が商品棚から商品を自分のバッグに入れ，店外へ持ち出す行為は，商品に対する店の占有を侵害したものとして，窃盗罪が成立する。

**エ✕** **現金入り郵便物の配達を依頼された郵便配達人が領得すれば横領罪が成立。**

　窃盗罪は，財物について事実的支配を及ぼしている者から，その財物を奪うことによって成立する。本肢の場合，郵便配達人甲は，Xから現金入りの普通郵便物を渡されて配達を依頼されており，その依頼を受けた時以降は，郵便物に対して**事実的支配を及ぼしているのは郵便配達人甲である。**したがって，甲がそれを自分のポケットに入れる行為は，「財物について事実的支配を及ぼしている者から，その財物を奪う」わけではないので，窃盗罪は成立しない。

　本肢の場合は，甲の行為は「業務上自己の占有する他人の物を横領した」場合に当たるので，**業務上横領罪**（253条）が成立する。

　なお，本肢では，甲は郵便物をそのまま自分のポケットに入れているので横領罪（業務上横領罪）となるが，封を破って抜き取る場合には窃盗罪が成立する（大判明45・4・26）。これについてはNo.8選択肢**3**参照。

**オ◯** **旅館の脱衣所で宿泊者が遺失した時計を領得すれば，窃盗罪が成立する。**

　妥当である。旅館の脱衣所で他の**宿泊者が遺失し，放置した財物の占有は旅館主に属する。**したがって，それを領得する行為は窃盗罪を構成する（札幌高判昭28・5・7）。

　以上から，妥当なものはイ，**ウ**，オの3つであり，**4**が正答である。

---

**No.3 の解説　強盗罪**　　　　　　　　　　→ 問題はP.194　**正答4**

**1✕** **強盗罪における暴行は，被害者の反抗を抑圧するに足る程度のものが必要。**

　判例は，「他人に暴行または脅迫を加えて財物を奪取した場合に，それが恐喝罪となるか強盗罪となるかは，その暴行または脅迫が，社会通念上一般**に被害者の反抗を抑圧するに足る程度のものであるかどうか**という客観的基準によって決せられる」とする（最判昭24・2・8）。

**2✕** **強盗罪の成立においても，不法領得の意思は必要である。**

　強盗罪（236条）は，**強取した物から利益を得る目的で**（例：奪った金で高級車を買う，など）行われることから，これを強く禁圧する必要があり，

そのために重い刑罰が用意されている。単に壊す目的で奪うような場合は，暴行罪ないし脅迫罪と器物損壊罪（261条）で処罰すれば十分である。

したがって，強盗罪の成立においても不法領得の意思は必要である。

**3✗** 窃盗の犯人が逮捕を免れるために傷害すれば，事後強盗致傷罪が成立する。

窃盗犯人が逮捕を免れるために暴行・脅迫をしたときは，「強盗として論ずる」とされて，**強盗と同じ扱いがなされる**（238条）。悪質性は強盗と変わりがないからである。

そして，強盗と同じ扱いがなされるため，逮捕を免れるための暴行によって致傷の結果が生ずれば強盗致傷罪（240条前段）が成立することになる。

**4◎** 強盗致傷罪における致傷の結果は，強盗の機会に生じたもので足りる。

正しい。判例は，強盗致傷罪における致傷の結果は，強盗の機会に生じたものであれば足りるとする（大判昭6・10・29）。その理由として，判例は，**強盗の機会には致死傷のような残虐な行為を伴うことが少なくないので**，これを重い情状として，それがどのような目的で行われても**重く処罰する趣旨**であるとする。

**5✗** 強盗殺人の既遂・未遂は，被害者に死の結果が生じたか否かで判断される。

強盗殺人罪（240条後段）は，強盗の機会に人の死傷を伴う残虐な行為が行われることが多いことから，これを重罰をもって厳に抑止しようとしたものである。したがって，その**既遂・未遂は，財物奪取ではなく人の死傷を基準に判断される**（最判昭32・8・1）。そのため，なんらの財物も奪えなかったとしても，人を殺害すれば，強盗殺人罪は既遂となる。

### No.4 の解説　強盗罪

→ 問題はP.194　**正答2**

**1✗** 強盗罪の手段としての暴行・脅迫に該当するかは客観的に判断される。

被害者の主観によって判断するとすれば，たとえば被害者がたまたま気丈で反抗を抑圧されなかったという場合には強盗罪は成立しないことになる。主観は個人によって差があるので，**同じ程度の暴行・脅迫を加えているのに，被害者によって強盗罪の成否が分かれるのは不合理**である。

そのため，判例は，「他人に暴行または脅迫を加えて財物を奪取した場合に，それが恐喝罪となるか強盗罪となるかは，その暴行または脅迫が，**社会通念上一般に被害者の反抗を抑圧するに足る程度のものであるかどうかという客観的基準によって決せられる**のであって，具体的事案の被害者の主観を基準としてその被害者の反抗を抑圧する程度であったかどうかということによって決せられるものではない」とする（最判昭24・2・8）。

**2◎** 通行中の被害者が財物を離さないので，これを引きずる行為は強盗となる。

正しい。単に通行人からバッグをひったくるだけであれば窃盗罪であるが，「被害者が離さなかったためそのまま引きずる」という行為は，財物奪取に向けて行われた相手方の反抗を抑圧する暴行にほかならない。したがっ

て，Aに強盗罪が成立する（最決昭45・12・22）。

**3 ✕ 強盗の機会に殺人を犯した場合には，強盗殺人罪が成立する。**

　強盗犯人が人を殺害した場合に，殺害の結果は強盗の手段としての暴行・脅迫から生じたことが必要か，それとも強盗の機会に行われれば足りるかが争われている。

　強盗殺人罪（240条後段）は，選択刑が死刑と無期懲役の2択しかないという極めて苛烈な刑罰規定である。そして，上記の論点について，判例・通説は，「強盗殺人罪は，刑事学上，**強盗の機会に人の死傷を伴う残虐な行為**が行われることが多いことから，**これを重罰をもって厳に抑止しようとした**ものである」として，殺害行為は「強盗の機会」に行われれば足りるとする（最判昭23・3・9）。

　本肢で，子どもの殺害は強盗の機会に行われており，Aに強盗殺人罪が成立する（最判昭25・12・14）。

**4 ✕ 強盗致傷罪における致傷の結果は，強盗の機会に生じることを要する。**

　これも**3**と同様に，強盗の機会における傷害の結果を伴う残虐な行為を，重罪（無期または6年以上の懲役）をもって厳に抑止しようとする趣旨である。

　そこで本肢であるが，「Aは，強取した物を翌日運搬している時に警察官に発見され，暴行を加えて傷害を負わせた」というのであるから，**前日の強盗行為はすでに終了**しており，翌日の警察官への暴行は「強盗の機会」になされたものとはいえない。したがって，強盗致傷罪（240条前段）は成立せず，強盗罪（236条）と公務執行妨害罪（95条1項），傷害罪（204条）の3罪が成立することになる（最判昭32・7・18）。

**5 ✕ 強盗殺人を終えた後に別の機会に殺人を行っても強盗殺人罪とはならない。**

　判例は，「240条後段の強盗殺人罪は，強盗たる者が強盗をなす機会において他人を殺害することにより成立する犯罪であって，**一旦強盗殺人の行為を終了した後，新な決意に基いて別の機会に他人を殺害**したときは，その殺人行為は，たとえ時間的に先の強盗殺人の行為に接近し，その犯跡を隠ぺいする意図の下に行われた場合であっても，**別個独立の殺人罪を構成**し，これを先の強盗殺人の行為と共に包括的に観察して一個の強盗殺人罪とみることは許されない」とする（最判昭23・3・9）。

## No.5 の解説　事後強盗罪

→ 問題はP.195　**正答 1**

**ア○　窃盗後に天井裏に潜んでいた犯人が傷害すれば事後強盗致傷罪が成立する。**

　　妥当である。本肢では，まず窃盗犯人が逮捕を免れるために警察官にナイフで切りつけているので，238条にいう「窃盗が，逮捕を免れるために，暴行または脅迫をしたとき」に該当するように見える。問題は，それが窃盗の機会に行われたかであるが，では，どこまでが窃盗の機会といえるのか。

　　これについては，犯人が現場から引き続いて追跡を受けているなど，社会通念に照らして窃盗行為がいまだ完了するに至っていない段階であれば，窃盗の機会が続いているとされる。そのような場合ならば，財物奪取の手段として暴行・脅迫を加えたと同様に評価でき，強盗として扱うことの合理性が肯定できるからである。

　　本肢では，「窃盗に及んだ後も天井裏に潜んでいた」というのであるから，窃盗行為はいまだ完了するに至っていない段階といえる。判例も，「被告人は，窃盗の犯行後も，犯行現場の直近の場所にとどまり，被害者等から容易に発見されて，財物を取り返され，あるいは逮捕され得る状況が継続していたのであるから，その暴行は，**窃盗の機会の継続中**に行われたものというべきである」としている（最決平14・2・14）。

　　したがって，窃盗の機会の暴行が認められることから，窃盗犯人に事後強盗罪が成立し，さらにその暴行により傷害を負わせているので，事後強盗致傷罪が成立することになる（同判例）。

**イ×　被害者に発見された窃盗犯が暴行して財物を奪取すれば強盗罪が成立する。**

　　本件の場合，犯人は，財物を強取する目的で被害者に暴行を加え，その**反抗を抑圧したうえで財物を奪取**している。これは通常の強盗行為であるから，事後強盗ではなく強盗罪（236条1項）が成立する。

**ウ○　事後強盗罪の暴行は，相手の反抗を抑圧する程度のものであることを要する。**

　　妥当である。事後強盗も強盗として論じられるので（238条），その手段としての暴行・脅迫は，通常の強盗罪の場合と同様に，相手の反抗を抑圧するに足りる程度のものであることを要する（大判昭19・2・8）。

**エ×　事後強盗罪の既遂・未遂は，財物を奪取したか否かで判断される。**

　　本肢では，主体は窃盗未遂の犯人とされており，いまだ財物を奪取していないので，事後強盗未遂罪が成立する（大判明42・10・15）。

　　**強盗罪の既遂・未遂は財物を奪取したかどうかで判断**される（最判昭24・6・14）。そして，事後強盗も強盗として論じられる（つまりすべての点で強盗罪として扱われる）ことから，その既遂・未遂も通常の強盗罪と同様に，財物奪取の有無で判断される。

　　以上から，妥当なものは**ア**と**ウ**であり，**1**が正答となる。

**1** ✕　**相手が窃盗の被害者であっても，盗品等処分あっせん罪は成立する。**

　　　窃盗の被害者を相手方として盗品の有償の処分のあっせんをした場合で
も，窃盗犯人に協力してその利益のために盗品の返還を条件に被害者に多額
の金員を交付させるなど，盗品の正常なる回復を困難にした場合には，**盗品
等処分あっせん罪**が成立する。

**2** ✕　**親族特例で窃盗犯人の刑が免除されても，他の者には盗品等の罪が成立する。**

　　　窃盗罪の親族特例によって刑が免除されても，それによって盗品について
盗品等の罪の客体としての性質が失われるわけではない。盗品等の罪は，被
害者の回復を困難にさせるような行為を処罰の対象とするが，窃盗犯人につ
いて刑の免除がなされても，それによって被害者の盗品の回復に対する利益
までが失われるわけではないからである。

**3** ✕　**窃盗犯人とともに盗品を運搬すれば，盗品等運搬罪が成立する。**

　　　Bについては盗品等運搬罪は成立しないが，Aについては**盗品等運搬罪**が
成立する。

　　　Bについては，窃盗後の被害者の回復を困難ならしめる行為も窃盗罪で包
括的に評価され尽くしていることから，別罪としての盗品等運搬罪が成立し
ない。しかし，Aについてはそのような事情はないので，被害者の回復を困
難ならしめる運搬行為を行っている以上，盗品等運搬罪が成立する。

**4** ◎　**委託物が盗品であることを知った後も委託を続ければ，盗品等保管罪が成立。**

　　　正しい。判例は，盗品であることを知らずに物品の保管を開始した後，盗
品であることを知るに至った者が，法律上返還を拒否する理由がないにもか
かわらず窃盗本犯のためにその保管を続けた場合は，**盗品等保管罪**が成立す
るとする（最決昭50・6・12）。

**5** ✕　**盗品等の罪の親族特例は，盗品犯と本犯者間に親族関係がある場合のみ適用。**

　　　**盗品等有償譲受罪**の刑は免除されない。

　　　盗品等の罪の親族特例（257条1項）は，親族が本犯者を庇護して盗品等
の処分に関与する行為は親族の情としてやむをえないところがあるとして規
定されているものである。そのため，判例は，そこにおける**親族関係は，盗
品犯人（A）と本犯者（強盗犯人B）との間にあることが必要**としており
（大判昭3・1・21），AB間に親族関係がない本肢の場合には，Aに親族特
例は適用されない。

## 実戦問題❷　応用レベル

**No.7** 窃盗罪に関する次の記述のうち，判例に照らし，妥当なのはどれか。

【市役所・平成7年度】

**1**　金銭の消費貸借に伴い，借主が自動車を融資金額で貸主に売り渡してその所有権を貸主に移転するが，返済期限までは借主が自動車を保管，利用できるとする契約が締結されていた場合，貸主が期限到来と同時に借主に無断で当該自動車を引き揚げたとしても，窃盗罪の構成要件を満たすことはない。

**2**　ゴルフ場内の池に落ち，ゴルファーがその所有権を放棄したロストボールは無主物と評価され，無主物については財産犯は成立しないから，ゴルフ場に不法に侵入した者がロストボールを拾い集めても，窃盗罪に問われることはない。

**3**　人を殺害した後に初めて財物奪取の意思を生じ，当該死体から財物を奪った場合，死亡直後の奪取は，死者の生前の財物の所持を保護するという観点から，窃盗罪によって処断される余地がある。

**4**　他人所有の自動車を，数時間にわたって完全に自己の支配下に置く意図で，所有者に無断で乗り回した場合，使用後にもとの場所に戻すつもりであったなど返還の意思があったときは，不法領得の意思は否定される。

**5**　いわゆるスリについては，占有侵害の具体的危険性が認められる時点をもって実行の着手があったとされるから，目的物をすり取ろうとして着衣の外側に手を差し伸べて触れただけでは，占有侵害の具体的危険性は認められず，実行の着手があったとはいえない。

**No.8** 窃盗罪に関する次の記述のうち，判例に照らし，妥当なのはどれか。

【国家総合職・平成12年度】

**1**　所有者の事実支配を離れた物については，仮に所有者以外の第三者の占有に移転していたとしても，第三者の占有の侵害を考慮する余地はないので，客が旅館内の便所に置き忘れた物を領得する行為は，窃盗罪ではなく，遺失物横領罪となる。

**2**　被害者を殺害した後に財物奪取の意思を生じ，殺害直後に殺害現場で被害者が所持していた財物を奪取した場合は，被害者からその財物の占有を離脱させた自己の行為を利用して財物を奪取したという一連の行為を全体的に考察して，他人の財物に対する所持を侵害したものというべきであるから，窃盗罪が成立する。

**3**　封印した封筒を委託された者がその中身のみを領得する行為は，自己の占有する他人の物の領得であるから，封を破らず委託物全体を領得する場合と同様，窃盗罪ではなく，横領罪となる。

**4**　窃盗罪が既遂に達したといえるためには，財物を自己または第三者の実質的支配の下に移したのみでは足りず，被害者の支配状態を完全に脱却することが必要

であるから，他人の家の浴室内で取得した指輪を後で取りに戻ろうと浴室内の他人の容易に発見しえない透き間に隠した時点ではいまだ既遂に達したと見る余地はない。

**5** 親族相盗と認められるためには，身分関係が行為者と占有者との間に存在すれば足り，行為者と所有者との間にも存することは要しない。

### No.9 強盗罪に関する次のア～エの記述の正誤の組合せとして最も適当なものはどれか（争いのあるときは，判例の見解による）。

【裁判所事務官・平成28年度】

ア：甲は，乙宅に侵入して財布を盗み，誰からも発見，追跡されることなく，約1km 離れた公園に向かったが，財布の中身が少なかったので，約30分後，再び乙宅に引き返したところ，乙に発見され，逮捕を免れるために暴行を加えて，逃走した。この場合，甲は，乙に容易に発見されて，逮捕されうる状況が継続していたから，甲には事後強盗罪が成立する。

イ：甲は，金品を奪う目的で，乙に暴行を加えて，その反抗を抑圧したところ，乙は，持っていた財布をその場に放置して逃走したことから，甲は，その財布を持ち去った。この場合，乙の処分行為により，財布の占有が移転したとはいえないから，甲には，強盗未遂罪と占有離脱物横領罪が成立する。

ウ：甲は，金品窃取の目的で乙宅に侵入して，たんすの引出しを物色したが，金品を手に入れる前に，乙に見つかったので，逮捕を免れるため，乙に暴行を加えてその反抗を抑圧して逃走し，窃盗行為は未遂に終わった。この場合，甲は，財物を得る目的を遂げなかったので，事後強盗未遂罪が成立する。

エ：甲は，乙宅に侵入して，窃盗を働こうと考え，その際に乙に発見された場合に，逮捕を免れるために使用する凶器として，果物ナイフをかばんに入れて，路上から，乙宅の様子をうかがっていた。この場合，侵入後，乙に発見されるかは仮定の問題であるから，甲には強盗予備罪は成立しない。

|   | ア | イ | ウ | エ |
|---|---|---|---|---|
| **1** | 正 | 誤 | 正 | 誤 |
| **2** | 誤 | 誤 | 正 | 誤 |
| **3** | 誤 | 誤 | 正 | 正 |
| **4** | 誤 | 正 | 誤 | 正 |
| **5** | 正 | 正 | 誤 | 正 |

**No.10** 強盗に関するア〜オの記述のうち，妥当なもののみをすべて挙げているのはどれか。ただし，争いのあるものは判例の見解による。

【国家総合職・令和3年度】

ア：Aは，Bから金品を奪取しようと考え，Bにナイフを突き付けて「静かにしろ。金を出せ。」と脅迫し，Bを畏怖させて現金を奪取したが，Bは反抗を抑圧されるには至っていなかった。この場合，Aの脅迫行為が，社会通念上一般に被害者の反抗を抑圧するに足る程度のものであれば，Aには強盗罪が成立する。

イ：AがBに対し不同意性交に及んだ直後，強盗の犯意を生じ，畏怖しているBを脅し，金品を強取して強盗に及んだ。この場合，Aには不同意性交等罪と強盗罪が成立し，両者は併合罪となる。

ウ：Aは，暴行脅迫を用いてBから財物を奪取しようと考え，まず手提げ鞄をBから奪ったところ，Bがこれを取り返そうとしてきたことから，Bに暴行を加えて気絶させ，手提げ鞄を取り返されるのを防いだ。この場合，Aには事後強盗罪が成立する。

エ：Aは，B宅に侵入し，財布等を盗み，誰からも発見や追跡をされることなくB宅から約1キロメートル離れた場所に移動したが，盗んだ現金が少なかったことから，もう一度B宅から金品を盗もうと思い，1回目の窃盗から約30分後，B宅の玄関のドアを開けたところ，Bに発見され，逮捕を免れるためBにナイフを突き付けて脅迫した。この場合，Aには事後強盗罪が成立する。

オ：Aは，窃盗目的でB宅に侵入し，金品を物色していたところ，Bに気付かれたと思い，Bを殺害して金品を強取しようと決意し，木の棒でBの頭部を何度も殴打し，さらに，布でBの首を絞めてBを殺害したが，金品を発見することができなかった。この場合，Aには強盗殺人罪が成立する。

**1** ア，イ
**2** ア，ウ
**3** ア，オ
**4** イ，オ
**5** ウ，エ

# 実戦問題❷の解説

**1** ✕ **債権者が，担保物を返済期限に無断で持ち去れば窃盗罪が成立する。**

自動車を担保とした金銭消費貸借の貸主が，期限の到来と同時に，借主に無断で担保になっている自動車を持ち去った場合，貸主に窃盗罪が成立する。

本肢は自動車を担保としたローンの事例である。本肢のもとになった事案では次のような事情があった。

> ①金融業者と借主の間で，「自動車の所有権はいったん金融業者に移転するが，返済期限までに元利金を合わせて返済すれば，借主は自動車の所有権を取り戻すことができる」との契約が締結された。
>   **→自動車の所有権は金融業者に移転。**
> ②返済期日に債務者から返済がなかったので，金融業者はその翌日の未明，ひそかに債務者宅へ赴き，債務者が自宅ガレージにとめていた自動車を，合鍵屋に作らせた合鍵を用いて無断で持ち去った。
>   **→所有権は侵害していないとしても，占有権の侵害はある。**

本件で，被告人（金融業者）側は，「窃盗罪の保護法益は所有権であり，その侵害がない本件では窃盗罪は成立しない」と主張した。これに対し，最高裁は次のように判示して窃盗罪の成立を肯定している。すなわち，「被告人が自動車を引き揚げた時点においては，**自動車は借主の事実上の支配内にあった**ことが明らかであるから，かりに被告人にその所有権があったとしても，被告人の引揚行為は，刑法242条にいう他人の占有に属する物を窃取したものとして**窃盗罪を構成する**というべきであり，かつ，その行為は，社会通念上借主に受忍を求める限度を超えた違法なものというほかはない」（最判平元・7・7）。

**2** ✕ **ロストボールの占有はゴルフ場にあり，無断で持ち去れば窃盗罪が成立する。**

判例は，「本件ゴルフボールは，無主物先占によるか権利の承継的な取得によるかは別として，いずれにせよゴルフ場側の所有に帰していたのであって無主物ではなく，かつ，ゴルフ場の管理者においてこれを占有していたものというべきであるから，窃盗罪の客体になる」とする（最決昭62・4・10）。

ゴルファーの打った球がコース内の池に入って沈んだ場合，ゴルファーはあえてそのボールを回収しようとはせず，その所有権を放棄するのが通例である。本事案で，被告人は夜間ゴルフ場内に侵入し，ウェットスーツを着たうえ，熊手などを使って，ゴルファーが所有権を放棄したロストボールを大量に拾い上げて持ち去ったというものである。

判例は，**ゴルファーが所有権を放棄したロストボール**はゴルフ場の所有に帰し，かつ，**ゴルフ場の管理者がそれを占有している以上，それを持ち去る行為は窃盗罪に当たる**とする。

**3 ◎** 殺人犯が，殺害直後に犯意を生じて被害者の財物を奪う行為は窃盗罪となる。

正しい。本肢では，「殺害されて死亡した者の占有も盗取罪によって保護されるべきか」という点が問題となる（いわゆる**死者の占有**の問題）。

判例は，本肢の事案で，「被害者が生前有していた財物の所持はその死亡直後においてもなお継続して保護するのが法の目的にかなう」としたうえで，「被害者からその財物の占有を離脱させた自己の行為を利用して右財物を奪取した一連の被告人の行為は，これを**全体的に考察して，他人の財物に対する所持を侵害した**ものというべきであるから，右奪取行為は，占有離脱物横領ではなく，窃盗罪を構成する」としている（最判昭41・4・8）。

**4 ✕** 使用後に戻すつもりでも，他人の自動車を乗り回せば窃盗罪が成立する。

判例は本肢のような場合には，たとえ使用後にもとの場所に戻しておくつもりであったなど返還の意思がある場合でも，不法領得の意思が認められ，窃盗罪が成立するとしている（最決昭55・10・30）。

---

#### ◆不法領得の意思

一般に，故意犯が成立するには，行為者に構成要件に該当する事実の認識があれば足りるとされている。ところが，窃盗罪の場合には，構成要件に該当する事実の認識（他人の財物を窃取するという認識）に加えて，不法領得の意思が必要とされている。その理由は，故意（構成要件該当事実の認識）があるだけでは，①使用窃盗の不可罰性を説明できない，ならびに，②毀棄・隠匿罪との区別ができない，という2点にあるとされる。

本肢で問題となっているのは，このうちの①のほうである。

すなわち，たとえば，Ａが近くの店にジュースを買いに行くのに友人Ｂの自転車を勝手に使って，使用後にもとに戻しておいたという場合，Ａの自転車の使用行為が窃盗罪に当たるかという問題である（これを使用窃盗という）。このような行為まで，わざわざ窃盗罪（10年以下の懲役）で処罰する必要はないが，問題はその不可罰性をどのように根拠づけるかにある。Ａは自転車という財物に関する所有者Ｂの占有を侵害しているので，本来からいえば，故意が存在するので窃盗罪が成立するはずだからである。

そこで，Ａの窃盗罪不成立の根拠を説明する理論として，不法領得の意思という概念が登場した。これは，窃盗罪の成立には単に占有を侵害する意図（窃盗罪の故意）があるだけでは足りず，「権利者を排除して他人の物を自己の所有物としてその経済的用法に従いこれを利用もしくは処分する意思」が必要であるとするものである。そして，使用窃盗については，このうちの前段，すなわち「権利者を排除する意思」がないので不可罰であると説明する。

ただ，使用窃盗の場合をすべて，「使用後に返還する意思があれば権利者を排除する意思がない」などと形式的に判断してしまうと，本肢のような場合（自動車の乗り回し）に不都合を生じる。そこで判例は，不法領得の意思の概念自体は維持しながらも，実質的には「窃盗罪としての処罰に値するか」という観点から不法領得の意思の存否を判断しているようである。たとえば，自転車を数分間借りる程度では，処罰の必要性がないので不法領得の意思がないと判断し，本肢のように，自動車という高価な財物を数時間乗り回す場合には，処罰の必要性があるので不法領得の意思があると判断するといった具合である。

**5** ☒ **すり目的で着衣の外側に手を差し伸べて触れれば窃盗罪の実行の着手となる。**

目的物をすり取ろうとして着衣の外側に手を差し伸べてこれに触れる行為は，財物の所在場所を確認したうえで直ちにこれを抜き取ろうとする一連の行為の開始段階に当たる行為である。したがって，この時点で占有侵害の具体的危険性が認められ，窃盗罪の実行の着手があったと認めることができる（最決昭29・5・6）。

---

### No.8 の解説　窃盗罪
→ 問題はP.203 **正答2**

**1** ☒ **宿泊客が旅館の便所に置き忘れた物を領得すれば，窃盗罪が成立する。**

客が旅館内の便所に置き忘れた物を領得する行為は，旅館主の占有を侵害する行為であり，窃盗罪が成立する（大判大8・4・4）。

客が旅館内に置き忘れた物については，客が取りに来るまで**旅館主が客に代わってこれを管理**しなければならない。すなわち，そのような物については旅館主の支配が及んでいるといえる。したがって，これを領得する行為は，旅館主の占有を侵害するものとして，窃盗罪が成立する。

**2** ◎ **殺人犯が，殺害直後に犯意を生じて被害者の財物を奪う行為は窃盗罪となる。**

正しい（最判昭41・4・8）。→No.7選択肢**3**

**3** ☒ **封緘物は，全体を取得すれば横領罪，中身を抜き取って盗めば窃盗罪となる。**

判例は，封印した封筒を委託された者がその中身のみを領得する行為は窃盗罪となるとする（大判明44・12・15）。

封緘物について，判例は次のような扱いをしている。

> **◆委託された封緘物**
> ①封を破らずに委託物全体を領得……**横領罪**
> ②封を破って中身だけを領得……**窃盗罪**

①は，委託された物をそのまま領得しているので横領行為そのものである。

問題となるのは②であるが，委託者が封をしている以上，判例は，封緘の中身についての占有は受託者ではなく委託者にあると解している。そのため，中身だけを抜き取る行為は，横領罪ではなく窃盗罪を構成するとする。

**4** ☒ **他人の家で見つけた指輪を，発見が困難な隙間に隠した場合は窃盗の既遂。**

窃盗罪は既遂となる（大判大12・7・3）。

窃盗罪は，財物に対する**他人の占有を排して，自己または第三者の事実的支配の下に移した**ときに**既遂**となる。そして，指輪のような小さな物を，他人が容易に発見しえない透き間に隠せば，その時点で指輪に対する支配を行為者が確立したと評価できる。したがって，窃盗は未遂ではなく既遂となる。

**5** ✕ **親族相盗の適用には，行為者と占有者および所有者の双方に身分関係が必要。**

　親族相盗（244条）が認められるための身分関係は，行為者と占有者との間だけでなく，行為者と所有者との間にも存することを要する（最決平6・7・19）。

　**親族相盗例**（親族特例）とは，親族相互間での盗取行為に関して，家庭内での処理や被害者たる家族の意思を尊重し，窃盗罪の処罰について特別な取扱いを行うものである（「**法は家庭に入らず**」と表現される）。具体的には，配偶者，直系血族，同居の親族間の窃取行為は刑が免除され，それ以外の親族との間の窃取行為については，公訴提起に告訴が必要とされる。

　問題となるのは，財物の所有者と占有者が異なる場合である。たとえば，BがAから預かって保管中の財物をCが盗んだというケースで考えると，窃盗犯人Cとだれとの間に親族関係があれば，親族相盗例（親族特例）が適用されるかという問題である。

　この点に関して，判例・通説は，AC間とBC間の**双方に親族関係のあることが必要**であるとする。親族相盗例の趣旨は，「法は家庭に入らず」（親族間のことは親族内で解決するのが望ましい）とする点にある。そして，この趣旨から考えると，窃盗が「家庭内のこと」といえるためには，BC間だけでなくAC間にも親族関係のあることが必要とされるべきだからである。

◆**親族相盗例**

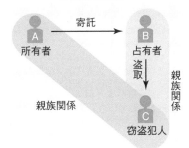

---

**No.9 の解説**　強盗罪　　　　　　　　　　　→ 問題はP.204　**正答2**

**ア** ✕ **逮捕される状況がなくなった後に暴行・脅迫を加えても事後強盗罪不成立。**

　判例は，「被告人は，財布等を窃取した後，だれからも発見，追跡されることなく，いったん犯行現場を離れ，ある程度の時間を過ごしており，この間に，**被告人が被害者等から容易に発見されて，財物を取り返され，あるいは逮捕され得る状況はなくなった**ものというべきである。そうすると，被告

人が，その後に，再度窃盗をする目的で犯行現場に戻ったとしても，その際に行われた上記脅迫が，**窃盗の機会の継続中に行われたものということはできない**」とする（最判平16・12・10）。

**イ✕** 強盗の被害者が逃走した際に放置された財物を奪えば強盗罪が成立する。

　被害者が，持っていた財布をその場に放置して逃走した場合，それを奪うことは，**相手方の反抗を抑圧して財物を奪取**することにほかならない（名古屋高判昭32・3・4）。

**ウ〇** 窃盗未遂犯が逮捕を免れるため暴行を加えれば事後強盗未遂罪が成立する。

　正しい。まず，**事後強盗罪は窃盗犯人を主体とする身分犯**である。本肢では，甲は，たんすの引出しを物色しており，窃盗の着手が認められるから，この要件を満たす。そして，事後強盗罪の既遂・未遂は，財物を奪取したか否かで判断されるので（→No.5**エ**），甲には，事後強盗未遂罪が成立する。

**エ✕** 強盗予備罪の「強盗の罪を犯す目的」には事後強盗の目的も含まれる。

　強盗予備罪(237条)にいう「強盗の罪を犯す目的で,その予備をした者」の**「強盗の目的」の中には,事後強盗(238条)を目的とする場合が含まれる**。したがって，本肢の場合には，行為者に強盗予備罪が成立する(最決昭54・11・19)。

　判例は，窃盗犯人が「捕まりそうになったら暴行を行う」などという不確定な目的しか有していない場合であっても，強盗予備罪が成立するとする。

> **◆事後強盗の予備**
>
> 　事後強盗は，窃盗犯人が盗んで逃げる途中に捕まりそうになって暴行を加えたなどといった場合に成立する犯罪である。そこでその予備であるが，本肢のように「だれかに発見されたときに脅して逃げるつもりで登山ナイフを携帯して」窃盗に赴いたという場合，窃盗の機会にだれかに発見されるかどうかは，その時点ではいまだ不明確である。発見されることもあるだろうし，そうでないこともあるだろう。その場合，前者ならば（暴行・脅迫によって）事後強盗が成立するが，後者ならば事後強盗は成立しない。したがって，このような将来の不確定な事実を，あたかも事後強盗の成立を前提にする形で，その予備の成立を認めてよいかが争われている。
>
> 　この点に関しては，条件付きのような形での犯罪の成立は認め難いとして，事後強盗の予備を否定する見解も有力である。しかし，判例・多数説は事後強盗の予備の成立を肯定している。現行法上，窃盗の予備は処罰されないが，強盗の予備は処罰される。そして，「発見されればナイフを使う」という行為の悪質さを考慮した場合には，そのような行為は処罰によって禁圧すべきというのが，判例・多数説の実質的な根拠となっている。

　以上から，**ア**―誤，**イ**―誤，**ウ**―正，**エ**―誤となり，正答は**2**である。

---

**No.10 の解説　強盗罪**　　　　　　　　　　→ 問題はP.205 **正答3**

**ア〇** 客観的に反抗を抑圧するに足る程度の暴行・脅迫があれば，恐喝でなく強盗。

　妥当である。判例は「他人に暴行又は脅迫を加えて財物を奪取した場合に，それが**恐喝罪となるか強盗罪となるか**は，その暴行又は脅迫が，社会通

念上一般に**被害者の反抗を抑圧するに足る程度のものであるかどうかという客観的基準によって決せられる**のであって，具体的事案の被害者の主観を基準としてその被害者の反抗を抑圧する程度であったかどうかということによって決せられるものではない」として，本肢のような脅迫は「社会通念上被害者の反抗を抑圧するに足る程度のものであることは明らか」で，被告人の行為は強盗罪に該当する。そして，仮に**被害者がたまたま同人の反抗を抑圧する程度に至らなかったとしても恐喝罪となるものではない**とする（最判昭24・2・8）。

　行為態様が同じであるのに，被害者が気丈な人物であったかどうかで罪責が変わるのは不合理だからである。

**イ** ✕ **不同意性交等罪の犯人が強盗すれば，強盗・不同意性交等罪一罪が成立する。**

　刑法は241条1項後段で，「177条（不同意性交等）の罪…を犯した者が強盗の罪…をも犯したときは，無期又は7年以上の懲役に処する」と規定する。本肢のAはこれに該当し，Aには**強盗・不同意性交等罪一罪が成立する**。

　なお，本肢の事案ではないが，強盗の罪（未遂も含む，上記の場合も同じ）を犯した者が不同意性交等の罪（未遂も含む，上記の場合も同じ）を犯したときも，上記の場合と同様に強盗・不同意性交等罪一罪で処罰される（241条1項前段）。これは，「不同意性交等→強盗」とその逆の場合とで悪質さに変わりはなく，法定刑を異にするのは不合理だからである。

**ウ** ✕ **強盗の故意で財物を奪取し，暴行して奪取物を確保した場合は強盗罪が成立。**

　判例は，暴行・脅迫を用いて財物を奪取する犯意の下にまず財物を奪取し，次いで被害者に暴行を加えてその奪取を確保した場合は，強盗罪であって事後強盗罪ではないとする（最判昭24・2・15）。

　**強盗罪は，暴行・脅迫を手段として財物を奪取することによって成立する**。本肢の場合は，暴行・脅迫よりも財物奪取が先に行われているが，行為者は強盗の故意で財物を奪取し，暴行・脅迫を用いてその財物の奪取を確保しているというのである。それは，暴行・脅迫を手段として財物を奪取したことにほかならない。したがって，行為者に強盗罪が成立する。すなわち，この場合は，**窃盗の意思で財物を奪取し，その取戻しを防ぐために暴行・脅迫を加えたわけではないので，事後強盗罪ではない**。

**エ** ✕ **逮捕される状況がなくなった後に暴行・脅迫を加えても事後強盗罪不成立。**

　判例は，「被告人は，財布等を窃取した後，だれからも発見，追跡されることなく，いったん犯行現場を離れ，**ある程度の時間を過ごしており，この間に，被告人が被害者等から容易に発見されて，財物を取り返され，あるいは逮捕され得る状況はなくなった**ものというべきである。そうすると，被告人が，その後に，再度窃盗をする目的で犯行現場に戻ったとしても，その際に行われた脅迫が，**窃盗の機会の継続中に行われたものということはできない**」とする（最判平16・12・10）。

**オ◯ 強盗目的で人を殺害すれば，財物奪取に至らなくても強盗殺人の既遂。**

　妥当である。当初は窃盗目的であっても，侵入したB宅で強盗の意図に変じ，Bを殺害すれば，Aは**強盗殺人罪一罪の既遂犯**となる。この場合，当初の窃盗行為は強盗殺人罪に吸収される。また，強盗殺人罪の未遂は被害者が死亡しなかったときをいい，財物奪取の有無は関係をもたない（大判昭4・5・16）。

　以上から，妥当なものは**ア**と**オ**であり，正答は**3**である。

### (参考)「死者の占有」の問題について

　これは，刑法における占有が物に対する事実的支配状態であることから，死者が事実的支配を及ぼすことは不可能ではないか，すなわち死者の占有を侵害しても窃盗罪（または強盗罪）は成立しないのではないかという問題である。
　死者は財物に事実的支配を及ぼすことはできないので，死者が所持していた物は，本来ならば占有離脱物（遺失物）のはずである。ただそうなると，それを奪う行為は占有離脱物横領罪（遺失物横領罪，254条）として1年以下の懲役または10万円以下の罰金もしくは科料にしかならない。この刑を，窃盗罪（10年以下の懲役または50万円以下の罰金，235条）の場合と比較すると，相当に軽い刑しか科されないことになる。そのため，殺人犯人が「これ幸い」と死者の財物を持ち去る行為を遺失物横領とすると財産権の保護が疎かになるとして，このような見解に対しては批判が強い。そこで，判例はこの点を考慮して，死者の財物を奪う行為を窃盗罪としている（最判昭41・4・8）。
　ただ，死者による物の事実的支配は不可能なので，判例は「死者の占有」を認めるのではなく，「一連の行為を全体的に考察して，他人の財物に対する所持を侵害したものというべきであるから・・・占有離脱物横領ではなく，窃盗罪を構成する」と判示している。

◆死者の占有

| ケース | 成立する犯罪 |
|---|---|
| 最初から財物を奪う意思で殺害し，その後に財物を奪取 | 強盗殺人罪（争いなし）<br>→強盗殺人罪の既遂・未遂は殺人の既遂・未遂で判断されるので，殺人が既遂になれば，財物の奪取がなくても同罪は既遂になる。 |
| 殺害後に財物を奪う意思を生じて財物を奪取 | ①窃盗罪になるとする説（判例）<br>→一連の行為を全体的に観察して窃盗と評価すべきである。<br>②占有離脱物横領罪になるとする説<br>→死者に占有はない。<br>③強盗罪になるとする説 |
| 殺害された者が所持していた財物を第三者が奪う場合 | 占有離脱物横領罪（通説）<br>→第三者との関係では，死者の生前の占有は保護の対象とならない（上記①説からの理由づけ）。<br>→死者に占有はない（上記②説からの理由づけ）。 |

第2章

各

論

## 必修問題

　刑法246条の詐欺罪の成立要件に関する次の記述のうち，妥当なものはどれか。ただし，争いがある場合は判例による。　【地方上級・令和元年度】

**1**　詐欺罪の客体は他人の財物であるから，<u>質入れした自己の財物を質権者を欺いて取り戻しても，詐欺罪は成立しない。</u>

**2**　国や地方公共団体は詐欺罪にいう「人」に当たらないから，<u>国や地方公共団体を欺いて財物を交付させても，詐欺罪は成立しない。</u>

**3**　詐欺罪における「欺いて」とは，作為によることを要するから，自己の財物に担保物権が設定されていることを黙秘してこれを担保に供して金銭を借り受けても，詐欺罪は成立しない。

**4**　欺かれて「財物を交付」した被害者の行為が**不法原因給付**に当たり，同人には<u>その返還請求が認められない場合には，詐欺罪は成立しない。</u>

**5**　詐欺罪における「財物を交付させた」とは，被害者が自ら**財産的処分行為**をすることを要するから，人を欺いて注意をそらせたすきに同人の財物を取得しても，詐欺罪は成立しない。

難易度　＊＊

## 必修問題の解説

　本章では，窃盗・強盗以外の財産犯を扱う。その中で中心となるのは，詐欺・恐喝および横領・背任の4罪であるが，これらは相互の区別がわかりにくく，混乱を来しやすいという特徴がある。そこで，まず詐欺と横領の2罪のイメージをしっかりと固めよう。そのうえで，詐欺ならば恐喝との違い，横領ならば背任との違いを問題を通して学習するようにしよう。このステップで進めていけば，混乱は最小限に抑えられる。

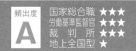
**1** ✕ **質権者を欺いて，質入れした自己の財物を取り戻せば詐欺罪が成立する。**

　　質権者は，質物の返却によって**質権が消滅するという財産的損害を被る**ことになる。したがって，質権者を欺いて質物を取り戻す行為は詐欺罪に該当する。

**2** ✕ **国や地方公共団体から不正受給を受けた場合にも詐欺罪は成立する。**

　　**国や地方公共団体も財産権の主体**であり，これらが所有する財産をだまし取る行為は詐欺罪を構成する（最決昭51・4・1）。　　　　→No. 1 選択肢 **1**

**3** ✕ **詐欺罪にいう「欺く行為」には黙秘のような不作為も含まれる。**

　　不作為であっても，「欺く行為」に当たる場合がある。

　　本肢にいう「自己の財物に担保物権が設定されている」とは，その財物について優先権を主張できる者がほかにいるということである。たとえば，その財物の価値が1,000万円で，優先権者の融資額が1,000万円ならば，期限に弁済できずにその者が担保権を実行した場合，1,000万円はすべて優先権者に先にもっていかれてしまう。

　　そうなると，担保物権は設定されていないと信じて融資をした者は，「万一の場合は自己の担保権を実行して融資を回収できる」と信頼して融資したはずであるから，債権の回収ができずに損害を被ることになる。融資を受ける場合，債務者は担保権設定の有無を相手に告げる信義則上の義務があり，それを**黙秘によって隠せば，「欺いて金銭を交付させ，相手に財産的損害を被らせる」**ことになるので，債務者に詐欺罪が成立する（246条 1 項）。

**4** ✕ **不法原因給付物についても，それをだまし取る行為は詐欺罪を構成する。**

　　たとえ被害者が，民法上返還請求ができないとしても，それをだまし取る行為が許されてよいはずがない。**不法原因給付物**であっても，それをだまし取れば詐欺罪が成立する（最決昭33・9・1）。　　　　→No. 1 選択肢 **2**

**5** ◎ **人を欺いて注意をそらせたすきに財物を取得しても，詐欺罪は不成立。**

　　正しい。詐欺罪は，人を欺いて錯誤に陥れ，その者の**財産的処分行為**によって財産上の損害を生じさせることによって成立する。

　　人を欺いても，財産的処分行為がなければ，それは詐欺罪ではなく窃盗罪（235条）である。

正答 **5**

# FOCUS

　　この分野では，詐欺罪と横領罪が出題の中心を占める。素材としては判例が最も重要で，これに論理問題が若干加わる。判例は，頻繁に出題されるものが多い半面，細かな判例も多数出題されている。素材となりうる判例の数が多いので，整理する対象を絞り込んでおくことが重要である。

**重要ポイント 1　詐欺罪**

- **詐欺罪**（246条）は，**1項詐欺**と**2項詐欺**に分かれる。
- 1項詐欺は，人を欺いて財物を交付させることによって成立する（個々の財物を客体とする）。
- 2項詐欺は，人を欺いて財産上不法の利益を得，または他人にこれを得させることによって成立する（個々の財物以外の財産上の利益を客体とする）。

**重要ポイント 2　横領罪**

- **横領罪**（252条1項）は，自己の占有する他人の物を横領することによって成立する。
- 横領罪の成立要件は，次のようになっている。

| ①主体 | 他人の物の占有者，または公務所から保管を命ぜられた自己の物の占有者（身分犯） |
|---|---|
| ②客体 | 自己の占有する他人の物<br>→物は動産のみならず不動産を含む。<br>→横領罪における占有は，奪取罪におけるそれとは異なり，事実的支配のみならず，不動産登記名義のような法律的支配も含まれる。<br>→占有は委託信任関係に基づくものでなければならない。 |
| ③行為 | 横領<br>→横領の意義に関しては領得行為説と越権行為説の対立がある。判例は前者の立場に立ったうえで，「他人の物の占有者が委託の趣旨に背いて，その物につき権限がないのに所有者でなければできないような処分をする意思」（横領罪における不法領得の意思）が外部に発現された行為をいうとする。 |

**重要ポイント 3　背任罪**

- **背任罪**（247条）は，他人のためにその事務を処理する者が，図利・加害目的で任務に背く行為をし，本人に財産上の損害を加えることによって成立する。
- 背任罪の成立要件は，次のようになっている。

| ①主体 | ・他人のためにその事務を処理する者（身分犯） |
|---|---|
| ②行為 | ・任務に背くこと（背任行為）<br>→背任の意義については，権限濫用説（法的代理権の濫用が背任であるとする説）と背信説（信任関係に違背して本人に財産上の損害を加えることが背任であるとする説）の対立がある。そして，事実行為としてなされた任務違背行為についても処罰の必要性があることから，後者が通説となっている。 |
| ③結果 | ・本人に財産上の損害を加えること（全体財産に対する罪） |
| ④目的 | ・図利・加害目的が必要（目的犯）<br>→自己もしくは第三者の利益を図り，または本人に損害を加える目的をいう。 |

# 実戦問題 1　基本レベル

**No.1** 刑法に規定する詐欺罪の成立要件に関する次の記述のうち，妥当なのはどれか。 【市役所・平成11年度】

**1** 国や地方公共団体は詐欺罪にいう「人」に当たらないから，国や地方公共団体を欺いて財物を交付させても，詐欺罪は成立しない。

**2** 欺かれて「財物を交付」する被害者の行為が不法原因給付に当たり，同人にはその返還請求が認められない場合には，詐欺罪は成立しない。

**3** 詐欺罪における「財物を交付させた」は，被害者が自ら財産的処分行為をすることが必要であるから，人を欺いて注意をそらせたすきに同人の財物を取っても，詐欺罪は成立しない。

**4** 詐欺罪の客体は他人の財物であるから，質権者を欺いて質入れした自己の財物を取り戻しても，詐欺罪は成立しない。

**5** 詐欺罪における「人を欺いて」とは，行為によることを要するから，自己の財物に担保物権が設定されていることを黙秘してこれを担保に供しても，詐欺罪は成立しない。

（参考）刑法
246条① 人を欺いて財物を交付させた者は，10年以下の懲役に処する。

◆ **No.2** 　**詐欺罪に関する次のア〜オの記述のうち，妥当なもののみをすべて挙げ
ているものはどれか（争いのあるときは，判例の見解による）。**

【裁判所事務官・令和元年度】

**ア**：他人のキャッシュカードを拾得した者がこれを用いてATM機（現金自動支
　　　払機）から現金を引き出した場合，1項詐欺罪が成立する。

**イ**：他人になりすまして預金口座を開設し，銀行窓口行員から預金通帳の交付を
　　　受けた場合，1項詐欺罪が成立する。

**ウ**：人を欺いて不動産の所有権登記を移転させ，不動産の占有を取得した場合，
　　　1項詐欺罪が成立する。

**エ**：当初から，所持金がなく，代金支払いの意思がないにもかかわらず，料理を
　　　注文・飲食した場合，2項詐欺罪が成立する。

**オ**：通貨類似の金属片を用いて，コインロッカーを不正に利用した場合，2項詐
　　　欺罪が成立する。

**1**　ア，イ

**2**　ア，ウ

**3**　イ，ウ

**4**　ウ，オ

**5**　エ，オ

**No.3** 横領罪に関する次の記述のうち，妥当なものはどれか。

【地方上級（全国型）・平成18年度】

**1** 製茶の買付資金として寄託された金銭を，自己の生活費や遊興費として費消しても，金銭は占有とともに所有権が移るため，これをほしいままに費消する行為は横領罪を構成しない。

**2** 不動産の所有権を売買によって買主に移転した者が，いまだ登記名義が自己にあることを奇貨として，ほしいままにこれを第三者に売却して登記名義を移したとしても，民法上二重譲渡が認められている以上，売主に横領罪は成立しない。

**3** 封印した封筒を委託された者がその中身のみを領得した場合，この行為は自己の占有する他人の物の領得であるから，横領罪が成立する。

**4** 町の森林組合の組合長が，法令で造林資金以外に流用の禁止されている金員を，その目的に反して，役員会決議も無視したまま，組合名義で町に貸し付けた場合，組合長に横領罪が成立する。

**5** 窃盗犯人から預かった盗品を勝手に費消しても，盗品は不法原因給付物であって，窃盗犯人に返還請求権が認められないので，これをほしいままに費消する行為は横領罪を構成しない。

**No.4** 　財産犯に関するア〜オの記述のうち，妥当なもののみをすべて挙げているのはどれか。

【国家総合職・令和元年度】

ア：財産犯について，財物に対する罪と，財物以外の財産的利益に対する罪という視点で分類すると，横領罪は後者に分類される。

イ：財産犯について，個別財産（被害者の個々の財産権）に対する罪と，全体財産（被害者の財産状態全体）に対する罪という視点で分類すると，背任罪は後者に分類される。

ウ：財物に対する罪について，財物自体を滅失または減少させることのみを要件とする罪と，財物を不正に領得する罪という視点で分類すると，窃盗罪や横領罪はいずれも後者に分類される。

エ：財物を不正に領得する罪について，財物の占有移転を伴う罪と，占有移転を伴わない罪という視点で分類すると，横領罪は前者に分類される。

オ：財物の占有移転を伴う罪について，財物の占有移転が，被害者の意思に基づかない罪と，被害者の瑕疵ある意思に基づく罪という視点で分類すると，強盗罪や恐喝罪はいずれも前者に分類される。

**1**　ア，イ

**2**　ア，オ

**3**　イ，ウ

**4**　ウ，エ

**5**　エ，オ

# 実戦問題 **1** の 解説

→ 問題はP.217

**No.1 の解説** 詐欺罪　　　　　　　　　　　　　　　**正答3**

**1 ✕** 国や地方公共団体から不正受給を受けた場合にも詐欺罪は成立する。

　国や地方公共団体を欺いて財物を交付させた場合にも，詐欺罪（246条1項）は成立する。

　国や地方公共団体も財産権の主体であり，これらが所有する財産をだまし取る行為は詐欺罪を構成する（最決昭51・4・1）。

　たとえば，納入する意思がないのに自治体と備品納入契約を締結し，代金をだまし取るような場合である。

**2 ✕** 不法原因給付物についても，それをだまし取る行為は詐欺罪を構成する。

　不法原因給付物は，民法では返還請求が認められていない（民法708条）。そこで，民法上保護の対象とされていない財物を刑法で保護する必要があるかという点が問題とされている（**不法原因給付と詐欺**）。

　この点については，下表のように考えられている。

| | 保護の是非 | 理　由 |
|---|---|---|
| 民法 | 履行請求・返還請求いずれも否定 | 国家は不法な請求に手を貸さない。<br>→救済の拒否という消極的な方法による禁止 |
| 刑法 | 財産罪の成立肯定<br>（判例・通説） | たとえ目的物が不法原因給付物であっても，行為者に処罰に値する違法性ないし法益侵害性が認められる。<br>→刑罰の制裁という積極的な方法による禁止 |

　このように，民法と刑法とではその法目的が異なっており，両者あいまって不法な給付を禁止できることから，判例・通説は，ともに詐欺罪の成立を肯定している（最決昭33・9・1）。

**3 ◎** 注意をそらせて財物を奪っても，処分行為がないので詐欺罪は成立しない。

　正しい。この場合には詐欺罪ではなく窃盗罪（235条）が成立する。**窃盗罪と詐欺罪**とは，前者が相手の意思に反して占有を奪う罪，後者が相手の瑕疵ある意思に基づいて処分させる罪という点に違いがあり，**処分行為の有無が両者を分ける基準**となっている。本肢において，被害者はなんら財産的な処分行為を行っていないので，詐欺罪は成立せず，窃盗罪が成立する。

**4 ✕** 質権者を欺いて質入れした自己の財物を取り戻せば，詐欺罪が成立する。

　詐欺罪が成立する。詐欺罪は，相手を欺いて財物を交付させ，あるいは財産上不法の利益を得ることで相手の財産権を侵害する行為を処罰しようとするものであるから，その客体は他人の財物に限られない。本肢のように他人の所有物上に設定された質権もまた財産権であって，刑法上の保護に値するものである。

**5 ✕** 詐欺罪にいう「欺く行為」には黙秘のような不作為も含まれる。

　その事実を告げられなかったことによって錯誤に陥り，財産上の損害を生ずるということもありうるからである。

**ア✕　他人のカードでATM機から現金を引き出す行為は窃盗罪である。**

　　詐欺罪は，人を欺いて財物を交付させることによって成立する（246条1項）。すなわち，詐欺罪には**「人を欺いて→錯誤に陥れ→錯誤に基づく処分行為をさせ→財産的損害を与える」**という因果の連鎖が必要である。

　　本肢の場合，他人の**キャッシュカードを拾得する行為は遺失物横領罪**（占有離脱物横領罪，254条）であり，またATM機は人ではないから，現金を引き出す行為は窃盗罪（235条）であって，詐欺罪ではない。

**イ〇　他人に成り済まして口座を開設し，預金通帳の交付を受ければ詐欺罪が成立。**

　　妥当である。判例は，「**預金通帳**は，それ自体として所有権の対象となり得るものであるにとどまらず，これを利用して預金の預入れ，払戻しを受けられるなどの**財産的な価値を有するものと認められる**から，他人名義で預金口座を開設し，それに伴って銀行から交付される場合であっても，刑法246条1項の財物に当たる」。そして，「被告人は，銀行窓口係員に対し，**自己が本人であるかのように装って預金口座の開設を申し込み，その旨誤信した同係員から貯蓄総合口座通帳1冊の交付を受けた**のであるから，被告人に詐欺罪が成立することは明らかである」とする（最決平14・10・21）。

**ウ〇　人を欺いて不動産登記を移転させ，占有を取得すれば1項詐欺罪が成立する。**

　　妥当である。たとえ詐欺を理由として譲渡を取り消し，不動産を取り戻すことができたとしても，**登記移転や占有移転そのものが財産的損害**であるから，人を欺いてそれらを行わせれば，1項詐欺罪（財物をだまし取る罪，246条1項）が成立する。

**エ✕　代金支払いの意思がないのに料理を注文・飲食すれば，1項詐欺罪が成立。**

　　いわゆる無銭飲食であり，代金を支払うと装って料理を注文し，飲食すれば，料理という財物について1項詐欺が成立する（大判大9・5・8）。

**オ✕　金属片を用いてコインロッカーを不正利用しても，利益窃盗として不可罰。**

　　2項詐欺とは，人を欺いて財産上不法の利益を得，または他人にこれを得させる罪である（246条2項）。

　　本肢の場合，行為者は「金属片を用いてコインロッカーを不正に利用」しており，財産上の利益（利用料金を支払ってもらう利益）の侵害が認められるが，**人を欺く行為がないので2項詐欺罪には当たらない**（本肢の行為は利益窃盗に当たるが，235条の窃盗罪は財産上の利益の窃盗を処罰の対象としていないので，結局は不可罰となる）。

　　以上から，妥当なものは**イ**と**ウ**であり，**3**が正答となる。

## No.3 の解説　横領罪

→ 問題はP.219　**正答4**

**1 ✕**　**使途を限定されて寄託された金銭を無断で流用すれば横領罪が成立する。**

　　判例は，製茶の買付資金のように使途を限定されて寄託された金銭は，刑法252条にいうところの「他人の物」に当たり，受託者がその金銭についてほしいままに委託の本旨と違った処分をしたときは，横領罪を構成するとする（最判昭26・5・25）。

**2 ✕**　**不動産の二重売買は，第一の買主の所有権侵害であり，横領罪を構成する。**

　　民法理論は**二重譲渡**を適法と認めているものではなく，それは二重譲渡が行われた場合に，所有権の帰属を決定するための理論である。不動産の二重売買は，第一の買主の所有権を侵害する行為であり，売主は，自己に登記名義が残っているのを奇貨として，ほしいままに所有者でなければできない行為を行っている。したがって，売主には横領罪が成立する（最判昭30・12・26）。

**3 ✕**　**封緘物は，全体を取得すれば横領罪，中身を抜き取って盗めば窃盗罪となる。**

　　判例は，封印した封筒を委託された者がその中身のみを領得する行為は，横領罪ではなく窃盗罪になるとする（大判明44・12・15）。

　　封緘物について，判例は次のような扱いをしている。

> **◆委託された封緘物**
> ①封を破らずに委託物全体を領得…横領罪
> ②封を破って中身だけを領得…窃盗罪

　　①は，委託された物をそのまま領得しているので横領行為そのものである。

　　問題となるのは②であるが，委託者が封をしている以上，判例は，封緘の中身についての占有は受託者ではなく委託者にあると解している。そのため，中身だけを抜き取る行為は，横領罪ではなく窃盗罪を構成するとする。

**4 ◎**　**目的外流用禁止の金銭を他の用途に流用すれば，横領罪が成立する。**

　　正しい。本件金員は「造林資金以外に流用の禁止されている」というのであるから，組合長にはこれを他の用途に流用する権限は認められていない。それにもかかわらず，組合長は権限外の行為を無断で行っているので，組合長に横領罪が成立する（最判昭34・2・13）。→No.10選択肢**4**

**5 ✕**　**受託者が不法原因給付物である盗品を勝手に費消する行為は横領罪となる。**

　　判例は，窃盗犯人である委託者が盗品の受託者に対して民法上返還請求ができないとしても，受託者が盗品を勝手に費消する行為は横領罪になるとする（最判昭36・10・10，**不法原因給付物と横領**）。

　　民法は，**不法原因給付物**について給付の履行や返還請求を認めていないが（民法708条），それは，不法な給付について国がその救済についての助力を拒否する趣旨である。これに対し，刑法は委託された物を着服するような行

第2章

各

論

223

為の違法性の高さに着目し、そのような行為を禁止しようとするものであり、両者は制度目的を異にする。したがって、**民法で保護されない**（返還請求が認められない）**財物について、刑法で保護**（着服等の行為を横領罪で処罰）**しても、矛盾を来すことにはならない。**

---

### No.4 の解説　財産犯

**ア✕　横領罪は自己の占有する他人の物を領得するもので、財物に対する罪である。**

　いわゆる**2項犯罪**と呼ばれる「財産的利益を侵害する罪」は、請求権を行使できなくさせるなど、財物以外で財産的損害を与えるものである（236条2項の強盗利得罪、246条2項の詐欺利得罪、249条2項の恐喝利得罪）。

　横領罪は、自己の占有する他人の「財物」を横領する罪であり（252条1項）、財物に対する罪である。

**イ◯　背任罪は被害者の財産状態、すなわち全体財産に損害を加える罪である。**

　妥当である。**背任罪は、本人に財産上の損害を加えることによって成立する犯罪であり**、その意味で全体財産に対する罪であって、個々の財物はその客体とされていない（247条）。

**ウ◯　窃盗罪や横領罪は財物を不正に領得する罪である。**

　妥当である。本肢の「財物自体を滅失または減少させることのみを要件とする罪」とは、文書毀棄や器物損壊などの**毀棄・隠匿罪**（258条以下）のことである。これらの罪は、窃盗や詐欺・横領といった財物を不正に領得する罪に比べて法定刑が軽く定められている。

　財物を壊す目的で奪うよりも、財物から利益を得るために奪うほうが頻発しやすく社会的な脅威が大きいことから、法定刑に差が設けられている。

**エ✕　横領罪は財物の占有移転を伴わない罪である。**

　横領罪は、自己の占有する他人の物を横領することによって成立する（252条）。ここで**横領とは**、「他人から預託されたものを自分のものにする」という**不法領得の意思の発現行為のこと**をいい、占有の移転は必要ではない。

**オ✕　強盗罪は被害者の意思に基づかずに財物の占有を移転させる罪である。**

　強盗罪は、暴行・脅迫を手段として財物を強取する罪であり、詐欺（246条）や恐喝（249条）のような被害者の瑕疵ある意思に基づいて財物を交付させる罪ではない。

　以上から、妥当なものは**イ**と**ウ**であり、正答は**3**である。

# 実戦問題❷ 応用レベル

**
No.5 **窃盗罪や詐欺罪に関する次の記述のうち，判例に照らし，最も妥当なのはどれか。** 【労働基準監督官・令和2年度】

**1** ポシェットが領得されたのが，被害者がこれを置き忘れてベンチから約27mしか離れていない場所まで歩いて行った時点であったとしても，当該ポシェットに対する被害者の占有はすでに失われたと見るべきであるから，当該領得行為は窃盗罪には当たらない。

**2** 人を殺害した後，領得の意思を生じ，犯行直後，その現場において，被害者が身に着けていた時計を奪取した行為は，死者は財物を占有することができないことから窃盗罪を構成することはあり得ず，占有離脱物横領罪に該当する。

**3** 刑法上，配偶者，直系血族または同居の親族との間で窃盗の罪またはその未遂罪を犯した者は，その刑を免除することとされているが，これは，刑の必要的免除を定めるものであって，免除を受ける者の範囲は明確に定める必要があることなどからして，内縁の配偶者に適用または類推適用されることはない。

**4** 銀行の行員に対し預金口座の開設を申し込むこと自体は，申し込んだ本人がこれを自分自身で利用する意思であることを表しているとはいえないため，預金通帳およびキャッシュカードを第三者に譲渡する意図であるのにこれを秘して当該申込みを行ったとしても，詐欺罪にいう人を欺く行為には当たらない。

**5** 市の公共工事の請負者が，当該工事の材料費，労務費等の支払に限定された前払金を市に請求し，市から請負事業者名義の前払金専用口座に請求額が振り込まれた場合において，自社の運転資金に充てる意図を秘した上で，下請代金支払のように装って金融機関から払出しを受けたときは，当該金融機関が同口座の預金が予定された使途に従って使用されるように管理する義務を負っていたとしても，当該金融機関に対する詐欺罪は成立しない。

** 詐欺および恐喝の罪に関する次の記述のうち，判例に照らし，最も妥当なのはどれか。【労働基準監督官・令和元年度】

**1** 詐欺罪で得た財産上不法の利益が，債務の支払を免れたことであるとするには，相手方である債権者を欺罔して債務免除の意思表示をなさしめることを要するものであって，単に逃走して事実上支払をしなかっただけで足りるものではない。

**2** ことさら商品の効能などにつき真実に反する誇大な事実を告知して相手方を誤信させ金員の交付を受けた場合において，事実を告知したら相手方が金員を交付しないようなときであっても，価格相当の商品を提供していれば，詐欺罪は成立しない。

**3** 詐欺罪が成立するためには，被欺罔者が錯誤によって何らかの財産的処分行為をすることを要するが，いわゆる訴訟詐欺において，被欺罔者と財産上の被害者とが同一人でない場合には，被欺罔者において被害者のためその財産を処分しうる権能または地位のあることまでは必要ない。

**4** すでに履行遅滞の状態にある債務者が，欺罔手段によって，一時債権者の督促を免れた場合，債権者がもし欺罔されなかったとすれば，督促や要求により，債務の全部または一部の履行，あるいは，これに代わりまたはこれを担保すべき何らかの具体的措置がされただろうという可能性が少しでも存在すれば，このような措置が是非とも行われざるを得なかっただろうという特段の情況が存在しなかったとしても，詐欺利得罪が成立する。

**5** 他人に対して権利を有する者が，その権利を実行することは，その権利の範囲内であれば，違法の問題を生ずることはなく，たとえば債権の場合，債権額の範囲内の取立てであれば，権利行使の手段のいかんを問わず，恐喝罪は成立しない。

💎 **No.7** 詐欺罪または恐喝罪に関するア〜カの記述のうち，妥当なもののみをすべて挙げているのはどれか。 【国家総合職・平成17年度】

**ア**：詐欺罪は個人的法益としての財産権に対する罪であるから，詐欺行為により国家的法益を侵害する場合には，たとえそれが同時に詐欺罪の保護法益である財産権を侵害するときであっても，およそ詐欺罪は成立しないとするのが判例である。

**イ**：恐喝罪において，告知される害悪は，脅迫罪と同様，被害者またはその親族の生命，身体，自由，名誉または財産に対するものと解されており，被害者の友人に対する加害は含まれない。

**ウ**：通行人を脅して現金を要求する行為が行われたものの，その通行人が豪胆な人物であったため恐怖心を生じず，空腹に耐えかねている様子の行為者に対する同情心から，現金500円を行為者に与えた場合には，恐喝行為と500円の交付行為との間に因果関係が認められないので，犯罪は成立しない。

**エ**：犯人が土地の売買契約書等の必要書類を偽造し，それを真正なものとして登記官に提出して登記官を欺き，登記官をして他人名義の土地を自己に所有権移転登記させた場合，登記手続きを完了した時点で詐欺罪は既遂となる。

**オ**：犯人が未成年者に対し詐欺行為を行い，当該未成年者に錯誤を生じさせ，同人から財物の交付を受けた場合には，詐欺罪ではなく準詐欺罪が成立する。

**カ**：犯人が歩行中の被害者からセカンドバッグを喝取しようと企て，被害者に対し，「そのセカンドバッグを渡せ。渡さないと殴るぞ」と脅した際，被害者が畏怖して黙認しているのに乗じ，犯人が被害者の手にしていたセカンドバッグを奪取した場合でも，被害者の交付行為があったと考えられるので，恐喝未遂罪と窃盗罪ではなく，恐喝罪のみが成立する。

**1** ア

**2** イ，ウ

**3** エ，オ

**4** オ

**5** カ

ア：横領罪の成立に必要な不法領得の意思とは，他人の物の占有者が委託の任務
　　に背いて，その物につき権限がないのに所有者でなければできないような処
　　分をする意思をいうのであって，必ずしも占有者が自己の利益取得を意図す
　　ることを必要とするものではなく，また占有者において不法に処分したもの
　　を後日に補塡する意思が行為当時にあったとしても横領罪の成立は妨げられ
　　ない。

イ：横領罪の目的物は他人の物である必要があるところ，不法な原因のために給
　　付をした者はその給付したものの返還を請求することができないため，Xが
　　Aの依頼を受けて他に贈賄する目的でAから金銭を受け取り保管していた場
　　合，Xが当該金銭を保管中に自己の用途に費消したとしても横領罪は成立し
　　ない。

ウ：委託を受けて他人の不動産を占有する者が，これにほしいままに抵当権を設
　　定してその旨の登記を了する行為（第一行為）には横領罪が成立するが，そ
　　の後に当該不動産につきほしいままに売却等による所有権移転行為を行い，
　　その旨の登記を了する行為（第二行為）は，第一行為の不可罰的事後行為で
　　あるため，第二行為には横領罪が成立しない。

エ：背任罪における「本人に財産上の損害を加えたとき」とは，実行者の行為に
　　より，法律的見地において本人の財産の価値が減少したときまたは増加すべ
　　かりし価値が増加しなかったときをいうため，信用保証協会支所長のXが，
　　Aに返済能力がないことを知りながら，当該協会にAの債務を保証させた場
　　合でも，当該協会の財産に代位弁済による現実の損失が生じていなければ，
　　背任罪は成立しない。

**1**　ア

**2**　イ

**3**　エ

**4**　ア，エ

**5**　イ，ウ

**\*\***
**No.9** 窃盗罪および詐欺罪に関するア〜オの記述のうち，妥当なもののみをすべて挙げているのはどれか。ただし，争いのあるものは判例の見解による。

【国家総合職・令和4年度】

ア：Aは，Bを殺害したが，殺害した直後に，自己の犯行であることが発覚するのを防ぐためにBが身に着けている金品を持ち去ることを思い立ち，その金品をその用途に従い利用・処分するのではなく，直ちに投棄するつもりで，Bの死体から金品を取り外し，その場から逃走した。結局，Aは，適当な投棄場所が見当たらなかったことから，Bの死体から取り外した金品を投棄することなく自宅に持ち帰った。この場合，Aには窃盗罪が成立する。

イ：Aは，銀行の支店に出向き，本当は，自己名義の預金口座を開設した後，同口座に係る預金通帳およびキャッシュカードを第三者に譲渡する意図であるのに，これを秘して行員Bに自己名義の普通預金口座の開設を申し込み，BからA名義の預金口座開設に伴う普通預金通帳1通およびキャッシュカード1枚の交付を受けた。この場合，Aには詐欺罪が成立する。

ウ：当初の残高が10万円のAの銀行口座に，他人から誤って30万円の振込送金があった。これを知ったAは，直ちに銀行の支店に出向き，自己の口座に誤った振込みがあったことを秘して行員Bに預金40万円の払戻しを請求し，Bは，請求を受けたとおり40万円をAに払い戻した。この場合，Aには詐欺罪が成立する。

エ：Aは，不正に入手した他人名義の自動車運転免許証により氏名等を偽るなどして，無人契約機を介して，消費者金融会社の係員Bを欺罔して他人名義でカードローン契約を締結し，Bからローンカードの交付を受け，その直後に，同カードを同無人契約機の隣に設置された現金自動入出磯に挿入して作動させ，同機から現金20万円を引き出した。この場合，Aには，カードの交付を受ける行為と現金引出行為を一連の行為として一個の詐欺罪が成立する。

オ：Aは，昼食をとる目的でファミリーレストランに入り，料理を注文した。Aは，料理を注文したときには財布を持参していると思っていたが，提供された料理を食べ終わった後，財布を持っていないことに気付き，警察に通報されることを恐れて，店のトイレの窓から逃走した。この場合，Aには窃盗罪が成立する。

**1** ア，ウ

**2** イ，ウ

**3** エ，オ

**4** ア，ウ，オ

**5** イ，ウ，エ

**No.10** 横領罪に関する次の記述のうち，判例に照らし，妥当なのはどれか。

【国家総合職・平成8年度】

**1** AはBから製茶の買付依頼を受けて，その代金を預かって保管中に無断でこれを生活費に流用したが，Bからの返還請求を受けて，他から資金を調達のうえ，預り金の全額をBに弁済した。この場合，Aに横領罪は成立しない。

**2** Aは，B自動車販売会社から所有権留保特約付割賦販売契約によって自動車を購入し，Bからその引渡しを受けたが，代金を完済しないうちにB会社に無断でこの自動車を金融会社に自己の借入金の担保に供した。所有権留保特約付割賦販売契約は，その実際は担保であって自動車の所有権はAにあると解されるので，Aに横領罪は成立しない。

**3** 窃盗犯人Bは，自己が盗んできた盗品の売りさばきをAに依頼し，Aはこれに応じて盗品をCに売却したが，AはCから受け取った代金をBに渡さずに着服してしまった。Bはこの代金について返還請求権を有せず，代金の所有権はAにあると解されるので，Aに横領罪は成立しない。

**4** B町森林組合の組合長であるAは，法令により造林資金以外に流用の禁止されている金員を，その目的に反して，しかも役員会決議も無視したまま，組合名義でB町に貸付支出した。この場合，当該貸付は個人の計算においてなしたものと認められ，Aに業務上横領罪が成立する。

**5** Aは湖を群遊中の色鯉を建て網で捕らえたが，この色鯉は同じ湖にある養殖業者の色鯉である以外にないと判断される場合，養殖業者がこの色鯉を回収することが事実上困難であれば，Aに占有離脱物横領罪は成立しない。

# 実戦問題❷の解説

**No.5の解説** 窃盗罪や詐欺罪 　　　　　　　　→ 問題はP.225　**正答3**

**1×** 27メートルの至近距離に置き忘れられた物をとる行為は窃盗罪である。

　被害者の**事実的支配**が及んでいる物をとれば窃盗罪（最高10年の懲役，235条）であるが，そうでなければ遺失物横領（最高1年の懲役，254条）となる。法定刑の差が大きいことから，本件では事実的支配が及んでいるかが問題となった。判例は及んでいるとする。

　すなわち，判例は，「被告人がポシェットを領得したのは，被害者がこれを置き忘れてベンチから約27mしか離れていない場所まで歩いて行った時点であったことなどの事実関係の下では，その時点において，被害者がポシェットのことを一時的に失念したまま現場から立ち去りつつあったことを考慮しても，**被害者のポシェットに対する占有はなお失われておらず，被告人の領得行為は窃盗罪に当たる**」とする（最決平16・8・25）。

**2×** 殺人犯が，殺害直後に犯意を生じて被害者の財物を奪う行為は窃盗罪となる。

　本肢では，「殺害されて死亡した者の占有も盗取罪によって保護されるべきか」という点が問題となる（いわゆる**死者の占有**の問題）。

　判例は，本肢の事案で（下表②），「被害者が生前有していた財物の所持はその死亡直後においてもなお継続して保護するのが法の目的にかなう」としたうえで，「被害者からその財物の占有を離脱させた自己の行為を利用して右財物を奪取した一連の被告人の行為は，これを**全体的に考察して，他人の財物に対する所持を侵害した**ものというべきであるから，右奪取行為は，占有離脱物横領ではなく，窃盗罪を構成する」としている（最判昭41・4・8）。

## ◆死者の占有

| ケース | 成立する犯罪 |
|---|---|
| ①最初から財物を奪う意思で殺害し，その後に財物を奪取 | 強盗殺人罪（争いなし）<br>→強盗殺人罪の既遂・未遂は殺人の既遂・未遂で判断されるので，殺人が既遂になれば，財物の奪取がなくても同罪は既遂になる。 |
| ②殺害後に財物を奪う意思を生じて財物を奪取 | ⅰ）窃盗罪になるとする説（判例）<br>→一連の行為を全体的に観察して窃盗と評価すべきである。<br>ⅱ）占有離脱物横領罪になるとする説<br>→死者に占有はない。<br>ⅲ）強盗になるとする説 |
| ③殺害された者が所持していた財物を第三者が奪う場合 | 占有離脱物横領罪（通説）<br>→第三者との関係では，死者の生前の占有は保護の対象とならない（上記ⅰ説からの理由づけ）。<br>→死者に占有はない（上記ⅱ説からの理由づけ）。 |

### ◆死者の占有

　これは，刑法における占有が物に対する事実的支配状態であることから，死者が事実的支配を及ぼすことは不可能ではないか，すなわち死者の占有を侵害しても窃盗罪（または強盗罪）は成立しないのではないかという問題である。

　死者は財物に事実的支配を及ぼすことはできないので，死者が所持していた物は，本来ならば占有離脱物（遺失物）のはずである。ただそうなると，それを奪う行為は占有離脱物横領罪（遺失物等横領罪）として1年以下の懲役または10万円以下の罰金もしくは科料にしかならない。この刑を窃盗罪（10年以下の懲役）の場合と比較すると，相当に軽い刑しか科されないことになる。そのため，殺人犯人が「これ幸い」と死者の財物を持ち去る行為を遺失物横領とすると，財産権の保護がおろそかになるとして，このような見解に対しては批判が強い。そこで，判例はこの点を考慮して，死者の財物を奪う行為を窃盗罪としている。

　ただ，死者による物の事実的支配は不可能なので，判例は「死者の占有」を認めるのではなく，「一連の行為を全体的に観察して」という理由を付すにとどめている。

**3** ◎ **窃盗罪の親族間の特例の規定は，内縁の配偶者に適用・類推適用されない。**

　正しい。判例は，親族間での窃盗行為の刑の必要的免除を定めた244条1項の規定について，「免除を受ける者の範囲は明確に定める必要があることなどからして，内縁の配偶者に適用または類推適用されることはない」とする（最決平18・8・30）。

**4** ✕ **譲渡の意図を秘して，自己名義の預金通帳等の交付を受ければ詐欺罪が成立。**

　判例は，「第三者に譲渡する意図であるのにこれを秘して預金口座の開設等の申込みを行う行為は，詐欺罪にいう人を欺く行為にほかならず，これにより預金通帳及びキャッシュカードの交付を受ける行為は刑法246条1項の詐欺罪を構成する」とする（最決平19・8・17）。　　　　　　　→No.2イ

**5** ✕ **使途を限定された前払金について，使途を偽って振り込ませれば詐欺罪成立。**

　本件は，あらかじめ提出した「前払金使途内訳明細書」と払出請求時に提出する「前払金払出依頼書」の内容が符合する場合に限り，その限度で払出しを受けられる金員を，使途どおりと誤信させて虚偽の払出請求をし，支払いを受けたものであり，判例は，この行為は詐欺罪に該当するとする（最決平19・7・10）。

### No.6 の解説　詐欺および恐喝の罪 → 問題はP.226　正答1

**1 ◎　2項詐欺には債務免除の意思表示が必要で，単に逃走しても本罪は不成立。**

　　正しい。判例は，「刑法246条2項にいわゆる『財産上不法の利益を得』とは，相手方の意思によって財産上不法の利益を得る場合をいうものであり，詐欺罪で得た財産上不法の利益が，債務の支払を免れたことであるとするには，**相手方たる債権者を欺罔して債務免除の意思表示をなさしめることを要する**ものであって，単に逃走して事実上支払をしなかっただけで足りるものではない」とする（最決昭30・7・7）。

**2 ✕　価格相当の商品でも，真実を知れば購入しないという場合には詐欺罪が成立。**

　　判例は，「たとえ相当価格の商品を提供したとしても，事実を告知するときは相手方が金員を交付しないような場合において，ことさら商品の効能などにつき真実に反する**誇大な事実を告知して相手方を誤信させ，金員の交付を受けた場合は，詐欺罪が成立**する」とする（最決昭34・9・28）。

**3 ✕　被欺罔者と被害者が異なる場合は，被欺罔者が処分権能を有することが必要。**

　　判例は，「詐欺罪が成立するためには，被欺罔者が錯誤によってなんらかの財産的処分行為をすることを要するのであり，被欺罔者と財産上の被害者とが同一人でない場合には，**被欺罔者において被害者のためその財産を処分しうる権能または地位のあることを要する**」とする（最判昭45・3・26）。

**4 ✕　債権者を欺いて一時的に督促を免れたというだけでは，詐欺利得罪は不成立。**

　　判例は，「すでに履行遅滞の状態にある債務者が，**欺罔手段によって，一時債権者の督促を免れた**からといって，ただそれだけのことでは，刑法246条2項にいう**財産上の利益を得たものということはできない**」，「債権者が，債務者によって欺罔されたため，何らか具体的措置を伴う督促，要求を行うことをしなかったような場合にはじめて，債務者は一時的にせよ結果を免れたものとして，財産上の利益を得たものということができる」とする（最判昭30・4・8）。

**5 ✕　権利行使方法が許容範囲を逸脱した恐喝手段である場合には恐喝罪が成立。**

　　判例は，「他人に対して権利を有する者が，その権利を実行することは，その権利の範囲内であり，かつその方法が社会通念上一般に認容すべきものと認められる程度を超えない限り，何ら違法の問題を生じないけれども，その**範囲程度を逸脱するときは違法となり，恐喝罪が成立**する」とする（最判昭30・10・14）。

**ア✕** **国や地方公共団体から不正受給を受けた場合にも詐欺罪は成立する。**

　　妥当でない。判例は，詐欺罪の保護法益である財産権を侵害する場合には，それが同時に国家的法益を侵害する場合であっても，詐欺罪の成立を妨げないとする（最決昭51・4・1）。→No.1選択肢**1**

　　公有財産であっても，私有財産と同様に，財産権としての保護を図る必要性が認められるからである。

**イ✕** **恐喝罪で告知される害悪には，被害者の友人に対する加害も含まれる。**

　　**恐喝罪**は，相手方を畏怖させて財物を交付させる行為を処罰の対象としている。したがって，その**手段としての脅迫は，相手方の反抗を抑圧しない程度のもの**で（強盗罪との区別），かつ財物・財産上の利益を得るために用いられるものであれば足りる（最判昭24・2・8）。それゆえ，たとえ被害者の友人に対する加害の告知であっても，それが客観的に財物・財産上の利益を得るために用いられるものであれば，恐喝罪の手段としての脅迫に当たる。

**ウ✕** **恐喝の被害者が同情心から金員を交付した場合は，恐喝未遂罪が成立する。**

　　犯罪が成立しないわけではなく，恐喝未遂罪が成立する（大判大3・4・29）。

　　通行人を脅して現金を要求する行為は，恐喝罪の実行の着手に当たる。ただ，本肢では畏怖に基づく交付行為がないので既遂とはならない。行為者には，恐喝未遂罪（250条，249条1項）が成立する。

**エ✕** **登記の必要書類を偽造し，登記官を欺いて移転登記させても詐欺罪不成立。**

　　詐欺罪の成立には，欺かれた者が錯誤に陥って財産を処分することが必要である。しかし，登記官を欺いて他人の土地の名義を自己に変更させても，登記官にはその他人の土地についての財産的処分権限はなく，登記の移転は詐欺罪にいう処分行為には当たらない。したがって，詐欺罪は成立しない（大判大12・11・12）。

**オ✕** **詐欺行為を手段とする場合は，相手が未成年者でも準詐欺罪は成立しない。**

　　詐欺行為を手段とする場合には，未成年者に対するものであっても準詐欺罪ではなく通常の詐欺罪が成立する（大判大4・6・15）。

　　**準詐欺罪**が成立するには，「未成年者の知慮浅薄…に乗じて，その財物を交付させ」なければならない（248条）。積極的に欺く手段を用いる場合は，「知慮浅薄に乗じて」とはいえない。

**カ◯** **被恐喝者が畏怖して黙認している状態で財物を奪取すれば恐喝罪が成立する。**

　　妥当である。判例は，恐喝罪の本質は被恐喝者の畏怖による瑕疵ある同意を利用する財物の領得行為であるから，その領得行為の形式が被恐喝者において自ら財物を提供した場合だけでなく，被恐喝者が畏怖して黙認しているのに乗じて，恐喝者が財物を奪取した場合にも成立するとする（最判昭24・1・11）。

　　以上から，妥当なものは**カ**のみであり，**5**が正答となる。

## No.8 の解説　横領罪または背任罪

→ 問題はP.228　**正答 1**

**ア○** **後日に補填する意思があったとしても，横領罪の成立は妨げられない。**

　　妥当である（最判昭24・3・8）。たとえ，後日に補填する意思が行為当時にあったとしても，後日に確実に補填が行われるとは限らない。そのような「他人の財産を危うくする行為」は，それ自体が法益侵害行為として処罰の対象となる。

**イ✕** **民法上返還請求できない不法原因給付物であっても，横領罪の客体となる。**

　　判例は，「（不法原因給付である贈賄のための）金員は，被告人の占有する他人の物であって，その**給付者が民法上その返還を請求し得べきものであると否とを問わず**，被告人においてこれを自己の用途に費消した以上，**横領罪の成立を妨げない**」とする（最判昭23・6・5）。

**ウ✕** **横領後にさらに横領行為をしても，後の横領行為について横領罪が成立する。**

　　判例は，「委託を受けて他人の不動産を占有する者が，これにほしいままに抵当権を設定して（第一の横領行為）その旨の登記を了した後においても，その不動産は他人の物であり，受託者がこれを占有していることに変わりはなく，受託者が，その後，その不動産につき，ほしいままに売却等による所有権移転行為（第二の横領行為）を行いその旨の登記を了したときは，**委託の任務に背いて，その物につき権限がないのに所有者でなければできないような処分をした**ものにほかならない。したがって，売却等による所有権移転行為（第二の横領行為）について，横領罪の成立自体は，これを肯定することができるというべきであり，**先行の抵当権設定行為**（第一の横領行為）**が存在することは，後行の所有権移転行為について犯罪の成立自体を妨げる事情にはならない**」とする（最大判平15・4・23）。

**エ✕** **背任罪の「財産上の損害を加えた」は，経済的見地において判断される。**

　　本肢は，まず「法律的見地」ではなく「経済的見地」が正しい。すなわち，判例は，「背任罪における『本人に財産上の損害を加えたとき』とは経済的見地において本人の財産状態を評価し，被告人の行為によって，本人の財産の価値が減少したとき又は増加すべかりし価値が増加しなかつたときをいう」とする。その上で，信用保証協会支所長のXが，Aに返済能力がないことを知りながら，当該協会にAの債務を保証させた場合は，「**経済的見地においては，同協会の財産的価値は減少したものと評価される**」として，Xに背任罪が成立するとする（最判昭58・5・24）。

　　以上から，妥当なのは**ア**のみであり，正答は**1**である。

**ア×** 投棄するつもりで財物を持ち去っても，窃盗罪は成立しない。

　　窃盗罪では，窃取する（占有を侵害する）という犯罪の構成要件を満たす意思（構成要件的故意）に加えて，主観的要素として「**権利者を排除して他人の物を自己の所有物として，その経済的用法に従い，これを利用若しくは処分する意思**」が必要とされている。これを**不法領得の意思**という（大判大4・5・21）。これは，①毀棄・隠匿と窃盗を区別する，②使用窃盗を不可罰とする，という2つの機能から必要とされているものである。

　　しかし，本肢のAは，被害者の金品をその用途に従い利用・処分するのではなく，直ちに投棄するつもりで持ち去っており，**財物を，その経済的用法に従い利用・処分する意思を欠く**。したがって，Aに窃盗罪は成立しない。

**イ○** 譲渡の意図を秘して口座を開設し，通帳等の交付を受ければ詐欺罪が成立。

　　妥当である。判例は，「銀行においては，預金口座開設等の申込み当時，契約者に対して，**通帳，キャッシュカードを名義人以外の第三者に譲渡，質入れ又は利用させるなどすることを禁止**」しており，「行員は，第三者に譲渡する目的で預金口座の開設や預金通帳，キャッシュカードの交付を申し込んでいることがわかれば，預金口座の開設や，預金通帳およびキャッシュカードの交付に応じることはなかった」として，「**預金通帳およびキャッシュカードを第三者に譲渡する意図であるのにこれを秘して申込みを行う行為は，詐欺罪にいう人を欺く行為**にほかならず，これにより預金通帳およびキャッシュカードの交付を受けた行為が刑法246条1項の詐欺罪を構成することは明らか」であるとする（最決平19・7・17）。

**ウ○** 誤振込を知った者がその情を秘して払戻しを受ければ詐欺罪が成立する。

　　妥当である。判例は，「**誤った振込みについては，受取人において，これを振込依頼人等に返還しなければならず**，誤った振込金額相当分を最終的に自己のものとすべき実質的な権利はない」，したがって，「誤った振込みがあることを知った受取人が，**その情を秘して預金の払戻しを請求することは，詐欺罪の欺罔行為に当たり**，また，誤った振込みの有無に関する錯誤は同罪の錯誤に当たるというべきであるから，錯誤に陥った銀行窓口係員から受取人が預金の払戻しを受けた場合には，詐欺罪が成立する」とする（最決平15・3・12）。

**エ×** 騙し取ったローンカードで現金を引き出せば，窃盗罪が成立する。

　　判例は，「**カードを交付させる行為と，そのカードを利用して現金自動入出機から現金を引き出す行為は，社会通念上別個の行為類型**」に属するとした上で，「基本契約の締結およびローンカードの交付を担当したカード会社の係員は，これらの行為により，無人契約機コーナー内に設置された現金自動入出機内の現金を被告人に対して交付するという処分行為をしたものとは認められない」として，カード会社の係員を欺いてカードを交付させた点に

236

ついて**詐欺罪**の成立を認め，そのカードを利用して現金自動入出機から現金を引き出した点について**窃盗罪**の成立を認めている（最決平14・2・8）。

**オ ✕** 飲食店で料理を食べ終わった後で無銭に気付いて逃走しても，財産罪不成立。

本肢で，Aは提供された料理を食べ終わった後で，財布を持っていないことに気付いて逃走しており，これによって代金の支払いを免れるという利益を得ている。しかし，**刑法はこのような利益窃盗を処罰の対象としておらず，窃盗罪は成立しない。**

なお，無銭飲食では詐欺罪（刑法246条）の成否が問題となるが，Aは食事の後で財布がないことに気付いて逃走していることから，欺罔行為がなく，詐欺罪も成立しない。結局，本肢の事案は民事的な請求（飲食代金の請求）によって解決すべき問題で，財産罪の成否が問題となる事案ではない。

以上から，妥当なものは**イ**と**ウ**であり，正答は**2**である。

---

**No.10 の解説　横領罪**　　　　　　　　　　　　　　　→ 問題はP.230　**正答4**

**1 ✕** 使途を限定されて寄託された金銭を無断で流用すれば横領罪が成立する。

判例は，製茶買付資金として渡された場合のように，「使途を限定されて寄託された金銭は，売買代金のごとく単純な商取引の履行として授受されたものとは自らその性質を異にするのであって，受託者がその金銭についてほしいままに委託の本旨に違った処分をしたときは，横領罪を構成する」とする（最判昭26・5・25）。

> **◆寄託された金銭の所有権**
> 民法理論では，金銭は価値そのものであって個性がなく，そのために占有（所持）と所有が一致するとされる。しかし，この民法理論を刑法にそのまま適用すると，最大の被害を生ずる金銭の横領が刑法的保護の埒外に置かれるという不都合な結果となる。横領事例の大半は金銭の横領であり，民法理論のままでは，委託された金銭は，「自己の占有する自己の物」となり，横領の客体から除外されてしまうからである。そこで，刑法では他の財物と同様に金銭の所有権も委託者に属するものとされ，委託された金銭は横領罪の客体になるとされている。

**2 ✕** 所有権留保付き分割払いで購入した車を担保に供すれば横領罪が成立する。

**所有権留保特約付割賦販売契約**とは，「代金完済に至るまで目的物の所有権を売主のもとに留保する」旨の特約を付した割賦販売契約のことである。このような特約が付される目的は，実質的には売買代金の担保の点にあるが，判例は特約の文言（形式）を重視して**目的物の所有権は代金完済までは売主の側にある**とする。それゆえ，買主の占有は，代金完済までの間は「自己の占有する他人（売主）の物」とされ，これを担保に供する行為は「所有者でなければできないような処分」に当たるとして，判例は買主Aに横領罪が成立することを認めている（最決昭55・7・15）。

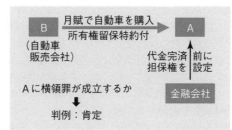

**3** ☒ 受託者が不法原因給付物である盗品を勝手に費消する行為は横領罪となる。

　判例は，窃盗犯人Bが盗品の売りさばきを依頼したAに対して，民法上代金の返還請求ができないとしても，受託者Aが売却代金を勝手に費消する行為は横領罪になるとする（最判昭36・10・10）。→No.3選択肢**5**

**4** ◎ 目的外流用禁止の金銭を他の用途に流用すれば，横領罪が成立する。

　正しい。本肢は**横領と背任の区別**の問題である。この点に関して，判例は次のような基準で両罪を区別している。

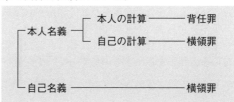

　すなわち，判例は自己の名義ないし計算で行われた場合を横領とする。そして，本件金員は「造林資金以外に流用の禁止されている」というのであるから，組合長Aにはこれを他の用途に流用する権限は認められていない。

　このように，権限外の行為を無断で行うことは，本人の計算ではなく自己の計算で行うことを意味する。したがって，このような行為は背任ではなく横領となる（最判昭34・2・13）。

> **◆自己の計算・本人の計算**
> 　これは，経済的効果がだれに帰属するかという観点からの区別である。
> 　代理人や法人の代表者が，第三者の利益を図る意図で，①自己名義で本人の金銭の貸付を行う場合には，行為者は本人の金銭を自己の金銭として貸付を行っているので，自己の管理する本人の財産を勝手に処分したものとして横領罪が成立することになる。
> 　これに対して，②本人の名義で行われた場合には，(a)その名義どおり本人に経済的効果を帰属させる意図で行われる場合と，(b)名義そのものは本人名義で行われていても，それが単に名目的なものにすぎず，帳簿になんら記載がないなど，本人に経済的効果が帰属するとはいえない形態で行われる場合の2つが考えられる。後者の場合には，名義は本人でも経済的効果の帰属主体は実質的には行為者なので，このような場合を「自己の計算」で行われたとして，背任罪ではなく横領罪の成立を認めるのが判例である。この場合は，実質的には，行為者がいったん領得しておいて，これを第三者に貸し付けたと見ることができるからである。

**5** ✕ 同じ湖の他の養殖業者の鯉を捕える行為は，占有離脱物横領罪となる。

　鯉は帰巣本能を持たないので，これが広大な湖（八郎潟）に逃げ出した場合，養殖業者がこの色鯉を回収することは事実上困難であるから，その鯉は占有離脱物となる。そして，鯉は湖に逃げ出したことによって無主物となるわけではないので，その情を知って領得する行為は占有離脱物横領罪に該当する（最決昭56・2・20）。

## 必修問題

　放火罪における「焼損」を，火が媒介物を離れて，目的物が独立に燃焼を継続するに至った状態であるとする見解がある。次のア〜エの記述のうち，この見解に関するものとして適当なもののみをすべて挙げているものはどれか。

【裁判所事務官・平成29年度】

ア：木造建築の多い我が国では，既遂時期が著しく早く，中止未遂の成立する余地が狭くなりすぎるという批判がある。

イ：放火罪の財産犯的性格を重視しすぎており，公共危険罪としての面を十分考慮していないとの批判がある。

ウ：この見解によると，放火罪は公共危険罪であるので，建造物が独立燃焼に達したとしても，建造物の重要部分が燃焼していない場合には，公共の危険が発生したとはいえず，放火罪は既遂とならない。

エ：難燃性の建造物へ放火された場合，媒介物の火力により，有毒ガスが発生して多数の人が死傷し，あるいは，コンクリート壁などが剥落するなどしても，建造物本体が燃焼していなければ，放火罪は既遂とならない。

**1**　ア，イ

**2**　ア，ウ

**3**　ア，エ

**4**　イ，エ

**5**　ウ，エ

難易度　＊＊

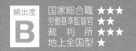

## 必修問題の解説

　放火罪は、「公共の危険」を生じさせる放火行為を、刑罰の制裁の下に禁圧する「公共危険罪」とされる。では、この公共危険罪はどんな特徴を持っているのか。前テーマまでの個人的法益と対比しながら、問題を通じてその特徴を把握していこう。

**STEP❶　放火罪における焼損の意味を検討する**

　放火罪における**焼損は、放火罪の既遂時期を定める概念**である。たとえば家に放火しようとする場合、「新聞紙などを丸めて板壁の横で着火する」などの時点が実行の着手、すなわち放火罪の未遂の時期である。そして、放火罪が既遂となるのが焼損であり（108条の現住建造物等放火罪、109条の非現住建造物等放火罪、110条の建造物等以外放火罪）、判例は、この時期を問題文にあるような**「火が媒介物を離れて、目的物が独立に燃焼を継続するに至った状態」のとき**であるとする（独立燃焼説、大判明35・10・27）。

**STEP❷　判例が独立燃焼説をとるのはなぜかを検討する**

　判例のいう「目的物が独立に燃焼を継続するに至った」とは、建物中の取り外しができない壁板や柱、天井板などが燃え始めたときであり、火がこれらに燃え移れば、たとえ板壁の一部を焼いただけで消し止められた場合でも放火罪は既遂に達することになる。

　放火行為は、発見や消火が遅れると周辺一帯に燃え広がり、人命や財産に甚大な被害をもたらすことから極めて重い刑罰が法定されており、「現に人が住居に使用し又は現に人がいる建造物」等（現住建造物等）の場合には、法定刑は「死刑又は無期若しくは５年以上の懲役」とされている（108条）。

　そこで、たとえ板壁の一部を焼いただけで消し止められても、このような重い刑罰が適用されることから、学説の中には既遂時期が早すぎるのではないかとの指摘がある。

　判例が、このように、**独立燃焼説**の立場をとるのは、わが国のように**木造家屋が密集する地域が多く存在する社会**では、いったん火災が発生すると、周囲の家屋等に**容易に燃え広がって被害が拡大する**おそれがある。そのような事情を考慮した場合、火が独立して燃焼を開始した時点で「地域一帯に燃え広がる危険（公共の危険）」が発生したと認められ、その時点で既遂が認められるとするのである。

**STEP❸　反対説について検討する**

　判例を批判する説の中には、①火力によって目的物の重要部分を失い、その本来の効用を喪失したときを焼損とすべきとするものや（**効用喪失説**）、②目的物の重要部分が燃焼を開始し、火を容易に消しがたい状態に達したときを焼損とすべきとするもの（**燃え上がり説**）などがある。

　しかし、①説（効用喪失説）に対しては、「物の本来の効用を喪失する」というのでは財産犯的性格を重視しすぎており、放火罪の公共危険罪として

の面を十分考慮していないとの批判がある。また，②説に対しては，何が「重要部分」であるかが不明確であるという批判がある。

　以上を前提に本問を考えてみよう。

**ア○** 適当である。問題文の見解（判例の立場である独立燃焼説）に対する批判である。

**イ×** これは効用喪失説に対する批判である。

**ウ×** これは燃え上がり説の説明である。

**エ○** 適当である。問題文の見解（判例の立場である独立燃焼説）に対する批判である。

　すなわち，**エ**のような被害が出ても，建造物本体が燃焼していなければ放火罪は既遂とならず（未遂でしかない）不都合であるとの批判である。

　以上から，適当なものは**ア**と**エ**であり，**3**が正答となる。

正答 **3**

# FOCUS

　社会的法益は放火罪と文書偽造罪の2つの罪が中心であり，出題の大半はこの2つが占めている。このうち，放火罪では論理問題が多く出題されるが，その素材となる論点は特定のものに限られている。したがって，過去問を中心に論理関係を整理しておけば，対策としては十分である。

# ━ P O I N T ━

### 重要ポイント 1  社会的法益の意義

・**社会的法益**とは，個々人が社会生活上の利益として「社会という集団」で共通に有している法益をいう。

・公衆の安全（騒乱，放火，出水・水利，往来妨害，あへん煙に関する罪，水道への毒物混入等飲料水に関する罪），公共の信用（各種偽造罪），風俗秩序（わいせつ，賭博・富くじ，宗教感情に関する罪）などがこれに属する。

・個人的法益と異なり，大半は危険犯である（この点は国家的法益に属する罪の場合も同様である）。

### 重要ポイント 2  放火罪

・**放火罪**は，火の持つ強力な侵害力・破壊力に照らし，いったん放火行為がなされると，客体のみならずその地域一体に被害が及ぶことから社会的法益とされる。

| 罪　名 | | 性　質 | 未　遂 | 予　備 |
|---|---|---|---|---|
| ①現住建造物等放火罪（108条） | 故意犯 | 抽象的危険犯（公共の危険の発生が擬制される） | ○ | ○ |
| ②非現住建造物等放火罪（109条） | | ⅰ）他人所有は抽象的危険犯，ⅱ）自己所有は具体的危険犯 | ○（ⅰのみ） | ○（ⅰのみ） |
| ③建造物等以外放火罪（110条） | | 具体的危険犯（公共の危険の発生が犯罪成立の要件） | | |
| ④延焼罪（111条） | | 結果的加重犯 | | |
| ⑤失火罪（116条） | | 過失犯 | | |

### 重要ポイント 3  文書偽造罪

・文書は社会生活上のさまざまな局面で重要な証明手段として用いられており，**文書偽造罪**は文書の社会的信用を保護するためのものである。

・文書は，保護の対象（証明力）の観点から，内容の真正と名義の真正の2つに区別できる。このうち内容の真正を保護しようとするものを実質主義，名義の真正を保護しようとするものを形式主義という。

・わが国の刑法は形式主義を基本としつつ，実質主義を補充的にとり入れている。

| | 有形偽造（名義の冒用） | 無形偽造（内容虚偽文書の作成） |
|---|---|---|
| 公文書 | 処罰（公文書偽造罪，155条） | 処罰（虚偽公文書作成罪，156条） |
| 私文書 | 処罰（私文書偽造罪，159条） | 原則不処罰（民間の医師が虚偽の診断書等を作成した場合にのみ，例外的に処罰，160条） |

**No.1** 　現住建造物等放火罪に関する次の記述のうち，判例に照らし，妥当なのはどれか。　【市役所・平成8年度】

**1** 　放火した者のみが居住する住宅に放火した場合にも，現住建造物等放火罪が成立する。

**2** 　居住者の殺害後にその住居に放火した場合には，現住建造物等放火罪は成立しない。

**3** 　マンションのエレベーターのかごの内部が燃焼したのみでは，現住建造物等放火罪は成立しない。

**4** 　住宅の天井の一部が燃焼したのみでは，現住建造物等放火罪は成立しない。

**5** 　学校の校舎に放火した場合，校舎内に夜間宿直員の宿泊する宿直室があったとしても，現住建造物等放火罪は成立しない。

**No.2** 　放火罪についての判例に関する記述として妥当なのはどれか。

【労働基準監督官・平成17年度】

**1** 　放火行為は「焼損」によって既遂となるが，その「焼損」は，火が導火材料を離れて目的物に燃え移り，独立して燃焼しうる状態に達していれば足り，たとえその目的物の効用を失わしめるに至らなくても，焼損の結果を生じたものとする。

**2** 　放火罪は，個人の財産的法益を保護するものであるから，一個の放火行為により数個の建造物を焼損した場合には，それらの建造物個々について放火罪が成立する。

**3** 　集合住宅のマンション内部に設置されたエレベーターのかご内で火を放ち，その側壁の一部を燃焼させたとしても，当該エレベーターは各居住空間部分とは別の建造物であるから，現住建造物等の放火に当たらない。

**4** 　刑法108条の「現に人が住居に使用」する建造物とは，放火当時に犯人以外の者の起臥寝食する場所として日常使用に供せられているものをいい，犯人以外の者が現に住居として使用していない場合は当該建造物には当たらない。

**5** 　放火の犯人が，導火材料の燃焼により目的とする他人の住宅を焼損しうることを認識しつつ，その材料に点火して燃焼を継続しうべき状態に置いたとしても，いまだ当該住宅に延焼していない場合には，現住建造物等放火罪の未遂犯は成立しない。

### No.3 文書偽造の罪に関する記述として妥当なのは，次のうちどれか。

【地方上級（全国型）・平成7年度】

**1** 文書偽造の罪の保護法益は，文書に対する公的信用であり，文書が公的信用を得るのは文書に特定人の意思または観念が表示されているためである。名義人の氏名が表示されていない文書については文書偽造の罪は成立しない。

**2** 記載内容が真実である文書を真正文書というのに対し，文書の内容が真実ではない文書を不真正文書というが，内容虚偽の文書に対する公的信用は法的保護に値しないから，不真正文書については文書偽造の罪は成立しない。

**3** 官公署発行の証明書類原本の写真複写についてもそれが原本と同一の意識内容を保有し，証明文書として原本と同様の社会的機能と信用性を有するものと認められる限り，文書偽造の罪が成立するとするのが判例である。

**4** 他人の代理人として直接本人の商号を用いて文書を作成する権限を有する者が，その地位を濫用して自己の利益を図る目的で本人名義の文書を作成した場合には文書偽造の罪が成立するとするのが判例である。

**5** 自動車運転免許証の写真をすり替えた場合でも，当該免許証の有効期限の経過が文面上明らかであるときは，公共の信用を害するおそれが認められないから文書偽造の罪は成立しないとするのが判例である。

# 実戦問題 ❶ の解説

**1**❌ **犯人が単独で居住する住宅に放火しても現住建造物等放火罪は成立しない。**

この場合には**非現住建造物等放火罪**（109条1項）が成立する（大判昭7・5・5）。

**現住建造物等放火罪**（108条）は殺人罪（199条）と同じ重い法定刑になっているが，これは人が現に居住しまたは現在している住居・建造物等に放火すれば人の生命を侵害する危険性が高いことが大きな理由になっている。したがって，同罪にいう**「人の住居」**，**「人の現在する建造物」**とは犯人以外の者を意味し，犯人が単独で居住する住宅は現住建造物に当たらない。

**2**◎ **居住者を殺害した後に放火しても現住建造物等放火罪は成立しない。**

正しい。先に居住者を殺害している場合には，放火によってさらに人の生命を侵害するおそれがないことから，現住建築物等放火罪は成立せず，判例は，殺人罪と非現住建造物等放火罪が成立するとする（大判大6・4・13）。

**3**❌ **エレベーターの側面シートへ放火すれば，現住建造物等放火既遂罪が成立。**

判例は，マンション内部に設置されたエレベーターのかご内で火を放ち，その側壁として使用されている化粧鋼板の表面（鋼板に貼り付けられている化粧シートの部分）を燃焼させたという事例で，**現住建造物等放火罪**の成立を認めている（最決平元・7・7）。

判例は，エレベーターを居住部分と一体をなすものととらえて，これを「現住建造物」に対する放火行為と評価したものと思われる。

**4**❌ **住宅の天井の一部を燃焼させれば，現住建造物等放火罪が成立する。**

天井板のように取り外しが自由にできないものは建造物の一部を構成するので，これが燃え始めれば，現住建造物等放火罪が成立する（最判昭23・11・2）。

現住建造物等放火罪は人が現住・現在する「建造物」に放火することによって成立する。雨戸や畳のように取り外しが可能な物は建造物の一部とはいえず，これに放火しても，「建造物が燃え始めた」と評価することはできない。これに対し，**取り外しができないものは建造物の一部である**から，これが燃え始めれば「建造物が燃え始めた」と評価できる。

**5**❌ **建物内に宿直室がある校舎に放火すれば，現住建造物等放火罪が成立する。**

校舎内に宿直室があれば，そこに人がいる可能性があることから現住建造物とされ，これに放火すれば現住建造物等放火罪が成立する（大判大2・12・24）。

## No.2 の解説　放火罪

→ 問題はP.244　**正答 1**

**1◎　焼損とは，火が媒介物を離れて目的物が独立に燃焼を継続する状態をいう。**
　　正しい。判例は，木造家屋が多く，容易に燃え広がって被害が拡大するというわが国の住宅状況を考慮して，目的物が効用を失わなくても，火が独立して燃焼を開始すれば，その時点で放火罪は既遂になるとする（**独立燃焼説**，大判明35・10・27）。

**2✕　一個の放火行為で数個の建造物を焼損しても，成立する放火罪は一個のみ。**
　　**放火罪**は，個々の財産を保護する個人的法益ではなく，**広く公共の安全を保護する公共危険罪**である。したがって，1個の放火行為により数個の建造物を焼損しても，「公共の危険」の発生は1回であるから，1個の放火罪が成立するにとどまる（大判大2・3・7）。

**3✕　エレベーターの側面シートへ放火すれば，現住建造物等放火既遂罪が成立。**
　　判例は，エレベーターを現住建造物であるマンションの一部と見て，それに対する放火行為について現住建造物等放火罪の成立を認める（最決平元・7・7）。→No.1選択肢**3**

**4✕　住居でなくても，日常の起臥寝食に使用されていれば，現住建造物である。**
　　起臥寝食する場所として日常使用されていれば，ここにいう建造物に当たる（大判大2・12・24）。
　　たとえば，社屋の一角に社員が交替で寝泊まりする宿直室がある建物は，狭い意味でだれかの住居として使用されているわけではないが，ここにいう建造物に当たる。

**5✕　目的物への導火が可能な状態で導火材料に点火すれば放火罪の着手となる。**
　　媒介物を利用して目的物に導火させることも放火行為と認められるので，導火材料に点火して燃焼を継続できる状態に置けば，その時点で放火罪の着手が認められる（大判大3・10・2）。

文書は社会生活上の証明手段として重要な役割を有しており，**文書偽造の罪**はそのような文書の重要性に鑑み，その**社会的信用を保護法益とする**ものである。

**1 ✕** 氏名の記載のない文書も内容等から名義人が判別できれば文書偽造罪が成立。

判例は，**名義人**は必ずしも文書自体に表示されている必要はなく，**文書の内容や筆跡，またはこれに付随する物体などから知ることができれば足りる**としている（大判昭7・5・23）。

文書偽造罪にいう文書は，社会生活上の証明手段として使われるものをいう。単なる作文などは含まない。たとえば，領収証という私文書があれば，実際に弁済を行ったシーンをビデオテープなどで記録していなくても，弁済者は債権者から未払いの債権を譲り受けたと主張して請求してきた者に対しても，その請求を拒絶できる。債権者が「弁済を受領した」ことを記載した領収証には，それだけの高い証明力がある。そして，文書偽造罪はそのような高い証明力を有する文書の社会的信用を保護しようとするものである。したがって，同罪にいう文書には名義人が存在しなければならない。名義人のいない文書には，そのような証明力は認められないからである。

ただ，名義人は必ずしもその文書に記載されていなくてもよい。内容や筆跡などから名義人が特定できれば，その者の作成した文書と認められるので，名義人が存在すると解してよい。

**2 ✕** 内容虚偽の文書についても公的信用を保護する必要から文書偽造罪が成立。

たとえ**内容が虚偽**であっても，それが社会生活上の証明手段として用いられれば，それについての公的信用を保護する必要がある。したがって，不真正文書についても**文書偽造罪が成立**する。

上記**1**の解説の例でいえば，弁済の事実がないのに，債務者が勝手に債権者名義で領収証を作成するような場合である。弁済の事実がないので領収証の内容は虚偽である。しかし，そのような文書であっても，債権者に無断で作成すれば，文書の社会的信用を害する行為として文書偽造罪で処罰する必要がある。

**3 ◎** 写真コピーも，原本と同様の証明力がある場合は文書偽造罪の客体となる。

正しい。判例は，「**公文書偽造罪**の客体となる文書は，これを原本たる公文書そのものに限る根拠はなく，たとえ原本の写であっても，原本と同一の意識内容を保有し，証明文書としてこれと同様の社会的機能と信用性を有するものと認められる限り，これに含まれる」とする（最判昭51・4・30）。

コピーは，原本の内容を証明する手段として広く用いられている（たとえば，医師が病院に就職する際に病院側に提出する医師免許は原本でなくコピーでよいとされるなど）。したがって，コピーについても，社会的な証明力が認められる限り，これを文書偽造罪の客体として保護する必要がある。

**4** ✕ **作成代理権を有する者が自己の利益のために文書を作成しても偽造罪不成立。**

　　判例は，名義を偽っているわけではないので文書偽造罪は成立しないとする（大判大11・10・20）。

　　**偽造**とは，**作成権限がないのに，無断で他人名義の文書を作成すること**をいう。権限濫用とは与えられた権限の範囲内でその権限を濫用的に行使することである。したがって，そこで作成された文書は，たとえ濫用によるものであっても権限に基づいて作成された文書となる。私文書の場合，作成権限がある場合には，その内容については名義人が責任を負えばよいとされ，文書罪における処罰の対象とはされていない。そして，**代理人**は，権限の範囲内の文書について本人から作成権限を与えられているので，それが**濫用された場合でも，文書自体の社会的信用は害されない**。その内容については本人が責任を負えばよいからである。したがって，**偽造罪は成立しない**。

**5** ✕ **有効期限を徒過した運転免許証の写真を張り替えれば，公文書偽造罪が成立。**

　　自動車の運転免許証は，有効期限が経過した場合でもなお高い証明力が認められる。そのため，免許証の写真をすり替える行為は，免許証の公共的信用を害するものとして文書偽造の罪が成立する（最決昭52・4・25）。

　　**自動車の運転免許証**は，期限の経過によってその本来の用途たる自動車の運転資格の証明としては使えなくなるが，そこに**記載された事実については，期限が経過してもなお高い証明力を有している**。そして，写真の貼り替えがあると，その免許証は新たな写真の主について書面記載の事実を証明する文書となる。それは，作成権者に無断で，社会的な証明力のある新たな文書を作り出したものと評価できる。したがって，行為者に文書偽造の罪が成立する。

　　なお，自動車運転免許証は，私人が所持していても私文書ではなく公文書である。公文書と私文書の区別は，作成名義人が公務員（または公務所）か私人かで区別される。免許証の作成権者は都道府県公安委員会である。

**No.4** 放火の罪に関する次のA～Dの記述の正誤の組合せとして最も適当なものはどれか（争いのあるときは，判例の見解による）。

【裁判所事務官・平成17年度】

A：行為者が，1個の放火行為により2個の現住建造物を焼損させた場合は，生じた公共の危険が1個と評価されるときでも，2個の現住建造物等放火罪が成立し，観念的競合となる。

B：行為者が，自動車に放火して焼損させた場合，当該自動車が他人所有であれば，公共の危険の発生がなくても建造物等以外放火罪によって処罰されるが，当該自動車が自己所有であれば，公共の危険の発生がなければ建造物等以外放火罪によって処罰されることはない。

C：行為者が，妻子と同居している建造物に，妻子が買物のために外出している間に無断で放火して焼損させた場合，当該建造物の所有者が行為者であるときは，自己所有の非現住建造物等放火罪が成立する。

D：行為者が，現住建造物を焼損させる目的で，その至近距離に隣接する現に人がいない物置に放火したが，当該物置を焼損させるにとどまった場合でも，現住建造物等放火罪の未遂罪が成立する。

|   | A | B | C | D |
|---|---|---|---|---|
| **1** | 誤 | 誤 | 誤 | 正 |
| **2** | 誤 | 正 | 誤 | 誤 |
| **3** | 誤 | 正 | 正 | 正 |
| **4** | 正 | 誤 | 誤 | 誤 |
| **5** | 正 | 正 | 正 | 誤 |

**No.5** 放火罪に関する記述として最も適当なものはどれか（争いのあるとき
は，判例の見解による）。　　　　　　　　　　【裁判所事務官・平成27年度】

**1**　甲は，多数人が住居に使用するマンションの居住者用エレベーターかご内で火
を放ち，同かごの側壁に燃え移らせてこれを焼損した。同かごは取り外しが可能
であるが，そのための工事には著しい手間と時間がかかるものであった。同かご
は同マンションの一部といえるので，甲には現住建造物等放火既遂罪が成立す
る。

**2**　甲は，深夜，本殿・祭具庫・社務所・守衛詰所が木造の回廊で接続され，一部
に火を放てば他の部分に延焼する可能性がある構造の神社の祭具庫壁付近にガソ
リンをまいてこれに火をつけたが，無人の祭具庫を全焼させたのみで消し止めら
れた。守衛がいた守衛詰所に火は燃え移らなかったので，甲には現住建造物等放
火未遂罪が成立する。

**3**　甲は，宿泊していたホテルの部屋に放火しようと考え，火のついた新聞紙を窓
のカーテンに近づけ，新聞紙の火をカーテンに燃え移らせたが，カーテンを焼損
した時点で従業員に消し止められた。火が媒介物である新聞紙を離れてカーテン
が独立燃焼するに至ったのであるから，甲には現住建造物等放火既遂罪が成立す
る。

**4**　甲は，市街地の駐車場にとめられていた乙所有の自動車に放火してこれを焼損
し，高さ約2m，幅約1mの炎を発生させた。同自動車の周りには，丙所有の自
動車や可燃性のゴミなどがあり，これらに延焼する可能性はあったが，周囲に建
造物等はなかった。建造物等への延焼のおそれがなかった以上，公共の危険は発
生していないので，甲に建造物等以外放火既遂罪は成立しない。

**5**　甲は，多数人が住居に使用する乙所有のアパート一棟を全焼させる意思で，同
アパートのうち，誰もいない空き部屋に放火した。他の住居部分に燃え移る可能
性はあったが，甲が放火した空き部屋の床および天井の大部分が焼損した時点で
消火された。他の住居部分は焼損しなかったので，甲には現住建造物等放火未遂
罪が成立する。

💎 **No.6** 文書偽造の罪に関する次の記述のうち，法令および判例に照らし，最も妥当なのはどれか。【労働基準監督官・平成30年度】

**1** 行使の目的で，公務所の印章を使用して公務所の作成すべき文書を偽造した場合であっても，当該文書を偽造した者が公務員でなければ，公文書偽造の罪は成立しない。

**2** 公正証書原本不実記載の罪は，虚偽の申立てを受けた公務員が，当該虚偽に気付くことなく，権利または義務に関する公正証書の原本に不実の記載をした場合に，当該公務員について成立する。

**3** 行使の目的で，虚偽の内容の公文書を作成した場合，虚偽公文書作成の罪は身分犯ではないため，当該文書の作成者が公務員でなくても，同罪が成立する。

**4** 他人の印章や署名を使用して，権利，義務または事実証明に関する文書を偽造した場合であっても，行使の目的がなければ，私文書偽造の罪は成立しない。

**5** 運転免許証については，一定の場合にこれを提示すべき義務が法令上定められているため，自動車を運転する際に偽造した運転免許証を携帯しているにとどまる場合であっても，偽造公文書行使罪に当たる。

**No.7** 文書偽造罪に関する次のA～Dの記述の正誤の組合せとして最も適当なものはどれか（争いのあるときは，判例の見解による）。　【裁判所・平成26年度】

**A**：公務員でない甲が，虚偽の申立てをして情を知らない公務員に内容虚偽の証明書を作成させた場合，甲には虚偽公文書作成罪の間接正犯が成立する。

**B**：黒板上にチョークで文字を記載した場合，永続性がないため文書偽造罪の文書に当たらない。

**C**：甲が，乙所有の建物を勝手に売ろうとして，「乙代理人甲」の名義で建物の売買契約書を作成した場合，文書の名義人は代理人甲であるから，甲に私文書偽造罪は成立しない。

**D**：就職するために，虚偽の氏名，生年月日，住所，経歴等を記載し，自分の顔写真を貼付した履歴書を作成した場合，文書から生じる責任を免れようとする意思を有していなくても，私文書偽造罪が成立する。

|   | A | B | C | D |
|---|---|---|---|---|
| **1** | 正 | 正 | 正 | 正 |
| **2** | 正 | 誤 | 誤 | 正 |
| **3** | 誤 | 正 | 誤 | 誤 |
| **4** | 誤 | 誤 | 誤 | 正 |
| **5** | 正 | 誤 | 正 | 誤 |

**No.8** 偽造罪に関する記述として最も妥当なのはどれか。

【労働基準監督官・平成20年度】

**1** 公文書偽造罪の客体となる文書は，写しではなく原本であることが必要である。このため，判例は，写しが，原本と同一の意識内容を保有し，証明文書として原本と同様な社会的機能と信用性を有するとしても，写しは文書ではないと解している。

**2** 偽造文書・変造文書・虚偽文書の行使とは，それらの文書を真正の文書または内容の真実な文書として使用することであり，相手方が文書の内容を認識しうる状態にあるか否かを問わない。よって，たとえば，自動車を運転するに当たり，偽造の運転免許証を携帯しただけで他人の閲覧に供していない場合も，この行使に当たる。

**3** 文書偽造罪にいう文書の偽造とは，文書の作成権限を有しない者が，他人の名義を冒用して文書を作成することである。たとえば，甲が，弁護士甲と同姓同名であることを利用して，弁護士甲の名義で文書を作成・行使したときは，その名義人は弁護士甲であって，弁護士資格を有しない甲とは別人格であるから，私文書偽造罪・偽造私文書行使罪が成立する。

**4** 公文書偽造罪の行為の客体は，公務所・公務員の作成すべき文書・図画，すなわち，公文書・公図画である。公務所・公務員は日本国のものに限られず，外国の公文書の偽造・変造も公文書偽造罪に当たる。

**5** 名義人の承諾を得て作成した文書は真正文書であって，通常，文書偽造罪にいう偽造とはならない。したがって，たとえば交通反則切符中の供述書を，違反者が他人名義で作成した場合においても，名義人の承諾があれば偽造とはならない。

**No.9** 文書偽造罪に関する次のA～Dの記述の正誤の組合せとして最も適当なのはどれか（争いのあるときは，判例の見解による）。　【裁判所・平成24年度】

　A：民間の医師が公務所に提出する診断書の内容を偽った場合は，私文書の無形偽造なので，不可罰である。

　B：他人から頼まれ，他人にすり替わって大学入学試験を受験し，答案を作成することは，事実証明に関する文書を偽造するものであり，私文書偽造罪に当たる。

　C：甲が他人の氏名をその承諾を得て使用して生活し，それが限られた範囲内で甲を指称するものとして通用していたところ，甲が交通違反で警察官の取調べを受けた際，その他人の氏名を使用して交通事件原票中の供述書を作成した場合，私文書偽造罪は成立しない。

　D：民間人が公文書の内容に改ざんを加えたうえ，コピーを作成した場合，その改ざんが非本質的部分に加えられたものであれば公文書変造罪，その改ざんが本質的部分に加えられたものであれば公文書偽造罪が成立する。

|   | A | B | C | D |
|---|---|---|---|---|
| **1** | 正 | 正 | 誤 | 誤 |
| **2** | 正 | 誤 | 誤 | 正 |
| **3** | 誤 | 正 | 誤 | 誤 |
| **4** | 誤 | 誤 | 正 | 正 |
| **5** | 誤 | 正 | 誤 | 正 |

# 実戦問題❷の解説

## No.4 の解説　放火罪
→ 問題はP.250　**正答1**

**A ✕**　**一個の放火行為で数個の建造物を焼損しても，成立する放火罪は一個のみ。**

　　放火罪は，広く公共の安全を保護する公共危険罪である。したがって，1個の放火行為により2個の建造物を焼損しても，1個の放火罪が成立するにとどまる（大判大2・3・7）。

　　**公共危険罪は，公共の危険**（公共の安全を脅かすこと）**を何個発生させたかにより罪数が定まる。** 1個の放火行為によって発生する公共の危険の数は1個であるから，成立する犯罪の数も1個である。

　　なお，公共危険罪は一般に重い法定刑が定められているので，犯罪の個数を1個としても処罰の不都合性はない。たとえば，現住建造物等放火罪（108条）の法定刑は殺人罪（199条）のそれと同じである。

**B ✕**　**他人所有の自動車に放火しても公共の危険が発生しなければ放火罪不成立。**

　　放火罪は公共危険罪であるから，公共の危険の発生が必要である。したがって自己所有・他人所有を問わず，公共の危険の発生がなければ建造物等以外放火罪は成立しない（110条）。他人所有の場合には，器物損壊罪（261条）が成立するにとどまる。

**C ✕**　**家族が居住する建物に放火すれば，現住建造物等放火罪が成立する。**

　　現住建造物等放火罪（108条）にいう「現に人が住居に使用し」の「人」には，妻子も含まれる（大判昭9・9・29）。本罪は，人の生活や生命の安全を重要な保護の対象とするものであるから，夫の放火の意図を知らない家族も当然に保護の対象に含まれる。また，同罪は現実に人の生活が営まれている状況において，そこにおける人の生活や生命の安全を保護の対象としているので，家屋の所有名義がだれにあるかは問題ではない。

**D ◯**　**隣接小屋に放火したが現住建造物に火が移らなければ現住建造物放火は未遂。**

　　正しい（大判大15・9・28）。**現住建造物を焼損させる目的で，隣接する物置に放火した場合**には，その時点で現住建造物に対する放火の着手があったものと見られ，たとえ現住建造物に燃え移らなくても現住建造物等放火罪の未遂罪が成立し，非現住建造物等放火既遂罪（物置の焼損）はこれに吸収される（この場合の公共の危険発生は1個なので，**放火罪の罪数は一罪**である）。

　　以上から，A—誤，B—誤，C—誤，D—正であり，**1**が正答となる。

## No.5 の解説　放火罪
→ 問題はP.251　**正答1**

**1 ◎**　**エレベーターの側面シートへ放火すれば，現住建造物等放火既遂罪が成立。**

　　正しい。判例は，エレベーターのかごは，そのマンションの一部といえるので，甲には現住建造物等放火既遂罪が成立するとする（最決平元・7・7）。
→No.1 選択肢3

**2 ✕**　**守衛詰所等が木造の回廊で接続されていれば，全体が現住建造物である。**

判例は、「社殿は、その一部に放火されることにより全体に危険が及ぶと考えられる一体の構造であり、また、全体が一体として日夜人の起居に利用されていたものと認められる。そうすると、社殿は、物理的に見ても、機能的に見ても、**全体が一個の現住建造物**であったと認めるのが相当である」として、甲に現住建造物等放火罪の成立を認めている（最決平元・7・14）。

**3** ✕ **火をつけてカーテンに燃え移っても、いまだ放火罪は未遂である。**

判例は放火罪の既遂時期について、「火が媒介物を離れて建造物等の一部に燃え移り、独立して燃焼を継続する状態に至ったとき」とする（大判大7・3・15）。そして「**建造物等の一部**」とは、雨戸や畳、家具等の家財道具ではなく、**柱や天井、壁や床など建造物それ自体のこと**であり、カーテンはこれに含まれない。したがって、カーテンに燃え移った段階では、放火罪はいまだ未遂にとどまる。

**4** ✕ **建造物等以外の財産に対する延焼の危険も「公共の危険」に当たる。**

判例は、「刑法110条1項（建造物等以外放火罪）にいう『公共の危険』は、必ずしも同法108条（現住建造物等放火罪）及び109条1項（非現住建造物等放火罪）に規定する建造物等に対する延焼の危険のみに限られるものではなく、**不特定又は多数の人の生命、身体又は建造物等以外の財産に対する危険も含まれる**」とする。そして、「市街地の駐車場において、被害車両からの出火により、第1、第2車両に延焼の危険が及んだ等の事実関係の下では、同法110条1項にいう『公共の危険』の発生を肯定することができる」として、甲に建造物等以外放火罪の成立を認めた（最決平15・4・14）。

**5** ✕ **アパートを全焼させる意図で空き部屋に放火すれば現住建造物等放火罪成立。**

一棟のアパートは物理的に一体であるから、空き部屋の床および天井の大部分を焼損すれば、アパート全体に対する「焼損」が認められ、甲に現住建造物等放火罪が成立する（棟割り長屋の例で大判昭3・5・24）。

### No.6 の解説　文書偽造の罪

→ 問題はP.252 正答4→ 問題はP.252　**正答4**

**1** ✕ **公文書偽造罪の主体に制限はなく、公務員・非公務員ともに主体となりうる。**

公文書偽造罪（155条）の**主体について特に制限は設けられていない**。証明力が高い公文書の信用を害することは、公務員・非公務員を問わず、これをなしうるからである。

**2** ✕ **公正証書原本不実記載罪は、虚偽の申立てで不実記載させた者に成立する。**

本罪は、申立てが虚偽と気づかずに、公正証書の原本に不実の記載をした公務員について成立するのではなく、申立てをして公務員に不実の記載をさせた者について成立する（157条）。**公務員を利用した間接正犯的形態の犯罪**である。

**3** ✕ **虚偽公文書作成罪は公務員を主体とする身分犯で、非公務員には不成立。**

私文書の場合には、内容虚偽の文書を作成しても、名義を偽らない限り文

書の社会的信用は害されない。したがって，このような行為は処罰の対象とはされていない。

しかし，公文書の場合には，**内容虚偽の文書を作成**すれば，たとえ名義を偽らなくても（つまり作成権限のある者がその名義で作成しても），**文書の社会的信用は害される**。そこで，法は，虚偽文書の作成を公文書偽造と同様に処罰の対象としている（156条）。なお，このような趣旨から，その主体は作成権限のある公務員に限られている（最決昭33・4・11）。

**4◎** 文書偽造罪は，私文書・公文書を問わず行使の目的で作成した場合に成立。

正しい（私文書について159条1項）。**文書偽造罪の保護法益は，文書に対する公共の信用**である。すなわち，行使の目的がなければ（つまり行使される予定がなければ），文書に対する公共の信用が害されることはありえない。すなわち，**文書偽造罪の成立には行使の目的が必要**とされている（目的犯という）。

**5✕** 運転の際に偽造免許証を携帯していても偽造公文書行使罪には当たらない。

判例は，「**行使**にあたるためには，文書を真正に成立したものとして他人に交付，提示等して，その閲覧に供し，その**内容を認識させまたはこれを認識しうる状態におくことを要する**」として，単に偽造運転免許証を携帯しているに止まる場合には，「未だこれを他人の閲覧に供しその内容を認識しうる状態においたものというには足りず，偽造公文書行使罪にあたらない」とする（最大判昭44・6・18）。

---

**No.7 の解説** 文書偽造罪 → 問題はP.252 **正答4**

**A✕** 非公務員による公務員利用の虚偽公文書作成罪の間接正犯は認められない。

判例は，私人の場合には，公正証書原本不実記載罪（157条）との関係で，虚偽公文書作成罪（156条）の間接正犯の成立を認めない（最判昭27・12・25）。

すなわち，前者（157条）は後者（156条）の間接正犯形態であり，かつ，その客体は登記簿などの重要な文書であるにもかかわらず，法定刑は156条よりも軽くなっている。そのことは，法が，**157条の客体以外に虚偽公文書作成罪の間接正犯を認めない**趣旨と解されている。

**B✕** 黒板上にチョークで記載した文字も，文書偽造罪の文書に当たる。

黒板上にチョークで記載された文字であっても，それが社会生活上重要な証明力を有している場合には，文書偽造罪の文書に当たる。

たとえば，駅の改札口横の黒板に記載された，駅長名での事故による列車不通の告知などはその例である。

**C✕** 無断で他人の代理人名義で文書を作成すれば，私文書偽造罪が成立する。

判例は，このような文書は，「その文書によって表示された意識内容にもとづく効果が，代表もしくは代理された本人に帰属する形式のものであるか

ら，その**名義人は，代表もしくは代理された本人**である」とする（最決昭45・9・4）。したがって，甲の行為は他人名義の冒用であるから私文書偽造罪が成立する。

**D◯** 別人格を認識させる危険性のある履歴書を作成すれば私文書偽造罪が成立。

正しい。判例は，本肢のような文書の「性質，機能等に照らすと，たとえ被告人の顔写真がはり付けられ，あるいは被告人が右各文書から生ずる責任を免れようとする意思を有していなかったとしても，これらの文書に表示された名義人は，被告人とは別人格の者であることが明らかであるから，名義人と作成者との人格の同一性にそごを生じさせたものというべきである」として，私文書偽造罪の成立を認める（最決平11・12・20）。

以上から，正しいものはDであり，**4**が正答となる。

**No.8 の解説　偽造罪**　　　　　→ 問題はP.253　**正答3**

**1✕** 写真コピーも，原本と同様の証明力がある場合は文書偽造罪の客体となる。

判例は，「公文書偽造罪の客体となる文書は，これを原本たる公文書そのものに限る根拠はなく，たとえ**原本の写し**であっても，原本と同一の意識内容を保有し，証明文書としてこれと同様の**社会的機能と信用性を有する**ものと認められる限り，これに含まれる」とする（最判昭51・4・30）。

**2✕** 偽造の運転免許証を単に携帯しただけでは偽造公文書行使罪は成立しない。

判例は，運転に際して単に偽造免許証を携帯しているだけで，未だこれを他人の閲覧に供しその内容を認識しうる状態においていなければ，偽造公文書行使罪は成立しないとする（最大判昭44・6・18）。→No.6選択肢**5**

**3◎** 同姓同名の弁護士名をかたって文書を作成すれば文書偽造罪が成立する。

正しい。判例は，「たとえ名義人として表示された者の氏名が被告人の氏名と同一であったとしても，本件各文書が**弁護士としての業務に関連して弁護士資格を有する者が作成**した形式，内容のものである以上，本件各文書に表示された名義人は弁護士Aであって，**弁護士資格を有しない被告人とは別人格の者であることが明らか**であるから，本件各文書の名義人と作成者の人格の同一性にそごを生じさせたものというべきである」として，被告人に私文書偽造罪が成立するとする（最決平5・10・5）。

**4✕** 外国の公務所・公務員が作成すべき文書は，公文書偽造罪の客体ではない。

公務所・公務員は日本国のものに限られる（最判昭24・4・14）。

**日本国の公務所・公務員が作成すべき文書**は，国内における社会的な機能や証明力が極めて高く，この点に着目して，刑法は公文書偽造罪で重い法定刑を定めた（155条，1～10年の懲役）。外国の公務所・公務員が作成すべき文書は，私文書偽造罪（159条，3月～5年の懲役）の客体として扱われる。

**5✕** 名義人と作成者の同一性が必要な文書は，同意があっても偽造罪が成立する。

判例は，「**交通事件原票中の供述書**は，その**文書の性質上，作成名義人以外の者がこれを作成することは法令上許されないもの**であって，右供述書を

他人の名義で作成した場合は，あらかじめその他人の承諾を得ていたとしても，私文書偽造罪が成立する」とする（最決昭56・4・8）。

## No.9 の解説　文書偽造罪

→ 問題はP.254　**正答3**

**A ✕** 民間医師の公務所に提出すべき診断書の虚偽記載は虚偽診断書作成罪である。

　　民間の医師が公務所に提出すべき診断書に虚偽の記載をしたときは，虚偽診断書作成罪（160条）が成立する。

　　なお，公立病院の公務員である医師が同様の行為をしたときは，公文書偽造罪（155条）が成立する。民間の医師の場合よりも文書の証明力が高く，その分重い罪で処罰される。

　　問題文中の**無形偽造**とは内容を偽ることをいう。これに対して，作成名義を偽ることは**有形偽造**である。「形＝作成名義」と覚えておけばよい。

**B ◯** 替え玉受験を依頼された者が答案を作成する行為は私文書偽造罪に当たる。

　　正しい。判例は，**入学選抜試験の答案**は，「これを基に合否の判定が行われ，合格の判定を受けた志願者が入学を許可されるのであるから，志願者の学力の証明に関するもの」として159条1項にいわゆる**「事実証明に関する文書」に当たる**こと，入試の答案は他人が代わって作成することが許されない性質のものであることなどから，替え玉受験を依頼された者が答案を作成する行為は私文書偽造罪に当たるとする（最判平6・11・29）。

**C ✕** 他人の承諾下にその名義で反則切符の供述書を作成すれば私文書偽造罪成立

　　判例は，交通反則切符中の供述書を他人の名義で作成した場合は，あらかじめその他人の承諾を得ていたとしても，有印私文書偽造罪が成立するとする（最決昭56・4・8）。→No.8選択肢**5**

**D ✕** 私人が公文書の内容を改ざんしてコピーすれば，公文書偽造罪が成立する。

　　改ざんが非本質的部分に加えられたものであっても，**原本をコピーすることで作成された文書は，新たな証明力を有する別個の文書**であり，行為者に公文書偽造罪が成立する。

　　判例は，「コピーは，そこに複写されている原本がコピーどおりの内容，形状において存在していることにつき極めて強力な証明力をもちうるのであり，それゆえに，公文書の写真コピーが実生活上原本に代わるべき証明文書として一般に通用し，原本と同程度の社会的機能と信用性を有するものとされている場合が多い」として，公文書偽造罪の客体たりうるとしている（最判昭51・4・30）。

　　本肢のような場合は，改ざんが非本質的部分に加えられた場合でも，新たな証明力の作出であって，公文書の偽造である。

　　以上から，A―誤，B―正，C―誤，D―誤であり，**3**が正答となる。

**No.10** 放火の罪に関するア〜オの記述のうち，判例に照らし，妥当なもののみをすべて挙げているのはどれか。 【国家総合職・令和２年度】

ア：Aが，本殿や祭具庫と夜間に神職らが宿直する社務所等の複数の木造建物が木材を多用する廻廊等を伝って一周し得る構造となっている神社の社殿の祭具庫に放火して，祭具庫を全焼させた場合，当該社殿が，その一部に放火されることにより全体に危険が及ぶと考えられる一体の構造であり，全体が一体として日夜人の起居に利用されていたと認められるときであっても，祭具庫から神職らが現にいた社務所まで廻廊等経由で200m以上離れており，現に社務所に延焼しなかった以上，Aには現住建造物等放火未遂罪が成立する。

イ：Aが，A以外の者が居住している集合住宅であるマンション内部に設置されたエレベーターのかご内に放火して，その側壁として使用されている化粧鋼板の表面の一部を燃焼させた場合，Aには現住建造物等放火罪が成立する。

ウ：Aが，競売手続の妨害目的で自己の経営する会社の従業員を交替で泊まり込ませていた家屋につき放火を実行した場合において，その前に，当該従業員らを旅行に連れ出し，留守番の従業員には留守中の宿泊は不要であると伝えていたときは，当該家屋に日常生活上必要な設備，備品があり，当該従業員らが，Aの犯行前の約１か月半の間に十数回交替で宿泊し，旅行から帰れば再び交替で宿泊するものと認識し，引き続き従業員が当該家屋の鍵１本を保管していたとしても，当該家屋は現に人が住居に使用しまたは現に人がいる建造物とはいえない以上，Aには現住建造物等放火罪は成立しない。

エ：Aが，同居の家族を全員殺害した後，その犯行を隠すために自宅の一軒家に放火した場合，当該一軒家に，A以外に現在する者がいなくても，A以外の者が現に住居に使用している建造物に放火したといえるので，Aには現住建造物等放火罪が成立する。

オ：現住建造物等放火罪は，類型的に人が死傷する結果が発生する相当程度の蓋然性があるといえるところ，その法定刑が死刑を含む重いものとされており，火力によって不特定または多数の者の生命，身体及び財産に対する危険が現実に人が死傷する結果として生じた場合について，他により重く処罰する特別な犯罪類型が設けられていないことからすれば，同罪の量刑において人の死傷結果を考慮することは，法律上当然に予定されているものと解されるので，死傷の結果が訴因にも罪となるべき事実にも記載されていなくても，同罪に該当する行為により生じた人の死傷結果を，その法定刑の枠内で量刑上考慮することは許される。

**1** ア，ウ　　**2** ア，オ　　**3** イ，オ　　**4** イ，ウ，エ　　**5** ウ，エ，オ

**No.11** 偽造罪に関する次の記述のうち，判例に照らし，最も妥当なのはどれか。

【労働基準監督官・令和4年度】

**1** 公文書偽造罪の客体となる文書は原本たる公文書そのものに限られ，原本の写しは，原本と同一の意識内容を保有し，証明文書として原本と同様の社会的機能と信用性を有する場合でも，公文書偽造罪の客体となる文書には含まれない。

**2** 公文書の作成権限は，作成名義人の決裁を待たずに自らの判断で公文書を作成することが一般的に許されている代決者には認められるが，一定の手続を経由するなどの特定の条件のもとにおいて公文書を作成することが許されている補助者には認められないため，そのような補助者に当たる公務員が作成権限に基づいて公文書を作成した行為については，公文書偽造罪の適用を免れることはない。

**3** 偽造公文書行使罪にいう行使に当たるためには，文書を真正に成立したものとして他人に交付，提示等して，その閲覧に供し，その内容を認識させまたはこれを認識し得る状態におくことを要するところ，自動車を運転する際に偽造にかかる運転免許証を携帯しているにとどまる場合には，いまだこれを他人の閲覧に供しその内容を認識し得る状態においたものというには足りず，偽造公文書行使罪に当たらない。

**4** 私文書偽造罪における偽造とは，文書の作成名義人と作成者との人格の同一性に齟齬を生じさせることであるため，道路交通法違反の交通事件原票中の供述書を他人の名義で作成した場合でも，あらかじめその他人の承諾を得ていれば，私文書偽造罪に当たらない。

**5** 本名とは異なる名称が密入国者Xを指称する名称として相当広範囲に定着し，他人との混同を生ずるおそれのない高度の特定識別機能を有するに至っていることが明らかな場合，Xが再入国許可申請書をその名称を使用して作成，行使したとしても，当該文書の名義人と作成者であるXとの間に客観的に人格の同一性が認められるため，Xの当該行為は私文書偽造，同行使罪に当たらない。

# 実戦問題❸の解説

→ 問題はP.260

**No.10 の解説** 放火の罪　　　　　　　　　　　　　　　　　　　**正答3**

**ア✕** **全体が人の起居に利用される建物に放火すれば現住建造物等放火罪が成立。**

判例は，「社殿は，その**一部に放火されることにより全体に危険が及ぶ**と考えられる一体の構造であり，また，全体が一体として日夜人の起居に利用されていたものと認められる。そうすると，社殿は，物理的に見ても，機能的に見ても，その**全体が一個の現住建造物であった**と認めるのが相当である」として，甲に現住建造物等放火罪（108条）の成立を認めている（最決平元・7・14）。

**イ○** **エレベーターの側面シートへ放火すれば，現住建造物等放火既遂罪が成立。**

妥当である。判例は，エレベーターのかごは，そのマンションの一部といえるので，甲には現住建造物等放火既遂罪が成立するとする（最決平元・7・7）。→No.1選択肢**3**

**ウ✕** **従業員の旅行中に，その宿泊場所に放火すれば現住建造物等放火罪が成立。**

判例は，この家屋は，「人の起居の場所として日常使用されていたものであり，従業員が旅行中の本件犯行時においても，その使用形態に変更はなかった」として，現住建造物等放火罪の成立を認めている（最決平9・10・21）。

Aは，旅行に連れ出した従業員にも，また留守番役の従業員にも放火の意図を伝えておらず，旅行に出た従業員からカギの回収もしていなかった。したがって，従業員の家財道具や貴重品が残されていたり，また**従業員が家屋に立ち入る可能性も十分あった**と考えられることから，判例は**現住建造物**に対する放火罪が成立するとした。

**エ✕** **同居家族を全員殺害した後に放火すれば，非現住建造物等放火罪が成立する。**

現住建造物等放火罪の現住建造物とは，「現に人が住居に使用し又は現に人がいる建造物等」をいうが，ここに「人」とは犯人以外の者をいう。したがって，犯人が，犯人以外の住人を殺害した後にその家に放火すれば，非現住建造物等放火罪（109条1項）である（大判大6・4・13）。

**オ○** **放火で生じた人の死傷結果を，法定刑の枠内で量刑上考慮しても許される。**

妥当である。判例は，「放火罪は，火力によって不特定又は多数の者の生命，身体及び財産に対する危険を惹起することを内容とする罪であり，人の死傷結果は，それ自体犯罪の構成要件要素とはされていないものの，そのような危険の内容として本来想定されている範囲に含まれる」として，本肢のように判示している（最決平29・12・19）。

以上から，妥当なものは**イ**と**オ**であり，**3**が正答となる。

**No.11 の解説** 偽造罪　　　　　　　　　　　　　　　　　　　　**正答3**

→ 問題はP.261

**1✕** **原本の写しも，原本と同様の証明力がある場合は文書偽造罪の客体となる。**

判例は，「公文書偽造罪の客体となる文書は，これを原本たる公文書そのものに限る根拠はなく，たとえ**原本の写し**であっても，原本と同一の意識内容を保有し，証明文書としてこれと同様の**社会的機能と信用性を有するもの**と認められる限り，これに含まれる」とする（最判昭51・4・30）。

写し（コピー）は，原本の内容を証明する手段として広く用いられている。したがって，コピー文書についても，社会的な証明力が認められる限り，これを文書偽造罪の客体として保護する必要がある。

**2**✗ **所定の手続きを経ずに権限者が公文書を作成しても，公文書偽造罪は不成立。**

**文書偽造罪**は，作成権限を有しない者が作成名義を偽って文書を作成する罪である。その**保護法益**は，**文書の社会的信用**の確保の点にある。

本肢の場合，補助者に当たる公務員は「特定の条件のもとにおいて公文書を作成することが許されている」とされ，「そのような補助者に当たる公務員が作成権限に基づいて公文書を作成した」というのであるから，**本肢の公文書は権限を有する者が作成したもので，その社会的信用性になんら問題はない**。すなわち，文書の社会的信用は害されていない。そのため，判例は，行為者が「正規の手続によらないで作成した点において権限の濫用があるとしても，そのことを理由に内部規律違反の責任を問われることはかくべつ，公文書偽造罪をもって問擬されるべきではない」とする（最判昭51・5・6）。

**3**◎ **運転の際に偽造免許証を携帯していても偽造公文書行使罪には当たらない。**

妥当である。判例は，「**行使**にあたるためには，文書を真正に成立したものとして他人に交付，提示等して，その閲覧に供し，その**内容を認識させまたはこれを認識しうる状態におくことを要する**」として，単に偽造運転免許証を携帯しているに止まる場合には，「偽造公文書行使罪にあたらない」とする（最大判昭44・6・18）。

**4**✗ **名義人と作成者の同一性が必要な文書は同意があっても偽造罪が成立する。**

判例は，「**交通事件原票中の供述書**は，その**文書の性質上，作成名義人以外の者がこれを作成することは法令上許されないもの**であって，当該供述書を他人の名義で作成した場合は，あらかじめその他人の承諾を得ていたとしても，私文書偽造罪が成立する」とする（最決昭56・4・8）。

**5**✗ **本名を用いるべき文書を通称名で作成した場合は私文書偽造罪が成立。**

判例は，「**再入国の許可**を申請するにあたっては，ことがらの性質上，当然に，**本名を用いて申請書を作成することが要求されている**」として，他人名義の再入国許可申請書を作成する行為は，本肢のような事情がある場合でも私文書偽造罪が成立するとする（最判昭59・2・17）。

同判例は，「再入国許可申請書は，再入国の許可という公の手続内において用いられる文書であり，再入国の許可は申請人が適法に本邦に在留することを前提としているため，その審査にあたっては，申請人の地位，資格を確認することが必要不可欠のこととされている」として，**本名以外で再入国許可申請書を作成することは許されない**としている。

## 必修問題

　公務の執行に対する罪に関する次の記述のうち，判例に照らし，**最も妥当**なのはどれか。　　　　　　　　　　　　　【労働基準監督官・令和3年度】

**1**　県議会委員長が委員会の休憩を宣言して退出しようとした場合，当該委員長が休憩宣言後も審議に関して生じた紛議に対処するなどの**職務に従事**していたと認められるとしても，休憩中の行為は公務とはいえないことから，その際当該委員長に対して加えられた暴行は**公務執行妨害罪**を構成しない。

**2**　警察官が終始何人に対しても警察官でないことを装ってした電話盗聴行為は，警察官が職務として行ったものであれば，職権行使の相手方に対し，法律上・事実上の負担ないし不利益を生むものでなくても職権を濫用したものといえることから，**公務員職権濫用罪**を構成する。

**3**　公務執行妨害罪は，公務員が職務を執行するに当たりこれに対して暴行または脅迫を加えたときに直ちに成立するものではなく，その暴行または脅迫により現実に職務執行妨害の結果が発生したことを必要とする。

**4**　公務執行妨害罪における職務としての現行犯人逮捕行為の**適法性の判断**は，逮捕行為当時における具体的状況を客観的に観察して，現行犯人と認められるに十分な理由があったか否かによるべきものであって，事後において犯人と認められたか否かによるべきものではない。

**5**　公務執行妨害罪の成立には，職務の執行を妨害する暴行・脅迫がなされることを要するが，その暴行・脅迫は，直接に公務員自身に対して加えられることが必要であり，当該公務員の指揮に従いその職務の執行に密接不可分の関係において関与する補助者に対してなされた場合，同罪は成立しない。

難易度　＊＊

B
頻出度

国家総合職 ★★
労働基準監督官 ★★★
裁 判 所 ★★★
地上全国型 ★★

⑫国家的法益

## 必修問題の 解説

**1 ✕** **休憩宣言後も秩序保持権限行使中の委員長に暴行すれば公務執行妨害罪成立。**

判例は，県議会の委員長は「休憩宣言により職務の執行を終えたものではなく，**休憩宣言後**も，その職責に基づき，委員会の秩序を保持し，紛議に対処するための**職務を現に執行していた**」として，これに対する暴行について公務執行妨害罪の成立を認めている（最決平元・3・10）。

**2 ✕** **盗聴も警察官の行為と装っていなければ，公務員職権濫用罪は不成立。**

判例は，「公務員の不法な行為が職務としてなされたとしても，**職権を濫用して行われていないときは同罪が成立する余地はなく**，その反面，公務員の不法な行為が職務とかかわりなくなされたとしても，職権を濫用して行われたときには同罪が成立することがある」とした上で，本肢の事案の場合は「盗聴行為の全般を通じて終始何人に対しても**警察官による行為でないことを装う行動をとっていた**というのであるから，そこに，警察官に認められている職権の濫用があったとみることはできない」とする（最決平元・3・14）。

**3 ✕** **公務執行妨害罪は，公務執行に対する暴行・脅迫があれば直ちに成立する。**

判例は，「公務執行妨害罪は公務員が職務を執行するに当りこれに対して暴行又は脅迫を加えたときは直ちに成立するものであって，その暴行又は脅迫はこれにより**現実に職務執行妨害の結果が発生したことを必要とするものではなく，妨害となるべきものであれば足りる**」とする（最判昭33・9・30）。暴行・脅迫が行われれば，それだけで公務の円滑な遂行という本罪の法益が侵害されるからである。

**4 ◎** **公務員の職務行為が適法か否かは，行為時を基準に判断すべきである。**

妥当である（最決昭41・4・14，**行為時基準説**）。事後的に純客観的な立場から判断すると，たとえば行為当時の状況に照らし現行犯逮捕の要件が備わっていても，事後的に違法と判断されることもあり，そうなると警察官は適法性の客観的な証明がない限り逮捕できないといった不都合が生じることになるからである。

**5 ✕** **公務員の補助者に対する暴行も，公務執行妨害罪にいう暴行に当たる。**

暴行は，公務員の身体に直接向けられる必要はなく，**公務員の職務遂行に影響を与える**ものであれば，それが公務員の補助者に加えられる場合でもよい（最判昭41・3・24）。

正答 **4**

# FOCUS

国家的法益の出題の中心は，以前は公務執行妨害罪と賄賂罪であったが，最近は，犯人蔵匿・隠避罪や証拠隠滅罪，偽証罪，虚偽告訴罪などにも出題範囲が拡大してきている。ただ，内乱罪などまで出題範囲が拡大されることはないので，過去問で登場した罪名の範囲で知識を正確にしておけば十分である。

# ─POINT─

## 重要ポイント **1** 　**国家的法益**

- 国家の存立や国家作用など，国家自体が有している法益を**国家的法益**といい，それを直接に侵害する罪が国家的法益に関する罪である。
- 旧憲法当時におけるような国家主義的体制下においては，「国家の権威」などの個人を超えた国家独自の利益を肯定し，かつこれが国家的法益とされていたが，現行憲法の採用する国民主権主義・個人主義（個人の尊重）の下においては，最終的に国民各個人に還元されるべき国家の利益が国家的法益であるとされている。
- 国家的法益に関する罪は，次のように分類することができる。

| 分　類 | 内　　容 | 主な罪 |
|---|---|---|
| 国家の存立に関する罪 | 国家の存立を危うくする行為を禁止しようとするもの | ・内乱罪（77条）<br>・外患罪（81条・82条） |
| 国家の作用に関する罪 | 一般の国家作用を対象にこれを保護しようとするもの | ・公務執行妨害罪・職務強要罪（95条）<br>・強制執行妨害罪（96条の2）<br>・公務員職権濫用罪（193条）<br>・賄賂罪（197条〜） |
| | 特に司法作用を保護しようとするもの | ・逃走の罪（97条〜）<br>・犯人蔵匿および証拠隠滅の罪（103条〜）<br>　＊証拠は刑事事件に関するもののみ<br>・虚偽告訴の罪（172条）<br>・偽証の罪（169条〜）<br>　＊刑事事件の裁判には限られない |
| 外国に対する罪 | 国際法上の義務に基づいて外国の法益を保護するもの | ・国交に関する罪（92〜94条） |

## 重要ポイント **2** 　**賄賂罪**

- **賄賂罪**（197〜198条）は，構成が複雑なので，主な要件を列挙しておく。

| 罪　名 | 主　体 | 主要要件 |
|---|---|---|
| ①単純収賄 | 公務員・仲裁人 | ・「職務に関して」のみ。「請託」なし。 |
| ②受託収賄 | 公務員・仲裁人 | ・「請託」あり。 |
| ③事前収賄 | 公務員・仲裁人になろうとする者 | ・受託収賄と第三者供賄の違いは，自ら利益を得るか，それとも後援会などの第三者を介して利益を得るかの点のみ。 |
| ④第三者供賄 | 公務員・仲裁人 | |
| ⑤加重収賄 | 公務員・仲裁人 | ・この3つは，「不正行為・相当行為不行為」の要件が加わる点で，上記①〜④と異なる。 |
| ⑥事後収賄 | 公務員・仲裁人であった者 | |
| ⑦あっせん収賄 | 公務員のみ | |

# 実戦問題 ❶   基本レベル

**\*\***

❖ **No.1** 次のア〜エの事例のうち，**A**について公務執行妨害罪が成立する場合の
組合せとして，妥当なのはどれか。　【地方上級（全国型）・平成5年度】

　ア：Aは，帰宅途中の警察官Bが喫茶店でコーヒーを飲んでいる際に，それに対
　　　して暴行・脅迫を加えた。

　イ：Aは，所得税の調査を免れるため，調査にきた徴税職員Bを殴打した。その
　　　際，Bは所定の検査章を携帯せず，Aもその提示を求めなかった。

　ウ：Aは，強制執行中に，執行官の指図に従い，家財道具を屋外に搬出していた
　　　補助者（私人）に対して暴行を加え，その搬出を妨害した。

　エ：Aは，消防署に虚偽の火災発生通報をして消防自動車を出動させ，そのため
　　　に現実に発生した火災の消火活動に重大な支障を与えた。

**1**　ア，イ

**2**　ア，ウ

**3**　イ，ウ

**4**　イ，エ

**5**　ウ，エ

**\***

**No.2** 公務執行妨害罪に関する次の記述のうち，妥当でないものはどれか。

【地方上級（全国型）・平成26年度】

**1**　職務の対象となっていない者が，公務員の職務執行中に暴行を加えた場合に
　も，公務執行妨害罪は成立する。

**2**　公務執行妨害罪にいう「暴行」とは，これによって現実に職務執行が妨害され
　たという結果が発生することを要しないので，投石の結果，警察官に当該石が当
　たらなかった場合にも同罪は成立する。

**3**　覚せい剤取締法違反の現行犯人を逮捕する場合，証拠物としての覚せい剤を差
　し押さえたにもかかわらず，被逮捕者がこれを足で踏みつけて損壊した行為は，
　公務執行妨害罪にいう「暴行」に当たる。

**4**　県議会の特別委員会で，委員長が休憩の宣言をした直後に加えられた暴行は，
　職務を執行する際に加えられたものといえるので，公務執行妨害罪が成立する。

**5**　警察官を困らせるために電話で虚偽の事実を述べ，パトカーを出動させた行為
　については，公務執行妨害罪が成立する。

**No.3** 犯人蔵匿罪および証拠隠滅罪についての次の記述のうち，明らかに誤っているものはどれか（争いのあるときは，判例の見解による）。

【裁判所事務官・平成15年度】

**1** 罰金以上の刑に当たる罪を犯した者以外の者を蔵匿した場合でも犯人蔵匿罪が成立する場合がある。

**2** 犯人蔵匿罪および証拠隠滅罪は，国家の刑事司法作用の侵害を内容とする犯罪である。

**3** 犯人が第三者に自己の刑事事件の証拠を隠滅させた場合には，証拠隠滅罪の教唆犯が成立する。

**4** 犯人が共犯者の刑事事件の証拠を隠滅した場合でも証拠隠滅罪が成立する場合がある。

**5** 犯人自身が自己の刑事事件の証拠を隠滅した場合でも証拠隠滅罪が成立する。

**No.4** 犯人蔵匿または隠避罪に関する次のA～Dの記述の正誤の組合せとして最も適当なのはどれか（争いのあるときは，判例の見解による）。

【裁判所・平成24年度】

A：甲は，刑法103条所定の犯罪がいまだ捜査機関に発覚しておらず，捜査が始まっていない時点で，乙が真犯人であることを知りながら同人をかくまった。この場合には，甲に犯人蔵匿罪は成立しない。

B：甲が，刑法103条所定の罪を犯し，その親族が甲の利益のために甲を蔵匿し，または隠避させたときは，その刑を免除することができる。

C：甲が刑法103条所定の罪の身代わり犯人として自首した場合，甲には犯人隠避罪ではなく，犯人蔵匿罪が成立する。

D：刑法103条所定の罪の犯人が他人に自己を隠避させるように教唆した場合，犯人自身に犯人隠避教唆罪は成立しない。

（参照条文）

刑法103条　罰金以上の刑に当たる罪を犯した者又は拘禁中に逃走した者を蔵匿し，又は隠避させた者は，3年以下の懲役又は30万円以下の罰金に処する。

| | A | B | C | D |
|---|---|---|---|---|
| **1** | 正 | 正 | 誤 | 誤 |
| **2** | 正 | 誤 | 誤 | 正 |
| **3** | 誤 | 正 | 正 | 正 |
| **4** | 誤 | 正 | 誤 | 誤 |
| **5** | 誤 | 誤 | 正 | 正 |

**◆◆ No.5** 賄賂罪に関する次の記述のうち，判例に照らし，妥当なものはどれか。

【市役所・平成22年度】

**1** 賄賂の目的物は，有形無形を問わず，人の需要・欲望を満たすに足りる一切の利益を含む。

**2** 賄賂罪における職務といいうるためには，当該公務員の一般的職務権限に属するのみならず，具体的に担当している事務であることが必要である。

**3** 賄賂罪が成立するためには，賄賂は，職務行為に対するものであるだけでは足りず，個々の職務行為との間に対価関係のあることを必要とする。

**4** 正当な職務行為を依頼されて賄賂を受け取った場合には，職務行為の公正は侵害されていないから，受託収賄罪は成立しない。

**5** ある公務員が一般的職務権限をまったく異にする他の職務に転じた後に，当該公務員に対して金品の供与がなされたが，その金品の供与は当該公務員の従前の職務に関してなされたものであった場合には，賄賂の提供者に贈賄罪は成立しない。

# 実 戦 問 題 **1** の 解 説

**No.1** の解説　公務執行妨害罪　　　　　　　　　→ 問題はP.267　**正答3**

　　**公務執行妨害罪**は,「公務員が職務を執行するに当たり, これに対して暴
行・脅迫を加える」ことによって成立する（95条1項）。その**保護法益は,
公務の円滑な遂行の確保**である（公務員の身体の安全確保ではない）。この
点から, 同罪の成立要件は次のようなものとされている。

　◆**公務執行妨害罪の成立要件**

| 職務を執行<br>するに当たり | ・職務の執行中だけでなく, 執行に着手しようとしている場合<br>や執行に備えて待機している状態も「職務を執行するに当た<br>り」に含まれる。<br>・職務は適法なものでなければならない。<br>　①その職務が当該公務員の一般的・抽象的職務権限に属す<br>　ることに加え, その職務についての具体的権限を有する<br>　ことが必要である。<br>　②法律上の重要な条件・方式を履践していることが必要で<br>　ある。<br>　→瑕疵が軽微なものにとどまる場合には, なお適法な職<br>　　務といえる。 |
|---|---|
| 暴行・脅迫 | ・有形力の行使（暴行）は公務員自身に対して直接加えられる<br>必要はない。公務員に物理的に影響を与えるようなものであ<br>れば, 物に対する暴行でもよい（間接暴行）。<br>・公務が現実に妨害される必要はない。本罪は暴行・脅迫によ<br>って直ちに既遂となる。 |

**ア×**　**公務執行妨害の暴行・脅迫は職務を執行するに際して加えられることが必要。**
　　成立しない。本罪は公務員ではなく, 公務の円滑な遂行を保護法益とす
る。したがって, すでに公務を終えて帰宅途中の者に暴行・脅迫を加えて
も, 公務の円滑な遂行が妨害されることはないので, 本罪は成立しない。

**イ○**　**適法な公務とは, 法律上の重要な条件・方式が履践されていれば足りる。**
　　成立する。**公務執行妨害罪における公務は適法なものであることが必要**と
される。刑法は, 公務員の違法な職務行為まで保護しようとするものではな
いからである。ただ,「**適法**」とは細かな手続的要件がすべて整っているこ
とまでも必要とされるわけではなく, **法律上の重要な条件・方式が履践され
ていれば足りる**とされている。なぜなら, 軽微な瑕疵があるにとどまる場合
にその公務を保護しないとすれば, 公益の維持を担って行われる公務の保護
をおろそかにしかねないからである。
　　判例も, 本肢の事案で,「検査章を携帯していなかったとしても, その一
事をもって収税官吏の検査行為を公務の執行でないということはできない。
したがって, これに対して暴行又は脅迫を加えたときは公務執行妨害罪に該
当する」としている（最判昭27・3・28）。

**ウ○** 公務員の補助者に対する暴行も，公務執行妨害罪にいう暴行に当たる。

　成立する。公務員の職務遂行に影響を与えるものであれば，公務員の補助者に暴行・脅迫が加えられる場合でも本罪が成立する。

　公務執行妨害罪は**公務の円滑な遂行を保護法益**とする。したがって，本罪の暴行は公務員に対して向けられていることを必要とする。ただ，それは必ずしも公務員の身体に直接向けられる必要はなく，公務員の職務遂行に影響を与えるものであれば，それが**公務員の補助者に加えられる場合でもよい**。それによって，公務の円滑な遂行が妨害されるからである。

　判例は，執行吏の指示に従って家財道具を屋外に搬出中の公務員ではない補助者に暴行脅迫を加えたという事案で，「執行吏をして，補助者に対する暴行脅迫により一時執行を中止するの止むなきに至らしめたものであるから，同執行吏の職務の執行を妨害する暴行脅迫に該当する」として，行為者に公務執行妨害罪の成立を認めている（最判昭41・3・24）。

**エ×** 電話で虚偽の事実を述べて消防車を出動させても公務執行妨害罪不成立。

　成立しない。本罪の手段は暴行・脅迫に限られる。処罰の対象を「公務員にその職務の遂行を躊躇させるような強い妨害手段」に限定しようとする趣旨である。

　以上から，公務執行妨害罪が成立するのは**イ**と**ウ**の場合であり，**3**が正答となる。

---

### No.2 の解説　公務執行妨害罪

→ 問題はP.267　**正答5**

**1×** 職務の対象でない者による暴行・脅迫でも，公務執行妨害罪は成立する。

　妥当である。**公務執行妨害罪**（95条1項）**の保護法益は，公務の円滑な遂行**であるから，暴行・脅迫の主体が誰であるかは関係がない。公務員の職務の対象となっていない者の暴行・脅迫であっても，それが公務の円滑な遂行を妨害するようなものであれば，本罪が成立する。

**2×** 職務執行中の警察官に投石すれば，石がそれても公務執行妨害罪は成立する。

　妥当である。公務執行妨害罪における暴行は，**現実に職務執行妨害の結果が発生することを要するものではなく，妨害となるべきものであれば足りる**。そして，投石行為はそれが相手に命中した場合はもちろん，命中しなかった場合においても，それが公務員の行動の自由を阻害すべき性質のものであることは経験上明らかであるから，判例は投石者に公務執行妨害罪の成立を認める（最判昭33・9・30）。

**3×** 現行犯逮捕の現場で被逮捕者が押収物を損壊すれば，公務執行妨害罪が成立。

　妥当である。公務執行妨害罪の保護法益は，公務の円滑な遂行の確保であるから，公務員の職務執行に当たり，その執行を妨害するに足りる暴行を加えれば足り，それが直接公務員の身体に対するものであるか否かは問題ではない。

本肢のように「覚せい剤取締法違反の現行犯人を逮捕する場合，証拠物としての覚せい剤を差し押さえたにもかかわらず，**被逮捕者がこれを足で踏みつけて損壊した行為**」は，**公務の円滑な遂行を妨害するもの**であり，公務執行妨害罪にいう暴行に当たる（最決昭34・8・27）。

**4** ✕ **休憩宣言後も秩序保持権限のある委員長に暴行すれば公務執行妨害罪が成立。**

妥当である。公務執行妨害罪における暴行は，「職務を執行するに当たり」加えられたものでなければならない。そして判例は，本肢の事例で，県議会の委員長は「休憩宣言により職務の執行を終えたものではなく，休憩宣言後も，その職責に基づき，**委員会の秩序を保持し**，紛議に対処するための職務を現に執行していた」として，これに対する暴行について公務執行妨害罪の成立を認めている（最決平元・3・10）。

**5** ◎ **電話で虚偽の事実を述べてパトカーを出動させても公務執行妨害罪不成立。**

妥当でない。よって本肢が正答となる。

公務執行妨害罪は，暴行・脅迫という実力を伴う行為によって公務の円滑な遂行が妨害されることを防止しようというものである。同じく公務の円滑な遂行が妨害されるような場合でも，**暴行・脅迫以外の手段による場合は本罪の対象とはされておらず**，本肢のような場合には公務執行妨害罪は成立しない。

---

**No.3 の解説** 犯人蔵匿罪および証拠隠滅罪 → 問題はP.268 **正答5**

**1** ✕ **拘禁中に逃走した者を蔵匿した場合にも犯人蔵匿罪は成立する。**

正しい。**犯人蔵匿罪**（ぞうとくざい）は，罰金以上の刑に当たる罪を犯した者を蔵匿した場合だけでなく，拘禁中に逃走した者を蔵匿した場合にも成立する（103条）。

いずれの場合も，**国家の刑事司法作用を侵害**するという点で変わりはないからである。

**2** ✕ **犯人蔵匿罪および証拠隠滅罪は，国家の刑事司法作用を保護法益とする。**

正しい。**証拠隠滅罪**（104条）は，「刑事事件」に関する証拠の隠滅等の行為を処罰の対象とする。民事事件・刑事事件を問わず成立する偽証罪（169条）とは適用領域が異なるので注意。

**3** ✕ **犯人が第三者に自己の刑事事件の証拠を隠滅させた場合は処罰の対象となる。**

正しい。犯人が，自己の刑事事件に関する証拠を隠滅しても，期待可能性がないとして処罰の対象とされていない（104条は，証拠隠滅罪の構成要件を『他人の』刑事事件に関する証拠を隠滅し…と定める）。しかし，犯人が第三者に自己の刑事事件の証拠を隠滅させた場合には，判例は，証拠隠滅罪の教唆犯の成立を認める（最決昭40・9・16）。

捜査の対象となって監視や逮捕などがなされている犯人よりも，自由に動ける第三者のほうが容易に証拠を隠滅できることから，**第三者への証拠隠滅教唆**は，法の放任する被疑者・被告人の**防御権の範囲を逸脱する行為**である

というのがその理由である。

**4 ✕** もっぱら共犯者のために証拠を隠滅すれば，証拠隠滅罪が成立する。

　　正しい。もっぱら自己の犯跡を隠すために共犯者の刑事事件の証拠を隠滅した場合には，法が放任する防御権の範囲内の行為として証拠隠滅罪は成立しない。これに対し，もっぱら共犯者のためにこれを行った場合には，防御権の行使とはいえないので，同罪が成立する（大判大 8・3・31）。

**5 ◎** 犯人自身が自己の刑事事件の証拠を隠滅しても，証拠隠滅罪は成立しない。

　　明らかに誤っており，これが正答となる。証拠隠滅罪の客体は，「他人」の刑事事件に関する証拠であって，「自己」の刑事事件に関する証拠はこれに含まれない（104条）。**犯人に，自己の刑事事件に関する証拠を隠滅しないように期待することは困難**なので，あえて刑罰の制裁をもってこれを禁止しても，不必要に刑を加重するだけで意味がないからである。

---

### No.4 の解説　犯人蔵匿罪・犯人隠避罪

→ 問題はP.268　**正答4**

**A ✕** 犯人をかくまうことは，捜査が開始されていなくても犯人蔵匿罪となる。

　　いまだ捜査機関が捜査に着手していない場合であっても，将来刑事事件として捜査が開始される可能性があれば，その犯人をかくまう行為は**国家の刑事司法作用を侵害する行為**といえるので，犯人蔵匿罪が成立する（最判昭28・10・2）。

　　捜査開始以前の犯人蔵匿行為についても処罰の対象としておかないと，将来捜査が開始された段階で捜査に支障をきたすことは明らかだからである。

**B ◎** 犯人蔵匿・隠避罪の対象者を親族がかくまえば，刑の任意的免除ができる。

　　正しい（105条）。親族間の情に基づく行為として，任意的な刑の減免事由とされている。

**C ✕** 身代わり犯として自ら出頭した者には犯人隠避罪が成立する。

　　**蔵匿**とは場所を提供してかくまうことをいい（大判大 4・12・16），**隠避**とは蔵匿以外の方法で官憲の発見・逮捕を免れさせる一切の行為をいう（大判昭 5・9・18）。甲の行為は，後者に該当する（大判大 4・8・24）。

**D ✕** 犯人が他人に自己を隠避させるように教唆すれば，犯人隠避教唆罪が成立。

　　判例は，犯人隠避教唆罪の成立を認める（最決昭35・7・18）。

　　犯人隠避罪は，犯人自身がその主体から除外されており，犯人が自分自身をかくまっても犯人隠避罪は成立しない。犯人が処罰を免れようとすることは「やむをえない行為」であって，これをその犯した罪とは別に刑罰規定を設けて禁止しても，そのような行為を抑止する効果はないからである。

　　しかし，**犯人が他人に働きかけて，かくまってもらうようにした場合**には，もはやそれを罪に問わないとすることはできない。そのような行為は，**自分で行う場合と比べて悪質**であり，また，**刑事司法作用を害する程度も大きい**からである（他人にかくまわれると，発見・逮捕は極めて困難になる）。

そこで判例は，犯人が自分で行う場合には主体とならない本罪に関して，教唆行為については教唆犯の成立を認めている。

以上から，**A**—誤，**B**—正，**C**—誤，**D**—誤であり，**4**が正答となる。

---

**No.5 の解説** 賄賂罪 　　　　　　　　　　　　　　　　→ 問題はP.269 **正答 1**

**1 ◎** **賄賂の目的物は，人の需要・欲望を満たすに足りる一切の利益を含む。**

正しい（大判明43・12・19）。賄賂罪の保護法益は，職務の公正さに対する国民の信頼とされている（大判昭6・8・6）。そして，有形無形を問わず，人の需要・欲望を満たすに足りる一切の利益の供与があれば，**職務の公正さに対する国民の信頼は損なわれる**。したがって，このようなものであっても賄賂となりうる。

**2 ×** **賄賂罪にいう職務は，当該公務員の一般的職務権限に属すれば足りる。**

すなわち，本人が具体的に担当している事務であることを要しない（最判昭37・5・29）。

職員は，一般的職務権限に属するものであれば，いつでもその職務を担当できる立場にあるので，賄賂によって職務の公正さに対する国民の信頼が損なわれるといえるからである。

**3 ×** **賄賂罪の成立においては，個々の職務行為との間の対価関係は必要でない。**

判例は，「賄賂は職務行為に対するものであれば足り，個々の職務行為と賄賂との間に対価的関係のあることを必要とするものではない」とする（最決昭33・9・30）。

職務行為に対して利益の供与があれば，それだけで職務の公正さに対する国民の信頼が損なわれるからである。

**4 ×** **正当な職務行為を依頼されて賄賂を受け取れば，受託収賄罪が成立する。**

判例は，「収賄罪は公務員が職務に関して賄賂を収受するによって成立し，これにより公務員が不正の行為をなし又は相当の行為をなさないことを要件とするものではない」としたうえで，「197条後段の**請託とは公務員に対して一定の職務行為を行うことを依頼すること**であって，その依頼が不正な職務行為の依頼であると，正当な職務行為の依頼であるとに関係なく，いやしくも公務員が請託を受けて賄賂を収受した事実がある以上，同条後段の収賄罪は成立する」とする（最判昭27・7・22）。

なお，**賄賂罪の保護法益は，職務の公正さに対する国民の信頼**であり（→選択肢**1**），「職務の公正さ」ではない。

**5 ×** **転職後に前の職務に関して金品を供与すれば，提供者に贈賄罪が成立する。**

判例は，「公務員が一般的職務権限を異にする他の職務に転じた後に前の職務に関して賄賂を供与した場合であっても，供与の当時受供与者が公務員である以上，賄賂罪が成立する」とする（最決昭28・4・25，同58・3・25）。

賄賂罪は，公務員が「職務に関して」賄賂を受け取ることを禁止しようと

するものである。そこで，本肢のように公務員が職務権限を異にする他の職務に転じた後に前の職務に関して賄賂を受け取った場合，賄賂を受領する時点では抽象的・一般的な職務権限が変更されているので，賄賂罪が成立するかが問題となった。

　判例は，このような場合であっても，「いやしくも収受の当時において公務員である以上は収賄罪はそこに成立し，賄賂に関する職務を現に担任することは収賄罪の要件でない」とする。このような場合でも，**職務の公正さに対する国民の信頼は損なわれる**からである。

**\*\***
**No.6**　公務執行妨害罪に関する判例として妥当なのはどれか。

【労働基準監督官・平成15年度】

**1**　公務執行妨害罪が成立するためには公務員の職務行為が適法であることを要するが，職務行為の適否は事後的に純客観的な立場から判断されるべきではなく，行為当時の状況に基づいて客観的，合理的に判断されるべきである。

**2**　県議会の委員会において，委員長が休憩に入る旨を宣言し，退室しようとしたところに，陳情者が委員長の退去を阻止すべく同委員長に暴行を加えた場合，公務執行中ではないため，公務執行妨害罪は成立しない。

**3**　公務執行妨害罪は公務員が職務を執行するに当たりこれに対して暴行または脅迫を加えたときに直ちに成立するものではなく，その暴行または脅迫により現実に職務執行妨害の結果が発生したことを必要とするものである。

**4**　刑法95条１項にいう「暴行」とは，直接に公務員の身体に向けられた有形力の行使であることが必要であり，当該公務員の指揮に従いその手足となりその職務の執行に密接不可分の関係において関与する補助者に対してなされた場合には該当しない。

**5**　収税官吏が所定の検査章を携帯せずに行った帳簿，書類，その他の物件の検査は法令上の方式に違反するものであるから，当該官吏に対して暴行または脅迫を加えた場合であっても，公務執行妨害罪は成立しない。

**No.7** 公務執行妨害罪に関するア～オの記述のうち，妥当なもののみをすべて挙げているのはどれか。ただし，争いのあるものは判例の見解による。

【国家総合職・平成27年度】

ア：Aは，当直勤務を終えて職場から帰宅するため駅のホームで電車を待っていた警察官Bに対し，暴行・脅迫を加えた。この場合，Aの行為について，公務執行妨害罪は成立しない。

イ：Aは，日本国内にある外国の大使館に勤務する日本人職員Bがその大使館の業務に従事していた際，Bの腹部を足で蹴った。この場合，Aの行為について，公務執行妨害罪が成立する。

ウ：Aは，自宅において，所得税に関する実地調査を受けた。その際，収税官吏Bは，所定の検査章を携帯せずに帳簿書類，その他の物件の検査を行った。この場合，Bが行った検査は法令上の方式に違反するものであるから，当該検査の際にAがBに対して暴行・脅迫を加えても，公務執行妨害罪が成立することはない。

エ：Aは，警察官Bによって，覚せい剤取締法違反の事実で現行犯逮捕され，その現場で証拠物として適法に差し押さえられた覚せい剤入りの注射器1本を，Bの目の前で足で踏みつけて壊した。この場合，Aの行為は，Bの職務執行を妨害するに足りる暴行であり，公務執行妨害罪が成立する。

オ：会社から解雇され社宅を立ち退かないAの部屋につき，家屋明渡しの勝訴判決に基づき，執行官Bが，Bの指揮に従いその手足となって，その職務の執行に関与する補助者C（民間人）と共に強制執行に着手し，Aの家財道具を屋外に搬出中，AがCの頭部を殴打して傷害を負わせ，更に包丁でCを脅迫した。この場合，Aの行為は，あくまでも民間人である補助者に向けられ，公務員である執行官には直接向けられていないから，公務執行妨害罪は成立しない。

1 ア，エ
2 イ，ウ
3 ウ，オ
4 ア，イ，エ
5 ア，エ，オ

**No.8** 犯人蔵匿・犯人隠避罪（刑法第103条）に関するア〜オの記述のうち，妥当なもののみをすべて挙げているのはどれか。ただし，争いのあるものは判例の見解による。 【国家総合職・平成26年度】

ア：犯人蔵匿罪は，国家の刑事司法作用の侵害を内容とする犯罪であるから，実際には真犯人でない者をかくまっても，その者について警察が犯罪の嫌疑によって捜査を開始している場合は，犯人蔵匿罪が成立する。

イ：甲は，殺人罪を犯して逃走中の友人乙および丙を，その事情を知りながら，自宅にかくまった。その時点で，警察は，乙に対する捜査を開始していたが，丙については，まったくその存在を把握しておらず，共犯とする捜査を開始していなかった。この場合，甲には，乙をかくまったことについて犯人蔵匿罪が成立するが，丙をかくまったことについて同罪は成立しない。

ウ：甲は，乙が密入国者であることを認識したうえで乙をかくまったが，密入国に対する罪の刑が罰金以上であることの認識はなかった。この場合，甲には，犯人蔵匿罪は成立しない。

エ：傷害罪の真犯人乙がすでに検挙され，逮捕・勾留された後に，甲が，乙の身代わりとして捜査機関に出頭し，自ら犯人である旨の虚偽の陳述をした場合でも，甲には，犯人隠避罪が成立する。

オ：甲が窃盗罪を犯した後，友人に事情を打ち明けて，自分を隠避させても，そもそも犯人自身が身を隠しても不可罰であるから，甲には，犯人隠避罪の教唆犯は成立しない。

**1** ア，ウ

**2** ア，エ

**3** イ，オ

**4** ア，エ，オ

**5** イ，ウ，エ

（参考）刑法

（犯人蔵匿等）

第103条 罰金以上の刑に当たる罪を犯した者又は拘禁中に逃走した者を蔵匿し，又は隠避させた者は，3年以下の懲役又は30万円以下の罰金に処する。

**No.9** 犯人蔵匿・証拠隠滅の罪に関する次の記述のうち，判例に照らし，最も妥当なのはどれか。　　　　　　　　　　　　　　　　　【労働基準監督官・令和5年度】

**1**　犯人蔵匿罪は司法に関する国権の作用を妨害する者を処罰しようとするのであるから，その立法目的に照らし，「罪を犯した者」には，犯罪の嫌疑によって捜査中の者も含まれる。

**2**　犯人隠避罪にいう「隠避させた」とは，官憲から犯人の身柄を隠避させることを意味するため，官憲により既に身柄拘束されている者については，その身柄拘束を現実に免れさせない限り犯人隠避罪は成立しない。

**3**　Aが刑事事件の犯人であると知りながら，Aとの間で，Aを同事件の犯人として身柄の拘束を継続することに疑念を生じさせる内容の口裏合わせをした上，参考人として警察官に対してその口裏合わせに基づいた虚偽の供述をする行為は「隠避させた」に当たらないため，犯人隠避罪は成立しない。

**4**　他人の刑事事件の捜査段階における参考人にすぎない者は，出頭や供述を拒む自由があり，証拠隠滅罪にいう「他人の刑事事件に関する証拠」には当たらないため，同人を隠匿しても証拠隠滅罪は成立しない。

**5**　他人の刑事事件に関し，被疑者以外の者が捜査機関から参考人として取調べを受けた際，虚偽の供述をし，その虚偽の供述内容が供述調書に録取されるなどして，書面を含む記録媒体上に記録された場合には，そのことだけをもって証拠偽造罪が成立する。

第2章

各

論

**1** 間近に予定されている上場時には，価格が確実に公開価格を上回ると見込まれ
る株式を上場予定の会社から公開価格で取得した場合，当該会社ないし当該上場
事務に関与する証券会社と特別の関係にない一般人が当該株式を公開価格で取得
することが極めて困難であったとしても，上場時の価格が公開価格を上回ること
は，あくまでも見込みにすぎないことから，当該株式を公開価格で取得できる利
益は贈収賄罪の客体とはならない。

**2** 新しく学級担任となった教諭が保護者から贈答品を供与された場合，儀礼的挨
拶の限度を超えて，教育指導につき他の生徒に対するより以上の特段の配慮，便
益を期待する意図があったとの疑惑を抱かせる特段の事情がなかったとしても，
当該供与をもって直ちに学級担任の教諭として行うべき教育指導の職務行為その
ものに関する対価的給付であると断ずることができるから，単純収賄罪が成立す
る。

**3** 賄賂罪は，公務員の職務の公正とこれに対する社会一般の信頼を保護法益とす
るものであるから，賄賂と対価関係に立つ行為は，法令上公務員の一般的職務権
限に属する行為であれば足り，公務員が具体的事情の下においてその行為を適法
に行うことができたかどうかは問うところではない。

**4** 市長が，任期満了の前に，現に市長としての一般的職務権限に属する事項に関
し，再選された場合に担当すべき具体的職務の執行につき請託を受けて賄賂を収
受したときは，現市長とそうではない立候補者とを区別する理由はないので，事
前収賄罪が成立するにすぎず，受託収賄罪は成立しない。

**5** 一般的職務権限を異にする公社職員に転じた公務員に対し，前の職務に関して
賄賂を供与した場合，贈賄罪は，公務員に対し，その職務に関し賄賂を供与する
ことによって成立するものであるから，当該供与の当時，当該公務員が引き続き
公務員としての身分を有しており，同公社職員が公務員とみなされるものであっ
たとしても，贈賄罪は成立しない。

**No.11** 国家的法益に対する罪に関する次の記述のうち，最も妥当なのはどれか。
【労働基準監督官・平成27年度】

**1** 県議会委員長が，委員会の休憩を宣言して退出しようとした場合であっても，なお審議に関して生じた紛議に対処するなどの職務に従事していたと認められるときには，その際，委員長に対して加えられた暴行は公務執行妨害罪を構成するとするのが判例である。

**2** 公務執行妨害罪における職務行為の適法性について，地方議会の議事進行に関する議長の措置が，議長の抽象的権限の範囲内に属し暴行等による妨害から保護されるに値する職務行為ではあったが，会議規則に違反する等法令上の適法要件を完全には満たしていなかった場合，当該措置に係る具体的事実関係がいかなるものであっても，適法な職務の執行とはいえず，同罪は成立しないとするのが判例である。

**3** 証拠隠滅罪における隠滅等の対象は，刑事事件に関する証拠に限られず，民事事件に関する証拠も含まれる。また，刑事事件は，公訴提起後の被告事件や被疑事件が対象となり捜査開始前の事件は含まず，さらに，刑事事件に関する証拠としては，犯罪の成否に関するものに限られ，情状に関する証拠は含まれないとするのが判例である。

**4** 偽証罪の実行行為は虚偽の陳述である。同罪における虚偽の陳述について，判例は，客観的事実に反する陳述を虚偽の陳述と解しており，また，虚偽の陳述が裁判の結果に影響をもたらす場合でなければ同罪は成立しないとしている。

**5** 公務員職権濫用罪は，公務員がその職権を濫用して，人の権利の行使を妨害した場合にのみ成立する。同罪における公務員の職権について，判例は，公務員の一般的職務権限のうち，法律上の強制力を伴って，職権行使の相手方の権利の行使を妨害する権限に限られるとしている。

## No.6 の解説　公務執行妨害罪　　　　　　　　　　　→ 問題はP.276　正答 **1**

**1** ◎ **公務員の職務行為が適法か否かは，行為時を基準に判断すべきである。**

　　正しい（最決昭41・4・14，**行為時基準説**）。事後的に純客観的な立場から
判断すると，たとえば行為当時の状況に照らし現行犯逮捕の要件が備わって
いても，事後的に違法と判断されることもあり，そうなると警察官は適法性
の客観的な証明がない限り逮捕できないといった不都合が生じることにな
る。

**2** ✕ **休憩宣言後も秩序保持権限のある委員長に暴行すれば公務執行妨害罪が成立。**

　　判例は，委員長は「休憩宣言により職務の執行を終えたものではなく，休
憩宣言後も，（委員長としての）職責に基づき，委員会の秩序を保持し，紛
議に対処するための職務を現に執行していたものと認めるのが相当であるか
ら，同委員長に対して加えられた暴行が公務執行妨害罪を構成することは明
らかである」とする（最決平元・3・10）。

　　すなわち，県議会委員長の職務は単に議事の進行を司る点にあるわけでは
なく，委員会の秩序維持なども含む統括的なもので，**休憩宣言後も委員を退
席させて議事が完全に休憩状態に入ったとされるまでは議場内の秩序を保持
すべき職責を有している**。その点で，なお委員長の職務は終了していないと
され，これに対する暴行が公務執行妨害罪を構成するとされたものである。

**3** ✕ **公務執行妨害罪は妨害結果の有無を問わず暴行・脅迫により直ちに成立する。**

　　公務執行妨害罪は，暴行・脅迫が加えられれば直ちに既遂となり，職務執
行が現実に妨害されたことまでは必要とされていない（大判大6・12・20）。

　　公務執行妨害罪は，公務の円滑な遂行の妨害となる行為自体を禁止しよう
とするものだからである。

**4** ✕ **公務員の補助者に対する暴行も，公務執行妨害罪にいう暴行に当たる。**

　　暴行は，公務員の身体に直接向けられる必要はなく，公務員の職務遂行に
影響を与えるものであれば，それが公務員の補助者に加えられる場合でもよ
い（最判昭41・3・24）。→No. 1 **ウ**

**5** ✕ **適法な公務とは，法律上の重要な条件・方式が履践されていれば足りる。**

　　したがって，本肢の状況で収税官吏に暴行・脅迫を加えれば，公務執行妨
害罪が成立する（最判昭27・3・28）。

　　本罪の成立には公務員の公務遂行が適法に行われたことが必要であるが，
ここで適法というためには法律上の重要な条件・方式が履践されていれば足
り，軽微な瑕疵がある場合は含まない。→No. 1 **イ**

## No.7 の解説　公務執行妨害罪

→ 問題はP.277　**正答 1**

**ア〇　公務執行妨害罪の暴行・脅迫は職務の執行に際して加えられることが必要。**

　妥当である。公務執行妨害罪は，「公務の円滑な遂行の確保」を保護法益とするものであるから，そこにおける暴行・脅迫は，「職務を執行するに当たり」加えられなければならない（95条1項）。ここで**職務を執行するに「当たり」とは，職務を執行するに際してという意味**である。

　本肢の警察官Bは「当直勤務を終えて職場から帰宅するため駅のホームで電車を待っていた」というのであるから，当日の職務はすでに終了している。したがって，そのようなBに対して暴行・脅迫を加えても，公務執行妨害罪は成立しない。

**イ✕　外国の大使館の職員に，勤務中に暴行を加えても公務執行妨害罪は不成立。**

　刑法は，「この法律において『公務員』とは，国又は地方公共団体の職員その他法令により公務に従事する議員，委員その他の職員をいう。」と規定する（7条1項）。外国の大使館に勤務する職員は，公務執行妨害罪にいう「公務員」には当たらない。したがって，その職員の勤務中に暴行を加えても公務執行妨害罪は成立しない。

**ウ✕　適法な公務とは，法律上の重要な条件・方式が履践されていれば足りる。**

　判例は，「検査章を携帯していなかったとしても，その一事をもって収税官吏の検査行為を公務の執行でないということはできない。したがって，これに対して暴行又は脅迫を加えたときは公務執行妨害罪に該当する」としている（最判昭27・3・28）。→No.1 **イ**

**エ〇　現行犯逮捕の現場で被逮捕者が押収物を損壊すれば，公務執行妨害罪が成立。**

　妥当である（最決昭34・8・27）。→No.2選択肢**3**

**オ✕　公務員の補助者に対する暴行も，公務執行妨害罪にいう暴行に当たる。**

　**暴行**は，公務員の身体に直接向けられる必要はなく，公務員の職務遂行に影響を与えるものであれば，それが**公務員の補助者に加えられる場合でもよい**（最判昭41・3・24）。したがって，Aに公務執行妨害罪が成立する。

→No.1 **ウ**

　以上から，妥当なものは**ア**と**エ**であり，正答は**1**である。

**ア◯　犯人と疑われている者をかくまえば，犯人蔵匿罪が成立する。**

　　妥当である（大判大12・5・9）。警察が犯罪の嫌疑によって捜査を開始している場合は，これをかくまわずに出頭させて嫌疑を晴らすべきである。そうでないと，真犯人の逮捕・起訴に結びつかないからである。その意味で，このような行為は**国家の刑事司法作用を侵害**するものとして，犯人蔵匿罪が成立する。

**イ×　犯人をかくまうことは，捜査が開始されていなくても犯人蔵匿罪となる。**

　　いまだ捜査機関が捜査に着手していない場合であっても，将来刑事事件として捜査が開始される可能性があれば，その犯人をかくまう行為は国家の刑事司法作用を侵害する行為といえるので，犯人蔵匿罪が成立する（最判昭28・10・2）。したがって，甲は丙をかくまったことについても犯人蔵匿罪が成立する。

**ウ×　漠然と重大犯罪を犯したとの認識があれば，犯人蔵匿罪の故意が認められる。**

　　判例は，甲において乙が密入国者であることを認識してこれを蔵匿した以上，その刑が罰金以上であることの認識がなくても犯人蔵匿罪が成立するとする（最決昭29・9・30）。

　　密入国の事実を把握していれば，それが重大犯罪に当たることの認識はあるはずだからである。

**エ◯　犯人の逮捕勾留後に真犯人として身代わり出頭すれば犯人隠避罪が成立。**

　　妥当である。同判例は，「刑法103条（犯人隠避罪）は，捜査，審判及び刑の執行等広義における刑事司法の作用を妨害する者を処罰しようとする趣旨の規定であって，同条にいう『罪を犯した者』には，犯人として逮捕勾留されている者も含まれ，かかる者をして現になされている身柄の拘束を免れさせるような性質の行為（＝真犯人であると称して身代わり犯として出頭する行為）も同条にいう『隠避』に当たる」とする（最決平元・5・1）。

**オ×　犯人が他人に自己を隠避させるように教唆すれば，犯人隠避教唆罪が成立。**

　　甲には，犯人隠避罪の教唆犯が成立する（最決昭35・7・18）。→No.4 **D**

　　以上から，妥当なものは**ア**と**エ**であり，**2**が正答となる。

## No.9 の解説　犯人蔵匿・証拠隠滅の罪　→ 問題はP.279　正答 1

**1 ◎　犯人蔵匿罪の罪を犯した者の中には，嫌疑を受けて捜査中の者も含まれる。**
　　　妥当である。判例は，「刑法第103条は**司法に関する国権の作用を妨害する
者を処罰しようとする**のであるから，『罪を犯した者』は犯罪の嫌疑によっ
て捜査中の者をも含む」とする（最判昭24・8・9）。

**2 ✕　犯人隠避罪では，身柄拘束されている者の拘束を現に免れさせる必要はない。**
　　　判例は，「刑法130条は，捜査，審判および刑の執行等広義における**刑事司
法の作用を妨害する者を処罰しようとする趣旨**の規定であって，同条にいう
『罪を犯した者』には，犯人として逮捕勾留されている者も含まれ，かかる
者をして現になされている**身柄の拘束を免れさせるような性質の行為**も同条
にいう『隠避』に当たる」とする（最決平元・5・1）。
　　　すなわち，犯人隠避罪の成立に，身柄拘束されている者の拘束を現実に免
れさせることまでは必要ではない。たとえば，真犯人を釈放させる目的で，
身代わり犯を立てて出頭させるような行為も隠避に当たる。

**3 ✕　参考人として，口裏合わせに基づいた虚偽の供述をする行為は犯人隠避罪。**
　　　判例は，「参考人として警察官に対して口裏合わせに基づいた虚偽の供述
をした…行為は，刑法103条にいう『罪を犯した者』をして**現にされている
身柄の拘束を免れさせるような性質の行為**と認められるのであって，同条に
いう『隠避させた』に当たる」とする（最決平29・3・27）。

**4 ✕　他人の刑事被告事件の参考人を隠匿すれば，証拠隠滅罪が成立する。**
　　　判例は，「刑法104条の証拠隠滅罪は**犯罪者に対する司法権の発動を阻害す
る行為を禁止しようとする法意**に出ているものであるから，捜査段階におけ
る参考人に過ぎない者も同条にいわゆる他人の刑事被告事件に関する証拠た
るに妨げなく，これを隠匿すれば証拠隠滅が成立する」とする（最決昭36・
8・17）。

**5 ✕　捜査官に虚偽の参考人供述をし，供述調書に録取されても証拠偽造罪不成立。**
　　　104条の証拠偽造罪にいう**証拠の偽造とは，証拠自体の偽造を指し，証人
の偽証を含まない**とされることから，判例は，「他人の刑事事件に関し，被
疑者以外の者が捜査機関から参考人として取調べを受けた際，**虚偽の供述を
したとしても，刑法104条の証拠を偽造した罪に当たるものではない**と解
されるところ，その虚偽の供述内容が供述調書に録取されるなどして，書面
を含む記録媒体上に記録された場合であっても，そのことだけをもって，同
罪に当たるということはできない」とする（最決平28・3・31）。

**1** ☒ **一般人が入手困難で確実に利益の見込める新規上場株は賄賂の客体となる。**

判例は、「間近に予定されている上場時にはその価格が確実に公開価格を上回ると見込まれ」、一般人にとっては入手困難な**未公開株**を「公開価格で取得できる利益は、それ自体が**贈収賄罪の客体**になる」とする（最決昭63・7・18）。

**2** ☒ **教諭が保護者から贈答品を受けても、儀礼的挨拶の範囲内なら賄賂でない。**

判例は、「学校教員にあっては、その重要な社会的使命を自覚するならば、みだりに父兄等からの度重なる金品の贈与に慣れて廉潔心が鈍麻し、人の師表として世の指弾を浴びることのないよう、厳に自ら慎しむべきであることは、その職業倫理からしても当然である」としながらも、「供与は、教師の職務行為を離れた、むしろ**私的な学習上生活上の指導に対する感謝の趣旨**と、**教師に対する敬慕の念に発する儀礼の趣旨**に出たものではないかと思われる余地がある」として、教育指導の職務行為そのものに関する対価的給付であると断ずることはできないとする（最判昭50・4・24）。

**3** ◎ **賄賂と対価関係に立つ行為は一般的職務権限に属する行為であればよい。**

正しい。判例は、その理由として、「公務員が行為の対価として金品を収受することは、それ自体、職務の公正に対する社会一般の信頼を害するからである」とする（最大判平7・2・22）。

**4** ☒ **任期満了前に再選後の行為について賄賂を収受すれば、受託収賄罪が成立。**

**事前収賄罪**（197条2項）は、次の選挙の立候補者のように「**公務員になろうとする者**」がその主体である。たとえ再選のための選挙を控えていても、現に公務員であれば、「公務員になろうとする者」ではないので、事前収賄罪ではなく現公務員についての賄賂罪（197条1項）が成立する。

判例も、「市長が、任期満了の前に、現に市長としての一般的職務権限に属する事項に関し、**再選された場合に担当すべき具体的職務の執行につき請託を受けて賄賂を収受したときは、受託収賄罪が成立する**と解すべきである」とする（最決昭61・6・27）。

**5** ☒ **異動前の職務に関して異動後に賄賂を供与すれば、賄賂罪が成立する。**

本肢で、賄賂は一般的職務権限を有する前の職務に関して供与されたものであるから、職務との関連性が認められる。そうであれば、**賄賂を収受した時点で公務員の地位にある限り、職務の公正さに対する国民の信頼は損なわれる**ので、賄賂罪が成立することになる（最決昭58・3・25）。

## No.11 の解説　国家的法益に対する罪　→問題はP.281　正答1

**1 ◎　休憩宣言後も秩序保持権限のある委員長に暴行すれば公務執行妨害罪が成立。**

正しい。判例は，県議会の委員長は「休憩宣言により職務の執行を終えたものではなく，休憩宣言後も，その職責に基づき，委員会の秩序を保持し，紛議に対処するための職務を現に執行していた」として，これに対する暴行について公務執行妨害罪の成立を認めている（最決平元・3・10）。→No.2選択肢**4**

**2 ✕　適法な公務とは，法律上の重要な条件・方式が履践されていれば足りる。**

公務執行妨害罪における公務は適法なものであることが必要であるが，ここで「**適法**」とは細かな手続的要件がすべて整っていることまでも必要とされるわけではなく，**法律上の重要な条件・方式が履践されていれば足りる**。

本肢の事案で，判例は，議長の措置は「会議規則に違反するものである等，法令上の適法要件を完全には満していなかったとしても，刑法上には少なくとも，本件暴行等による妨害から保護されるに値する職務行為にほかならず，刑法95条1項にいう公務員の職務の執行に当るとみるのが相当であって，これを妨害する本件所為については，公務執行妨害罪の成立を妨げない」とする（最大判昭42・5・24）。

**3 ✕　証拠隠滅罪における隠滅等の対象は他人の刑事事件に関する証拠に限られる。**

証拠隠滅罪は，国の刑事司法作用を保護法益とするものであるから，その対象は，刑事事件に関する証拠に限られ，民事事件に関する証拠は含まれない（104条）。

また，その保護法益に照らし，本罪にいう「刑事事件」は，公訴提起後の被告事件や被疑事件に限らず，捜査開始前の事件も含まれる（大判昭10・9・28）。**いまだ犯罪が官に発覚していなくても，その証拠を隠滅する行為は国の刑事司法作用を害することになる**からである。

同様に，刑事事件に関する証拠は犯罪の成否に関するものに限られず，情状に関する証拠も含まれる（大判昭7・12・10）。裁判所の量刑判断に影響を与える証拠の隠滅行為は，国の刑事司法作用を害する行為だからである。

**4 ✕　偽証罪における虚偽の陳述とは記憶に反する陳述をいうとするのが判例。**

判例は，偽証罪（169条）にいう「**虚偽の陳述**」の意味について，**証人の記憶に反する陳述**がこれに当たるとする（大判大3・4・29，主観説）。したがって，証人が自己の記憶に反する陳述を行えば，たとえそれが客観的真実に合致していても偽証罪が成立する。

その理由は，**証人は，自己の記憶をありのままに述べるのが義務**であり，裁判所はそれを前提に当事者の反対尋問等を通じて真否を判断していくので，証人の記憶に反する「創作」の陳述は，かえって裁判所の事実認定を誤らせるおそれがあるとする点にある。

また，判例は，虚偽の陳述が裁判の結果に影響を及ぼすか否かは同罪の成

立に影響しないとする（大判明43・10・21）。

**5** ✗ **職権を濫用して，人に義務のないことを行わせた場合にも職権濫用罪は成立。**

　　**公務員職権濫用罪**は，「公務員がその職権を濫用して，人に義務のないことを行わせ，又は権利の行使を妨害した」場合に成立する（193条）。

　　判例は，「一般的職務権限は，必ずしも法律上の強制力を伴うものであることを要せず，それが濫用された場合，職権行使の相手方をして事実上義務なきことを行わせ，または行うべき権利を妨害するに足りる権限であれば，これに含まれる」とする（最決昭57・1・28）。

## ●本書の内容に関するお問合せについて

『新スーパー過去問ゼミ』シリーズに関するお知らせ，また追補・訂正情報がある場合は，小社ブックスサイト（jitsumu.hondana.jp）に掲載します。サイト中の本書ページに正誤表・訂正表がない場合や訂正表に該当箇所が掲載されていない場合は，書名，発行年月日，お客様の名前・連絡先，該当箇所のページ番号と具体的な誤りの内容・理由等をご記入のうえ，郵便，FAX，メールにてお問合せください。

〒163-8671　東京都新宿区新宿1-1-12　実務教育出版　第二編集部問合せ窓口
FAX：03-5369-2237　　　　E-mail：jitsumu_2hen@jitsumu.co.jp

【ご注意】
※電話でのお問合せは，一切受け付けておりません。
※内容の正誤以外のお問合せ（詳しい解説・受験指導のご要望等）には対応できません。

公務員試験
新スーパー過去問ゼミ7　**刑　法**

2023年10月31日　初版第1刷発行　　　　　　　　　　〈検印省略〉

編　者　資格試験研究会
発行者　小山隆之

発行所　株式会社　実務教育出版
　　　　〒163-8671　東京都新宿区新宿1-1-12
　　　　☎編集　03-3355-1812　　販売　03-3355-1951
　　　　振替　00160-0-78270

印　刷　精興社
製　本　ブックアート

# [公務員受験BOOKS]

実務教育出版では、公務員試験の基礎固めから実戦演習にまで役に立つさまざまな入門書や問題集をご用意しています。

過去問を徹底分析して出題ポイントをピックアップするとともに、すばやく正確に解くためのテクニックを伝授します。あなたの学習計画に適した書籍を、ぜひご活用ください。

なお、各書籍の詳細については、弊社のブックスサイトをご覧ください。

**https://www.jitsumu.co.jp**

## 人気試験の入門書

何から始めたらよいのかわからない人でも、どんな試験が行われるのか、どんな問題が出るのか、どんな学習が有効なのかが1冊でわかる入門ガイドです。「過去問模試」は実際に出題された過去問でつくられているので、時間を計って解けば公務員試験をリアルに体験できます。

★「公務員試験早わかりブック」シリーズ［年度版］※ ●資格試験研究会編

**地方上級試験** 早わかりブック

**市役所試験** 早わかりブック

**警察官試験** 早わかりブック

**消防官試験** 早わかりブック

**社会人** が受けられる **公務員試験** 早わかりブック

**高校卒** で受けられる **公務員試験** 早わかりブック
［国家一般職（高卒）・地方初級・市役所初級等］

**社会人基礎試験** 早わかり問題集

**市役所新教養試験** Light & Logical 早わかり問題集

公務員試験で出る **SPI・SCOA** 早わかり問題集
※本書のみ非年度版 ●定価1430円

## 過去問正文化問題集

問題にダイレクトに書き込みを加え、誤りの部分を赤字で直して正しい文にする「正文化」という勉強法をサポートする問題集です。完全な見開き展開で書き込みスペースも豊富なので、学習の能率アップが図れます。さらに赤字が消えるセルシートを使えば、問題演習もバッチリ！

★上・中級公務員試験「過去問ダイレクトナビ」シリーズ

過去問ダイレクトナビ **政治・経済**
資格試験研究会編 ●定価1430円

過去問ダイレクトナビ **日本史**
資格試験研究会編 ●定価1430円

過去問ダイレクトナビ **世界史**
資格試験研究会編 ●定価1430円

過去問ダイレクトナビ **地理**
資格試験研究会編 ●定価1430円

過去問ダイレクトナビ **物理・化学**
資格試験研究会編 ●定価1430円

過去問ダイレクトナビ **生物・地学**
資格試験研究会編 ●定価1430円

## 一般知能分野を学ぶ

一般知能分野の問題は一見複雑に見えますが、実際にはいくつかの出題パターンがあり、それに対する解法パターンが存在しています。基礎から学べるテキスト、解説が詳しい初学者向けの問題集、実戦的なテクニック集などで、さまざまな問題に取り組んでみましょう。

**標準 判断推理**［改訂版］
田辺 勉著 ●定価2310円

**標準 数的推理**［改訂版］
田辺 勉著 ●定価2200円

**判断推理がわかる！新・解法の玉手箱**
資格試験研究会編 ●定価1760円

**数的推理がわかる！新・解法の玉手箱**
資格試験研究会編 ●定価1760円

**判断推理** 必殺の解法パターン［改訂第2版］
鈴木清士著 ●定価1320円

**数的推理** 光速の解法テクニック［改訂版］
鈴木清士著 ●定価1175円

**文章理解** すぐ解ける〈直感ルール〉ブック［改訂版］
瀧口雅仁著 ●定価1980円

公務員試験 **無敵の文章理解メソッド**
鈴木鋭智著 ●定価1540円

年度版の書籍については、当社ホームページで価格をご確認ください。https://www.jitsumu.co.jp/

公務員試験に出る専門科目について、初学者でもわかりやすく解説した基本書の各シリーズ。
「はじめて学ぶシリーズ」は、豊富な図解で、難解な専門科目もすっきりマスターできます。

はじめて学ぶ **政治学**
加藤秀治郎著 ●定価1175円

はじめて学ぶ **国際関係** [改訂版]
高瀬淳一著 ●定価1320円

はじめて学ぶ **ミクロ経済学** [第2版]
幸村千佳良著 ●定価1430円

はじめて学ぶ **マクロ経済学** [第2版]
幸村千佳良著 ●定価1540円

どちらも公務員試験の最重要科目である経済学と行政法を、基礎から応用まで詳しく学べる本格的な
基本書です。大学での教科書採用も多くなっています。

**経済学ベーシックゼミナール**
西村和雄・八木尚志共著 ●定価3080円

**経済学ゼミナール 上級編**
西村和雄・友田康信共著 ●定価3520円

**新プロゼミ行政法**
石川敏行著 ●定価2970円

苦手意識を持っている受験生が多い科目をピックアップして、初学者が挫折しがちなところを徹底的
にフォロー！ やさしい解説で実力を養成する入門書です。

**最初でつまずかない経済学** [ミクロ編]
村尾英俊著 ●定価1980円

**最初でつまずかない経済学** [マクロ編]
村尾英俊著 ●定価1980円

**最初でつまずかない民法Ⅰ** [総則/物権担保物権]
鶴田秀樹著 ●定価1870円

**最初でつまずかない民法Ⅱ** [債権総論・各論家族法]
鶴田秀樹著 ●定価1870円

**最初でつまずかない行政法**
吉田としひろ著 ●定価1870円

**最初でつまずかない数的推理**
佐々木 淳著 ●定価1870円

実力派講師が効率的に学習を進めるコツや素早く正答を見抜くポイントを伝授。地方上級・市役所・
国家一般職［大卒］試験によく出る基本問題を厳選し、サラッとこなせて何度も復習できる構成なの
で重要科目の短期攻略も可能！ 初学者＆直前期対応の実戦的な過去問トレーニングシリーズです。
※本シリーズは『スピード解説』シリーズを改訂して、書名を変更したものです。

**★公務員試験「集中講義」シリーズ** (2022年3月から順次刊行予定) 資格試験研究会編 ●定価1650円

集中講義！ **判断推理** の過去問
資格試験研究会編 結城順平執筆

集中講義！ **数的推理** の過去問
資格試験研究会編 永野龍彦執筆

集中講義！ **図形・空間把握** の過去問
資格試験研究会編 永野龍彦執筆

集中講義！ **資料解釈** の過去問
資格試験研究会編 結城順平執筆

集中講義！ **文章理解** の過去問
資格試験研究会編 饗庭 悟執筆

集中講義！ **憲法** の過去問
資格試験研究会編 鶴田秀樹執筆

集中講義！ **行政法** の過去問
資格試験研究会編 吉田としひろ執筆

集中講義！ **民法Ⅰ** の過去問 [総則/物権担保物権]
資格試験研究会編 鶴田秀樹執筆

集中講義！ **民法Ⅱ** の過去問 [債権総論・各論家族法]
資格試験研究会編 鶴田秀樹執筆

集中講義！ **政治学・行政学** の過去問
資格試験研究会編 近 裕一執筆

集中講義！ **国際関係** の過去問
資格試験研究会編 高瀬淳一執筆

集中講義！ **ミクロ経済学** の過去問
資格試験研究会編 村尾英俊執筆

集中講義！ **マクロ経済学** の過去問
資格試験研究会編 村尾英俊執筆

選択肢ごとに問題を分解し、テーマ別にまとめた過去問演習書です。見開き2ページ完結で読みや
すく、選択肢問題の「引っかけ方」が一目でわかります。「暗記用赤シート」付き。

**一問一答 スピード攻略 社会科学**
資格試験研究会編 ●定価1430円

**一問一答 スピード攻略 人文科学**
資格試験研究会編 ●定価1430円

重要科目の基本書

基本問題中心の過去問演習書

地方上級／国家総合職・一般職・専門職試験に対応した過去問演習書の決定版が、さらにパワーアップ！ 最新の出題傾向に沿った問題を多数収録し、選択肢の一つひとつまで検証して正誤のポイントを解説。強化したい科目に合わせて徹底的に演習できる問題集シリーズです。

## ★公務員試験「新スーパー過去問ゼミ7」シリーズ

◎教養分野
資格試験研究会編●定価1980円

| | |
|---|---|
| 新スーパー過去問ゼミ7 **社会科学**［政治／経済／社会］ | 新スーパー過去問ゼミ7 **人文科学**［日本史／世界史／地理／思想／文学・芸術］ |
| 新スーパー過去問ゼミ7 **自然科学**［物理／化学／生物／地学／数学］ | 新スーパー過去問ゼミ7 **判断推理** |
| 新スーパー過去問ゼミ7 **数的推理** | 新スーパー過去問ゼミ7 **文章理解・資料解釈** |

◎専門分野
資格試験研究会編●定価1980円

| | |
|---|---|
| 新スーパー過去問ゼミ7 **憲法** | 新スーパー過去問ゼミ7 **行政法** |
| 新スーパー過去問ゼミ7 **民法Ⅰ**［総則／物権／担保物権］ | 新スーパー過去問ゼミ7 **民法Ⅱ**［債権総論・各論／家族法］ |
| 新スーパー過去問ゼミ7 **刑法** | 新スーパー過去問ゼミ7 **労働法** |
| 新スーパー過去問ゼミ7 **政治学** | 新スーパー過去問ゼミ7 **行政学** |
| 新スーパー過去問ゼミ7 **社会学** | 新スーパー過去問ゼミ7 **国際関係** |
| 新スーパー過去問ゼミ7 **ミクロ経済学** | 新スーパー過去問ゼミ7 **マクロ経済学** |
| 新スーパー過去問ゼミ7 **財政学** | 新スーパー過去問ゼミ7 **経営学** |
| 新スーパー過去問ゼミ7 **会計学**［択一式／記述式］ | 新スーパー過去問ゼミ7 **教育学・心理学** |

受験生の定番「新スーパー過去問ゼミ」シリーズの警察官・消防官（消防士）試験版です。大学卒業程度の警察官・消防官試験と問題のレベルが近い市役所（上級）・地方中級試験対策としても役に立ちます。

## ★大卒程度「警察官・消防官新スーパー過去問ゼミ」シリーズ

資格試験研究会編●定価1650円

| | |
|---|---|
| 警察官・消防官新スーパー過去問ゼミ **社会科学**［改訂第3版］［政治／経済／社会・時事］ | 警察官・消防官新スーパー過去問ゼミ **人文科学**［改訂第3版］［日本史／世界史／地理／思想／文学・芸術／国語］ |
| 警察官・消防官新スーパー過去問ゼミ **自然科学**［改訂第3版］［数学／物理／化学／生物／地学］ | 警察官・消防官新スーパー過去問ゼミ **判断推理**［改訂第3版］ |
| 警察官・消防官新スーパー過去問ゼミ **数的推理**［改訂第3版］ | 警察官・消防官新スーパー過去問ゼミ **文章理解・資料解釈**［改訂第3版］ |

一般知識分野の要点整理集のシリーズです。覚えるべき項目は、付録の「暗記用赤シート」で隠すことができるので、効率よく学習できます。「新スーパー過去問ゼミ」シリーズに準拠したテーマ構成になっているので 、「スー過去」との相性もバッチリです。

## ★上・中級公務員試験「新・光速マスター」シリーズ

資格試験研究会編●定価1320円

| | |
|---|---|
| 新・光速マスター **社会科学**［改訂第2版］［政治／経済／社会］ | 新・光速マスター **人文科学**［改訂第2版］［日本史／世界史／地理／思想／文学・芸術］ |
| 新・光速マスター **自然科学**［改訂第2版］［物理／化学／生物／地学／数学］ | |

過去問演習を通して実戦力を養成

要点整理＋理解度チェック